ドイツ観念論と京都学派の哲学

ケルン大学・テュービンゲン大学講義録

大橋良介［著］
OHASHI Ryosuke

ミネルヴァ書房

ドイツ観念論と京都学派の哲学——ケルン大学・テュービンゲン大学講義録

目次

凡例

第I部　歴　史

第Ⅲ部 芸術

第Ⅵ部　宗　教

凡　例

一　ドイツ観念論を代表する三人の思想家、フィヒテ・ヘーゲル・シェリングの、思想発展を内在的かつ厳密に跡づける研究論文の場合には、三者の史的・批判的全集を使用することが必須である。とりわけヘーゲルの史的・批判的全集（*Georg Wilhelm Friedrich Hegel: Gesammelte Werke.* Hrsg. von Reinisch-Westfälischen Akademie der Wissenschaften. 1968ff）と、これを顧慮した日本版の『ヘーゲル全集』（知泉書院）の使用が、基本的となる。ただし本書は一般読者をも念頭におくので、入手しやすい学習版を用いた。

二　京都学派の哲学のテキストについては、「史的・批判的全集」と銘打つテキスト版はまだ存在しないし、そういった企画の話も聞かない。西田幾多郎のテキストに限っては、同一出版社（岩波書店）から同一題名（『西田幾多郎全集』）で二つの全集が出ているが、新しい版の方も史的・批判的全集ではない。なお、この二つの版からの引用に際しては、「旧版」「新版」という表示を用いた（ちなみに本書のドイツ語版では、省略記号 NKZ にアルファベットの a, b を付して、「旧版」は NKZa、新版は NKZb、と表示した）。

三　参考文献のリストで欧文文献（主にドイツ語文献）を挙げる場合は、欧文文献の表記の仕方に準じた記号を用いている。“ibid.”とあるのは、ラテン語の“ibidem”の略で、日本語での「同上」に当たる。この語と並んでよく用いられる記号に“op. cit.”（opere citato,「前掲文献」の意）があるが、本書では、“ibid.”を採用した。また„ders.“という略語は„derselbe Autor“の略で、「同じ著者」の意味。著者が女性の場合は、女性形の冠詞„dieselbe“の略で„dies“となり、„dieselbe Autorin“となるが、本書ではこのケースは生じなかった。

四　引用符合は欧文文献の場合は、慣用にしたがって、ドイツ語文献では„　“、英語文献では“　”、フランス語文献では《　》を用いている。

プロローグ(1)　日本哲学の世界環境――思想進化史のガラパゴス現象

1　変化しつつある日本哲学の世界環境

二〇一〇年に大学教員を定年で引退してから六年間、筆者はドイツ語圏の諸大学（ケルン大学、ヒルデスハイム大学、テュービンゲン大学、ウイーン大学、バーゼル大学）で、連続的に客員講義・客員演習(2)をおこなう僥倖に恵まれた。哲学教師として冥利に尽きることだったので、各大学で次々に招いてくださった関係者の方々への、感謝の念が尽きない。その方々への謝辞は、「あとがき」に記したい。本書はそれらの客員講義・客員演習の中で、二〇一二／一三年冬学期にケルン大学でおこなった講義「ドイツ観念論」と、二〇一四年夏学期にテュービンゲン大学でおこなった講義「ドイツ観念論と京都学派」を、二〇二二／二三年に筆者が奉職する「日独文化研究所」でのオンライン講義の際に日本語版としてまとめたものである。ドイツ語版は本書と前後してドイツのアルバー社から刊行される。上梓に際しては、一々の言表のうら付けとしてごく最近の文献も含めてかなり多くの「注」を付した。これらは当然ながらもとの講義ノートには無かったものである。

いつもながらのことだが、グローバリゼーションがすすんだ今日では「物流」はとっくに国境の壁を超えているのに、哲学や宗教といった「言語」の世界と不可分の領域は、まだ言語の壁が高いことを、この客員講義でもずっと痛感した。ただ、グローバリゼーションの波がときどき言葉の防波堤を超えて陸地にしぶきをあげるという感じも、しばしばあった。

世界の文化史という観点で日本列島を見た場合、きわめて大雑把に言えば、この列島はユーラシア大陸の東端から日本海を隔てた位置にあり、そこへ大陸から海陸のルートを伝わって文物が伝播し、その最後の一滴がこの列島に滴り落ちる、という地政学的な位置にある。正倉院にはペルシアの宝物の一級品が収蔵されているが、それはシルクロードを経由した東西の商業交通が日本古代においてすでに始まっていた、ということを物語る。ただし物流に限って言えば、海に囲まれた日本は輸入に終始したわけではなく、輸出貿易も上代から、ただし海賊行為とも重なる仕方で、(3)盛んだった。歴史教科書できわめて安易に「鎖国」と表現される江戸時代ですら、当時の全世界の銀産出額の中で、日本からの輸出は全世界産出額の三割ないし四割にのぼり、「オランダを凌ぐばかりの貿易をしていた」、という研究もある。(4)現在の史学では、これまで鎖国したと言われていた江戸時代でも、物流においては国が開かれていたという認識が、承認されている。もちろん海外との人的往来は禁じられていたから、やはり鎖国だったとも言えるが、その場合でも、その鎖国は秀吉のバテレン追放令と徳川幕府のキリシタン禁令に見られるように、主な動機は「思想統制」だった。だからキリスト教の流入と宣教師の出国入国が禁止されて人流は止まっていたが、物流は存在した。イエズス会の宣教師を送り込んでいたポルトガルやスペインとは通商も止められたが、商業だけを目的としたオランダとの通商はつづいた。

ちなみに長崎の出島を窓口とする物流の往来が盛んだった背景には、江戸時代に日本国内の物産が世界に通用する水準だったということもある。一例を挙げるなら、一八世紀初頭にザクセンのアウグスト王二世（Friedrich August II. 1696–1763）は中国磁器のコレクションの一環で日本の有田焼《ありたやき》をも収集し、マイセン市で白磁の「マイセン磁器」を産物として立ち上げさせた(5)。世界的規模での物産交流の始まりである万博を日本の使節団が訪問し、特別参加したのは、明治維新に先立つこと六年の一八六二年、第二回ロンドン万博だった。産業面での開国は、すでに明治以前に始まっていたのだ。それは、今日でも政治的対立から「国境」の壁が依然として高い一方で、物流はその国境を透過して動くという、今日の「グローバリゼーション」の先取りでもあった。

物流というときの「物」は陶器や磁器に限定されず、芸術作品にも及ぶ。周知のように江戸時代に成立した木版絵画（浮世絵）は、ヨーロッパの絵画に衝撃を与え、これがフランスを起点とするヨーロッパの印象主義絵画の大流行を呼び起こした。

しかしながら、「物」および「作品」の世界では容易に成立した日欧の交流が、「言語」を介する哲学・宗教思想においては長く生じなかった、ということに着目したい。ドナルド・キーンが「日本古典文学の翻訳について」という講演の中で、俳句の「切れ字」のニュアンスが訳せない、といったことに言及しつつ、次のように述べていた。「日本文学の英訳は、非常にやりにくい作業で、時間もかかり、英文学の日本語訳とは異なります。すばらしい翻訳が完成したとしても、なかなか売れないので、出版社側では、それを推薦してくれません。しかし幸い、日本文学を愛するような外国人が次第に増えているので、そのうち、日本文学の本当の偉大さが、一般に認められるのではないかと望んでいます(6)」。

もし「日本文学」ですらそうであったなら、一世紀前までは「日本哲学」がほとんど欧米に翻訳されなかったこと、その存在すら知られなかったことは、不思議ではない。仮に欧米でそれが知られても、それは承認あるいは評価にはなかなか結びつかなかった。その先例が、一六世紀に日本に渡来したイエズス会の宣教師たちの活動だった。彼らは日本での布教にかなり成功し、その活動の報告をローマに送っているが、彼らが仏教や神道から何かを吸収したという形跡は、まったく無い。彼らからすれば、キリスト教以外の宗教は、ひたすら論破すべき「悪魔の教え」に他ならなかった。(7) もちろん宣教師たちが「茶の湯」の洗練された仕草と精神性に注目し、これを宣教戦略の中に組み入れようとしたことは、記録に残っている。(8) しかし彼らが自ら茶の湯に親しんでこれを学んだという記録は、私が見た限りでは存在しない。それに対して日本側の茶人たちは、禅仏教を根幹とする茶道を捨てることなしにキリスト教に入信し、茶を点てることをしながらミサに出席した。茶人の豪商たちも、自分の屋敷の中にチャペルを建てるといった「多文化受容型」の感性を持っていた。(9) 宣教師たちの精神構造はキリスト教という唯一中心を拡大普遍化する型、茶人たちのそれは複数中心で多文化・他文化受容型だ。

こういった非対称の現象の一つの原因は、日本語が孤立言語だということにある。茶の湯を布教戦略に取り込もうとした宣教師たちも、言語の壁には困惑した。そこで、彼らが起居する「カーサ」と呼ばれる建物には、宣教師の資格は取得していなくとも入信はしている日本人で、茶の湯の心得をもつ人が、メンバーとして配置されていた。(10)

このことは、現代の哲学の分野でも尾を引いている。日本語で書かれた哲学書は、翻訳を経ないと欧米では——専門の日本文化・日本語の研究者を除けば——読む人がいないという状態が、明治以降、昭和になっても長く続いた。ヨーロッパの哲学が日本に輸入されたとき、人は新しく「翻訳語」を作り、これが学問的用語として日常語から独立するという、ヨーロッパには無い事態が生じる。このことを取り上げた和辻哲郎は「日本語と哲学」という短いエッセイで、「これらの翻訳語は、漢語としての伝統の無意識的な Destruktion［破壊］—意味の革命から離れて、たゞヨーロッパの言語の意味と伝統とを背負つたものとしてのみ解せらるゝ事を要求する」と、的確な洞察を述べた。(11) しかしこの問題意識は日本の研究者の間で一般化したとは言えず、ましてや欧米哲学界で顧慮されることはまったく無かった。そもそも日本語で哲学した西田幾多郎や田辺元といった哲学者の著述は、ほぼ半世紀前までは欧米の哲学研究者にとって知られないままだった。一九二四年に東北大学に外国人教師として赴任し、六年間滞在したオイゲン・ヘリゲルは、「弓道」に打ち込んで極意を得、『弓と禅』（*Zen in der Kunst des Bogenschiessens*）というロング・セラーを著したが、西田幾多郎をはじめとする京都学派の思想には、関心を持った形跡がない。哲学に関しては、彼は自らのハイデルベルク新カント学派の立場を維持して、疑うことがなかった。[12] 逆に、一九二四年にドイツ留学から帰った田辺元が「カントの目的論」という論文を発表したとき、その精緻な論旨と透徹したカント理解は、もしこれがドイツ語で発表されていたらドイツ哲学界の議論の内部でも十分な話題作になったと思われる水準のものだったが、ドイツの学界でこの田辺論文を知る人も訳す人もいなかった。つづいて同じ年に、田辺は『思想』に「現象学に於ける新しき転向」という論文を発表したが[13]、それは、ハイデッガーが一九二七年に刊行した『有と時（存在と時間）』によって世界的に著名となる三年前であり、世界的にも先駆的なハイデッガー文献となった。しかしこの日本語での論文も、ドイツの哲学界で知る人はいなかった。

日本語の孤立性という問題状況は、このところ急速に普及しはじめた「ディープ・エル」（deepL）などの翻訳ソフトの驚異的な能力によって、急変しつつある。そして現在、日本での哲学界における論文生産は量的・質的に欧米と比べて遜色がないほど充実していると筆者は思う。それらが欧米での議論に「逆作用」を及ぼすということは、今でもほとんど生じないが、後述するように近年、京都学派を焦点のひとつとする日本哲学への諸外国の関心が、特に若い世代を中心として、日本国内よりも高まっているので、翻訳ソフトの出現と相俟って哲学的議論の交流状況も急速に変わっていくのかもしれない。

これまでの哲学思想における一方通行の現象は、実は基本的パターンとしては上代から始まっていたことでもある。日本は中国から仏教や儒教を輸入したが、日本仏教が中国仏教に逆作用を及ぼした事実は、まだ聞いたことがない。平安時代の空海の真言密教思想、鎌倉仏教の創始者である法然・親鸞の浄土教思想と道元の禅思想、などはいずれも学識の広さと洞察の深さにおいて仏教思想史の金字塔とも言えると思うが、これらの開祖たちの著作が中国に逆輸入されたり顧慮されたりすることは、皆無だった。江戸時代に隆盛を極めた儒教も、同様である。山鹿素行の「聖学」や伊藤仁斎の「古義学」、荻生徂徠の「古文辞学」などは、本家の朱子学への批判をも含んだ独自の「日本儒学」だったが、[14]これが中華意識を持つ清国に逆輸入されることは無かった。

「京都学派の哲学」も、そういった言語文化の世界環境のなかで、西洋哲学界において一定の注目を得るまでには一世紀近くを要した。[15]京都学派の定義にはかなりの幅があるが、[16]いちおうは、仏教的な「無」あるいは「空」の思想を一つの源泉としつつ、西洋哲学の土俵で思索を展開した哲学者たちの輪と規定して、大過はないだろう。それは西洋哲学とは異質の根を持ちながら、どこまでも西洋哲学と共通の思考エレメントにおいて展開を遂げた哲学思想である。二〇〇〇年以上にわたる西洋哲学史も、いろいろの「異文化」からの「異端」思想の流入を含んで成り立つが、しかしそれらは言語的にはインド・ゲルマン系の言語を共有していた。相互の異質性の度合いは、仏教・儒教を育んだ漢字文化との異質性と、次元を大きく異にしていた。

2 思想進化史のガラパゴス現象——孤立性と画期性

日本哲学がこのような世界環境の中で辿った現象を、「思想進化史のガラパゴス現象」と呼ぶことができる。ガラパゴスという名称は、孤立した現象に対する揶揄《やゆ》あるいは自嘲の表現ととられることがあるが、それはガラパゴス諸島の生物現象をめぐる議論に関して認識不足であることを、露呈するものだ。イーグル号に乗って航海していたチャールズ・ダーウィン（Charles Darwin, 1809-1882）がこの諸島に立ち寄って、そこでの観察を基に、後に『種の起源』を出版して提出した進化論は、それまでのキリスト教の世界観を根底から揺るがす学問史・精神史上の一大事件になった。それまでは、生物の「種」が神の被造物として永遠不変だという観念は、揺るぎが無かった。その結果、現在でも特に米国で人口の四分の一を占めるキリスト教福音派信者のあいだでは、進化論は拒絶されていることが知られている。しかしダーウィンはガラパゴス諸島での生態の観察から、「種」は環境に応じて進化するという見方を形成していった。聖書を読む敬虔なクリスチャンであることと、啓蒙的な進化論者であることとが、いかに両立するかという議論は、日本では想定しにくいが、米国では――私が調べた限りでは――実に夥しい。もちろんダーウィン進化論の側でも、それで説明しきれない進化現象がいろいろあるから、現在では分子生物学や遺伝子学で、そして日本では今西錦司の「棲み分け」理論の立場などで、いろいろ訂正・改良・批判が加えられている。ただ、「種」が永遠普遍ではなくて進化しているということ自体は、論駁されていない。

孤立言語としての日本語で形成され、東洋思想に一つの根を持った京都学派の哲学は、哲学史におけるガラパゴス現象とも言える位置を長く保ち、西洋哲学界からは孤立した現象にとどまっていた。ただ、ガラパゴス諸島の生物現象がそうであったように、「哲学」を「西洋哲学」と同一視する見方を、根底から問いに付す画期的内容を含んでいた。具体的に言うなら、西洋哲学の核心部である「形而上学」は、「存在論」（オントロギー）を「第一哲学」としている。それに対して京都学派の哲学は、「無」あるいは「空」という仏教思想を、根本経験として含んでいた。もちろん「存在」と「無」は単純な対立をなす概念ではなく、見方によれば同一性をすら意味し、深い通底性を持つが、

――これは本講義全体の根本見解でもある――しかし一方は「神」の思想に、他方は「空」の思想に、結びつくものとして、やはり大きく方向と射程を異にする。

そういったことも影響してのことであろう、現在では哲学＝西洋哲学という等式は西洋哲学の内部でも、問いに付され始めている。R・エルバーフェルトの大きなプロジェクト「グローバルな視座における哲学史」などは、その筆頭だ。(17) 米国のメリーランド・ロヨラ大学で禅仏教と京都学派を重点とするアジア哲学講座担当のブレット・デーヴィスは、すでにオクスフォードから広義の日本哲学についての大部の編著を、出している。(18) その他にも、たとえばゲオルク・シュテンガーが二〇一一年から二〇二二年まで主任教授をつとめたウイーン大学哲学科の講座は、ヨーロッパで初めて「インターカルチャー哲学」が、講座の重点方向として標榜され、シュテンガーはその初代の教授として、日本哲学、特に京都学派の哲学の講義・演習を、おこなっていた。また二〇二二年から開講されるアムステルダム自由大学（Vrije Universiteit Amsterdam）での新設講座「哲学の多様化」には、インド人の女性哲学者モニカ・キルロスカが赴任して、イギリスの出版社ブルームスベリー社から、日本哲学を一つの軸とするインターカルチャー哲学の企画を、進めている。そして二〇二二年にはエジンバラ大学で、特に日本哲学を講じる科目の担当者として、森里武が採用された。フランス国立東洋言語文化研究所大学では、齋藤多香子が日本哲学担当の教授として活動している。その他にも私の知らないところで、「哲学のダイヴァーシティ化」を担っている人たちが、多くいることだろう。

その他にも特記すべきひとつの現象は、ＥＮＪＯＰ（European Network of Japanese Philosophy, 日本哲学のヨーロッパ・ネットワーク）の活動であろう（上注(15)をも参照）。この組織は毎年ヨーロッパ各地で（二〇一九年には日本の南山大学で）大会を開き、いつも一〇〇名を超える参加者がヨーロッパや米国から手弁当で参集する。そこでの論集はいま九巻を数える。南山大学教授のエンリコ・フォンガロは、日本哲学・京都哲学をめぐる国際的な活動の、いま最も活発な中継地点のひとつである。これに加えて、京都大学日本哲学史専修講座も重要な結節点であるので、担当教授・上原麻有子の精力的な活動を特筆しておきたい。

3　「日本哲学」の新たな位置図へ

西田幾多郎は逝去の一年前に、デカルト論文への付加として、次のように書いている。

「我国に於ては、明治の二十年頃までは、専らイギリスの経験学派の哲学が行はれたが、二十年頃からドイツ哲学が入つて来た。それ以来、ドイツ哲学が主流となつた。而して四十年頃からは新カント学派の哲学が盛んになつた。我国の哲学も全く認識論的となつた。その後、フッセルの現象学が行はれる様になり、ハイデッゲルのオントロギーと云つても主観的自己の立場を越えたものではない。近頃持はやされるヤスペルスの実存哲学と云うものでも、キェルケゴールの実存に基いたものであつて、その超越は時間的世界の根柢に考へられるものである。やはり主観的自己の立場からと云ふを脱してゐない。（…）私は今や近世の主観主義的哲学が行詰まって、その根柢から考へ直さねばならぬ時期にあると思ふものである(19)」。

この引用文での「明治の二十年頃までは、専らイギリスの経験学派の哲学が行はれた」という部分は、西周や津田真一郎がオランダに留学して、ミル（John Stuart Mill, 1806–1873）やコント（August Compte, 1798–1857）らの功利主義哲学に接し、さらにイギリス経験論一般を取り入れた時期を、指すだろう。程なく日本の哲学界は、カントやヘーゲルに代表されるドイツ哲学を、熱心に摂取するようになった。

しかしそのドイツ哲学の側からは、「日本」はどう映っていたのだろうか。まず、すっかり忘却されたひとつの文献を挙げよう。カントが生前には発表しなかった「口述テクスト」(Diktat-text)の編集記録、*Kant und die Religionen des Ostens*(カントと東洋の諸宗教)である。[20] この書は刊行された翌年にフランスで書評(W. Nölle, *Société Française de Philosophie, Bulletin,* pp. 47-86)が出ただけで、その後は忘れられ、顧慮される気配がない。編者グラーゼナップが記すように、この文献は編纂当時の(第二次世界大戦後の)不便な研究状況も手伝って、文献的な跡づけ作業が不備だから、どのカント全集にも含まれていない。しかし偽作ではないから、カントが抱いていた日本についての知識などを垣間見る場合には、この文献の第一部、第二章、三「日本」(Erster Teil, Zweiter Abschnitt, III. Japan, S. 107-122)は、興味深い史料となる。アカデミー版カント全集の『地理学講義』(*Physische Geographie. Kants Werke. Akademie Textausgabe,* Bd. IX, Berlin 1968)には、日本についての叙述は無いから、なおさらである。

カントの後に出てきたヘーゲルにおいては、日本への関心は後退し、彼の著作の中でこの極東の島国における精神的伝統が登場する個所は無い。[21] しかしヘーゲルの有力な弟子のひとりであるK・ローゼンクランツになると、すでにヘーゲルとは別の歴史エポックが開かれていた。彼は一八六〇年にケーニヒスベルクで、「日本および日本人」(Japan und die Japaner)という講演をおこなった。[22] 明治維新に先立つこと八年前という時点だ。この講演は明治維新になって七年目すなわち一八七五年に上梓され、そこでローゼンクランツは次のように記した。「この論文の題名はいま、〈古き日本〉と表書きすることができるだろう」。[23]

このローゼンクランツの講演はその和訳が、『日本国と日本人』という書名で、二〇一五年に法政大学出版局から刊行されている。[24] 発売時点で戴いた献本の帯書きには、「若き森鷗外が評価して以後、長らく忘れられてきた」講演だと記されていた。筆者自身はこれまで合計三度、すなわちドイツでの講演とドイツ語論文、そして国内学会誌で、このローゼンクランツの講演を取り上げてきたのだが、[25] それは「長らく忘れられてきた」ようだ。これも、外洋の彼方を見て島の内部は見ないというガラパゴス現象と、受け止めている。

閑話休題。ともかくローゼンクランツは明治維新前後の日本および日本人には注目したが、「日本の精神文化」に注目した形跡はない。これは無理もないことだ。彼がこの講演をおこなった一八六〇年は、西周《にしあまね》が明治維新になってオランダでミルやコントの功利主義哲学に接するよりも、さらに前のことである。(26)ローゼンクランツはヘーゲルが主唱した歴史理性の普遍性をそのまま信奉し、その線に沿って別の論文で一八四八年に不首尾に終わったドイツの「三月革命」を支持し、(27)上記の講演でも、人類がもともとひとつであることを主張して、日本の孤立した鎖国体制は維持できないことを予言した。彼は、フィヒテが理想として説いた「閉じられた商業国家」がここに実現していると述べている。(28)

では二〇世紀に入ってからはどうだろう。オイゲン・ヘリゲルについては、もう幾らかのことを述べた。彼は東北大学に外国人教師として六年滞在し、哲学上の交流には関心を持たなかったが、弓道という日本の伝統武道には入れ込んだ。そのヘリゲルと対照的な例は、カール・レーヴィット（Karl Lövith）だ。彼はフライブルクでフッサールやハイデッガーに学び、一九三六年に外国人教師として東北帝国大学に招かれ、ヘリゲルと同じく足かけ六年、東北大学で哲学の教鞭を取った。彼が『ヨーロッパのニヒリズム』の日本語版「後語」で述べたことは、しばしば引用される。すなわち「日本人は二階建ての家に住んでいるようなもので、階下では日本的に考えたり感じたりするが、二階にはプラトンからハイデッガーに至るまでのヨーロッパの学問が紐に通したように並べてある」。そして「二階と一階をつなぐ階段が無い」と。(29)

レーヴィットが「日本人」というときは、彼が接する哲学の学生のことを指している。彼は学生たちがプラトンからハイデッガーに至るまでの哲学を研究しながら、実際生活ではその哲学と無関係の伝統的ないし因習的な生活をつづけていると、批判しているのだ。「二階と一階をつなぐ階段は無い」ということが、レーヴィットの批判の骨子だった。もっとも彼自身は「二階」で教師として六年を過ごしつづけ、その視線はどこまでも「教師の視線」で、一階の居間に降りてくることは無かったから、二階と一階をつなぐ階段は彼においても欠如していた。日本の禅と弓道を学んで自己のものにしようとしたヘリゲルも、哲学に関しては、一六世紀に来日したイエズス会宣教師たちが宗教に関してそうであったように、終始「教師（宣教師）の視線」を維持していた。

しかし哲学者の目線とは別に、世界の図式はもはやヨーロッパを中心とする構図ではなくなっていた。「アジアは世界史のプロセスから離れていて、そこの中に割り込むことはない」というヘーゲルの認識は、[30]二〇／二一世紀の世界では通用しなくなっている。しかしその二〇／二一世紀の世界状況は、実はドイツ観念論のもう一人の代表的哲学者・シェリングの晩年の講義において、視野に入れられていた。それはドイツのシェリング研究においては長いあいだ、不思議なほど言及されることがなかった。彼の晩年の『啓示の哲学』序から、引用しよう。

「ヨーロッパにキリスト教が移植されたあと、いま初めて、そして近ごろ無制限に拡大された世界交通の結合によって、東洋と西洋とは単に触れ合うだけでなくなり、いわば一にして同一の意識のうちで互いのうちに貫通しあうことを強いられるようになった。この一にして同一の意識とは、その理由だけでも世界意識へと拡大されるべきなのだ[31]」。

いまから一八〇年前に述べられたこの「世界意識」の定式は、基本的に今日のグローバリゼーション下の世界に妥当している。ただしシェリング自身において、この視座が哲学的に十分に展開されていったかといえば、それは問いとして残るだろう。彼がこの語を発した講義は「啓示の哲学」と名づけられ、それは「積極哲学」として従来の「消極哲学」との対になっていた。後者はヘーゲルに至る（とシェリングはみなしていた）従来の西洋形而上学である。それとの「対比」で思考するということは、対比される当のものによって限定されていることを意味していた[32]。この「世界意識」の視座を自覚的に「世界史の哲学」として試論したのが、京都学派の歴史哲学だった。京都学派は「世界史」を、西洋世界という中心とその周辺、という観点からではなくて、「諸世界の世界」という複眼的・多眼的な観点から捉えようとした[33]。

京都学派の哲学者たちは「辺境」にいることを知りつつも、西洋の学者たちとの「同時代人」であることを、はっきり意識していた。和辻哲郎は一九二四年に出した『ゼエレン・キェルケゴオル』の新版（一九四六年）の序で、「ドイツのハイデガア、ヤスパアスらの存在哲学やカアル・バルト、ブルンナア、ゴガルテンらの弁証法的神学」などの思想家たちが「国は違つても同じ世代に属する」という、「同窓とでもいうような親しみ」を持っていたことを述べる[34]。

ついでに付け加えるなら、一般に「近世西洋哲学史」として教えられている内容は、実際はイギリス、フランス、ドイツ、アメリカの四カ国の哲学のことである（ルードウィヒ・ヴィトゲンシュタインはオーストリア出身ではないかと言われそうだが、彼の活動舞台は、彼を引きたてたバートランド・ラッセルのそれと同様、イギリスだったし、言語の面では彼の母国語はドイツ語だった）。これらの国は、いずれも中央集権の近代国家の樹立に先駆的に成功した欧米の産業国家である。そこでの哲学は、産業国家の自己表現という一面を持つだろう。実際、それらの国々では研究者育成のための教育機関の整備、研究資料を保管するアーカイブ、出版社の出版活動、研究を支える科学技術、等々が発達している。この物質的な基盤が精神的な研究に及ぼす作用は、通常は意識されないかもしれないが、実際には大きなものがある。上記の四カ国に代表される欧米先進国での哲学蓄積をそのまま西欧中心主義の価値観に基づく「哲学」そのものとして通用させてきた社会的背景も、このことと無縁ではない（もっとも、過去二〇年ほどの間に超大国となった中国が、その物質的な巨大さを背景として宇宙開発や軍事技術においては世界の最先端に列するようになったとはいえ、そのうち哲学大国になるのかと言えば、それは――「新儒教」の宣揚にもかかわらず――今のところ保留せざるを得ない。科学技術産業の発展は哲学形成の一要素であっても、もう一つの要素は言論の自由と批判の精神だからである。その精神は現在の中国では、国家的監視システムの中で厳格かつ強力にコントロールされているように見える）。

日本哲学を取り囲む「ガラパゴス的世界環境」は、情報技術と産業のグローバリゼーションの中で急速に変化しつつある。それがクリエイティブな方向での開国となっていくのか、それとも平板な均一化に向かうのか、それもまた答えを保留すべき問いである。

補論　「真理像の時代」

ドイツ観念論の「絶対者の哲学」、あるいは京都学派の「絶対無の哲学」は、こういった今日の世界状況に対して、言うべきものを持つだろうか。すこし問題視座の飛躍と思われるかもしれないが、ひとつの考察着手点として、今日の際限無き仕方で「ウェブ」で広がる電子情報網という現象を、取り上げてみたい。周知のように、それは人工頭脳ＡＩによって働いている。現在のところ、人工頭脳は計算能力であって、判断力ではない、まして美的感性など持たないし、両親や喜怒哀楽の感情も持たないとされている。ただし人工頭脳の側からは、こういった美的感性の諸現象も数量化という方向で処理して、結果的に人間の反応と同じ現象として再現することが、試みられ得るだろう。創造的で直観的な判断力にしても、チェスや将棋や碁に関する人工頭脳のマシーンが専門棋士に勝利したりする現象は、すでに知られている。また人工頭脳が描いた「芸術作品」が賞を取ったり、けっこう読ませる「小説もどき」のものを書いたり、といった驚異的進展も見られる。最近急速に広がり始めた「チャットGPT」（Generative Pre-trained Transformer）は、情報空間に浮遊する無数の情報データから目下の表現目的に関係する情報を一瞬のうちに集めて合成し、一見してあたかも人間の判断力や感情を経由して作成されたような表現を、いく通りも提示する。人工頭脳と最終的にはどこで異なるかを本気で考えさせる進展の、最近例である。

情報空間の操作テクノロジーでもある「ウェブ」は今、「ウェブ3」という一般名称と共に、新たな段階に入りつつある。これは従来のような巨人的企業GAFA（グーグル、アップル、フェースブック、アマゾン）に占有されることなく受信・発信されるテクノロジーで、原理的には全ての個人が発信・受信し得る「非・中央集権的」なテクノロジーである。可能性としては、それは受信・発信の「自由」を無制約的に拡大できる。(35)

このウェブという媒体を経由して発信される言語は、「真理」を語っているのか「非真理」（本当らしく見えるもの）なのか、という問いをどうでもいいものにしている。それらは無限に多様なデータから作成され得る無数の「真理像」の一部だからである。たとえば「選挙」という、かつては大手マスコミが投票動向に大きく作用した出来事において、最近は「SNS」という形態が大手マスコミを遙かに凌ぐ力を持って「候補者像」を形成していく。また、ウクライナへのロシアの侵入から始まった戦争では、「情報戦」がかつて無い比重を占めると言われるが、そこでは、現実の戦況を示す「真実の」情報ではなくて、現実の戦況「らしく」見せる虚構としての「真理像」が、拡散されている。もともと「戦況それ自体」といったものは無くて、大なり小なり敵と味方の双方の解釈を経て構成される「戦況像」だけがあるとも言えるが、今回はそういった解釈でなくて、戦術的に作為された、「真理像となった戦況」が、出現している。それは、「真理像となった世界」の一場面である。

ハイデッガーは「世界像の時代」〈像〉となった世界）を語った。それは古代にも中世にも近世にも存在せず、近代という時代に初めて成立した、表象的・制作的な思惟によって形成された世界のことである。[36] それは「世界についての像」ではなくて、「像となった世界」のことである。それから半世紀以上を経た現在では、この世界像（単数）は「無数の真理像へと分散した世界像（複数）」となっている。「像となった真理」の世界が到来している。そこでは、人は「真理」とされる諸情報を与えられているが、真理そのものはどこにも見出されないという意味での「無知」、ないし仏教用語で言えば「無明」（*avidyā*）の状態に、置かれる。「無明」とは、本来の「空」（*śūnyatā*）が、何処ともなく湧き出る煩悩で曇らされ、覆われた状態である。「真理像」の時代は、「像」の虚無の「無明」の時代でもある。そうであるなら、その無明が晴れたところを指す「空」の思想は、そこではどういう意義をもち得るだろうか。そしてその「空」との照応を示す限りにおいて、かつての「絶対者」の思想は新たな生命を得て甦りを見せるだろうか。

［この「補論」は、本書の出版とほぼ同時に刊行予定の日独文化研究所『年報』、『文明と哲学』第17号で、「〈世界像〉の時代から〈真理像〉の時代へ――ハイデッガーと現代技術」と題する拙論の、大意でもある。］

注

（1） この「プロローグ」は、ケルン大学とテュービンゲン大学での講義で話したのではなく、筆者が所属する「日独文化研究所」での役員オンライン講義の枠内で、この講義を日本語で話した際に序言として、二〇二一年八月二六日に放送したものである。本書のドイツ語版にも独訳で付してある。

（2） 一つの記録として、この期間中の演習・講義の題目をリストアップしておくことにする。このリストは拙著『共生のパトス――コンパシオーン（悲）の現象学』末尾でも付したのだが、リストの最後の二〇一五年夏学期集中演習の題目を間違って記したので、そのミスの訂正をも期してここに再掲する。

― ケルン大学、二〇一〇年夏学期、二〇一〇／一一年冬学期、新設の「モルフォーマタ・コレーク講座」（Morphomata-

Kolleg）でのフェローとして、研究発表数回。

— ケルン大学、二〇一一年夏学期、正演習「道元の時間概念。特にアリストテレス、アウグスティヌス、ハイデッガーの時間論を顧慮して」（Hauptseminar: *Der Zeitbegriff des Zen-Meisters Dôgen in besonderer Berücksichtigung der Zeitlehre von Aristoteles, Augustinus und Heidegger*）

— ウイーン大学、二〇一一／一二年冬学期、講義「ハイデッガーの『有と時』」（Vorlesung: „*Sein und Zeit*“ *Heideggers*）

— ウイーン大学、同上時期、正演習「道元とアウグスティヌスの時間概念」（Hauptseminar: *Der Zeitbegriff beim Zen-Meister Dôgen und Augustinus*）

— ヒルデスハイム大学、二〇一二年夏学期、講義「ハイデッガーの『有と時』」（Vorlesung: „*Sein und Zeit*“ *Heideggers*）

— ヒルデスハイム大学、同上時期、共同正演習「世阿弥の『花鏡』」（Hauptseminar zusammen mit Rolf Elberfeld: „*Der Blumenspiegel*“ *Zeamis*）

— ケルン大学、二〇一二／一三年冬学期、講義「ドイツ観念論」（Vorlesung: *Der deutsche Idealismus*）

— ケルン大学、同上時期、初級演習「ヘーゲルの『差異書』」（Proseminar: „*Differenzschrift*“ *Hegels*）

— ケルン大学、同上時期、正演習「ハイデッガーの『有と時』（『存在と時間』）」（Hauptseminar: „*Sein und Zeit*“ *Heideggers*）

— ケルン大学、同上時期、上級ゼミ・コロキウム「シェリング『自由論』」（Oberseminar. Colloquium: „*Die Freiheitsabhandlung*“ *Schellings*）

— ハノーヴァ哲学研究所、二〇一三年夏学期、二〇一三／一四年冬学期。一年間の研究所フェローとして、所内ゼミでの諸発表。

— ヒルデスハイム大学、二〇一三年夏学期、集中演習「西田幾多郎『善の研究』」（Kompaktseminar: „*Die Studie über das Gute*“ *Kitarô Nishidas*）

— ハノーヴァ哲学研究所、二〇一三年夏学期、二〇一三／一四年冬学期。一年間の研究所フェローとして、所内でゼミ諸発表。

— テュービンゲン大学、二〇一四年夏学期、講義「ドイツ観念論と京都学派」（*Der deutsche Idealismus und die Philosophie der Kyoto-Schule*）

— テュービンゲン大学、同上時期、正演習「ヘーゲル『差異書』」（Hauptseminar: *„Die Differenzschrift“ Hegels*）

— ヒルデスハイム大学、二〇一四／一五年冬学期、共同正演習「世阿弥『花鏡』」（Hauptseminar zusammen mit Rolf Elberfeld: *„Der Blumenspiegel“ Zeamis*）

— ヒルデスハイム大学、同上時期、正演習「レヴィナス『全体性と無限』」（Universität Hildesheim 2014/15 WS, Hauptseminar: *Levinas, „Totalité et Infini“*）

— テュービンゲン大学、二〇一五年夏学期、集中正演習「レヴィナス『全体性と無限』」（Universität Hauptseminar, Kompaktkurs: *Levinas, „Totalité et Infini“*）

— テュービンゲン大学、同上時期、講義「ヘーゲル哲学のコンテキストにおける宗教」（Vorlesung: *Die Religion im Kontext der Philosophie Hegels*）

— バーゼル大学神学部、二〇一五年夏学期、集中演習「レヴィナスと西谷」（Kompaktkurs: *Levinas und Nishitani*）

（3）古代において、日本に限らず一般に、海賊行為という形態が貿易形態と重なったということについては、稲賀繁美編、『海賊史観からみた世界史の再構築——交易と情報流通の現在を問い直す』、思文閣出版、二〇一七年の雄渾な共同研究がある。筆者もコラム・エッセイ「海賊たちが帰る場所」（同上、七三五—七四六頁）を寄稿した。海賊の歴史は、住む場所を海に求めた民の壮絶な物語でもある。「海賊史観」は経済史家・川勝平太（元・静岡県知事）の語でもあるが、稲賀はこれを現代のインターネット時代のネットの海における知的財産権の海賊行為にまで広げて、世界交易史を概観し総括した。

（4）川勝平太、『文明の海洋史観』、中央公論新社、二〇一六年、三七頁。

（5）種々のカタログ類の他、下記の文献を参照。400 Jahre Arita-Porzellan, Japan/85 Geburtstag Ludwig Zepners,（Internet Archive, Stadtmuseum Meißen.

（6）Donald Keene「日本古典文学の翻訳について」（Translation of Japanese classical literature）、（https://kokubunken.repo.nii.ac.jp）, 1060.2., 四二頁。

（7）『異国叢書　耶蘇會士日本通信』全十三巻、雄松堂書店、一九二八年、『新異国叢書　イエズス会士　日本通信』上下、雄松堂書店、上巻、一九六八年、下巻、一九六九年などを読むと、この表現が頻出する。イエズス会の宣教師たちが仏教の僧侶たちを論破したという記述は、一々の引用を略すほかないほど何度も出てくる。もっとも、不立文字を標榜する禅宗の坊さんには、多少手を焼いたことも洩らされる。

（8）ルイス・フロイス、『日本史』、『完訳フロイス日本史1』、中央公論新社、二〇〇〇年、二五二―二五七頁に、茶の湯および茶人たちとの最初の接触が報告されている。また拙稿、「茶の湯とミサ」、『地球日本史2』、西尾幹二編、産経新聞社、一九九八年、二九一―三〇四頁。文庫本、扶桑社、二〇〇一年、三二五―三三八頁、を参照。

（9）西村貞、『キリシタンと茶道』、全国書房、一九四八年に、こういった叙述がある。この著書は第二次世界大戦後の困難な時代に著されたこともあって、文献考証がほとんど略されているが、たいへん博識の茶人による著書であり、私自身は多く恩恵をこうむっている。なお、若干の考証という意味では、次注を参照。

（10）二〇二二年一二月一五日、スペインのセヴェリア市ロヨラ大学でおこなった筆者の英語講演、「16世紀のキリシタン茶人――キリスト教のミサと茶の湯」で、かなり詳しく述べた。この会議での発表稿は、The Tea Ceremony and Christian Mass: Encounter between the Tea Masters and Jesuit Missionaries, in: Yearbook for Eastern and Western Philosophy. 7/2022. Philosophies of Time and Nature. Co-ed. By Hiroshi Abe, Matthias Fritsch, Marion Wenning. Berlin/Boston. 2024. pp. 239-259.

（11）和辻哲郎、「日本語と哲学」、『和辻哲郎全集』別巻二、岩波書店、一九九二年、三五五頁。

（12）ただしへリゲルは帰国後の一九三九年に、「ナチズムと哲学」（Nationalsozialismus und Philosophie）などを発表して、ナチズムを支えるイデオローグとなり、ナチス政権下でエアランゲン大学の総長となった。ナチスが嫌悪・冷遇したアカデミックな「新カント学派」の立場を、へリゲルが守ったとは言えない。このことについては拙著、『〈京都・哲学の道〉を歩く』、文屋秋栄社、二〇一九年、一八五―一九五頁に、少し詳しく述べておいた。

（13）田辺元、「現象学に於ける新しき転向」、『思想』、一九二四年一〇月。現在は『田辺元全集』、筑摩書房、一九六五年、第四巻、一七―三四頁。

（14）源了圓、「江戸儒学の国際的普遍性」、『地球日本史2』、同上、二一九―二三八頁を参照。

（15）西洋哲学の側からの京都学派への一定の関心は、ごく客観的なデータにもあらわれている。筆者が一九九〇年に第一版を、そして二〇一四年に第三版を、ドイツの出版社から出した拙編著、*Die Philosophie der Kyôto-Schule. Texte und Einführung*, Alber Verlag, 1990, Die zweite und erweiterte Auflage, 2011, die dritte Auflage, 2014 を参照。ここには、京都学派の全体に関する欧文文献が一〇七点、西田幾多郎のテキストの翻訳は七〇点、西田哲学に関する研究文献は二〇一点を数える。田辺元、久松真一、西谷啓治、等に関しても、文献データの増大が確認できる。

　本書執筆の時点（二〇二三年）までに一二年が経過している。その間に「ＥＮＯＪＰ 日本哲学のヨーロッパネットワーク」（Europeann Network of Japanese Philosophy）が設立され、本章執筆の時点（二〇二二年）で八回を数える年次大会での多数の発表稿が刊行されている。第五回の年次大会だけ、日本（南山大学）で開催された。その成果版は下記である。*5th Annual Conference of the European Network of Japanese Philosophy. Philosophy and Beauty*, Nagoya, Japan, 2019（刊行は Nanzan University、出版社は Chisokudo）. また「ブラジル西田哲学会」が設立されてポルトガル語訳の西田哲学テキストが次々に刊行されている。次節でも述べるように、二一世紀に入ってから「日本哲学の世界環境」は劇的な変化を遂げ始めている。

（16）「京都学派」の範囲および定義については、拙編著、『京都学派の思想――種々の像と思想のポテンシャル』、人文書院、二〇〇四年、五―一九頁、「序　なぜ、いま、〈京都学派の思想〉なのか」を、参照されたい。要点は、「学派」という以上は一定の思想的テーマあるいは問題意識を共有していることが要請される、という観点である。それは西田や田辺といった師匠の周囲に形成される弟子筋や同僚のサークルとは区別される。後者であれば「京都哲学」という名称の方が適切だろうし、実際、その名称のもとでの撰書（『京都哲学撰書』）も存在している。

（17）R・エルバーフェルトの編著、Rolf Elberfeld (Hg), *Philosophiegeschichtsschreibung in globaler Perspektive, Deutsches Jahrbuch Philosophie*. Herausgegeben im Auftrag der deutschen Gesellschaft für Philosophie, Bd. 9, Hamburg, 2017 を参照。

（18）*The Oxford Handbook of JAPANESE PHILOSOPHY*, edited by Bret W. Davis, Oxford UP, 2020.

（19）『西田幾多郎全集』「旧版」、第三版、一九七八年、第十一巻、一七七／七八頁、「新版」、二〇〇四年、第十巻、一四〇頁（以下、「旧版」と「新版」という表示を用いて頁数のみを記す）。

(20) *Kant und die Religionen des Ostens*. Hg. von Helmuth von Glasenapp, Kitzingen am Main, 1954.

(21) もっとも、ヘーゲルにおいて「日本」への言及が皆無だった、というわけではない。たとえばヘーゲルの初期の断片には、モンテスキューが引用されているが、モンテスキューは、死刑の方法が人心に与える作用の例として「日本人」(Japaneser) の風習に言及している。ヘーゲルはこれを取り上げた (G. W. F. Hegel, *Fragmente historischer und politischer Studien aus der Berner und Frankfurter Zeit*. *Werke*, Bd. 1, S. 440.)。

(22) Karl Rosenkranz, *Japan und die Japaner*, in: *Neue Studien von Karl Rosenkranz. Erster Band: Studien zur Culturgeschichte*. Leipzig, 1875, S. 326.

(23) K. Rosenkranz, ibid., S. XIII.

(24) カール・ローゼンクランツ、寄川条治訳、『日本国と日本人』、法政大学出版局、二〇一五年。

(25) 筆者がこのローゼンクランツの講演についてこれまでドイツ語と日本語で報告してきた拙稿は、以下である。(1)一九九三年六月二〇日から二三日までシュトットガルト市で開催された国際ヘーゲル学会 (Internationale Hegel-Vereinigung) での招待講演 („Hegel und die Japaner – Zum Begriff der Vernunft im Fernen Osten")。(2)この大会成果版 (Tagungsband)、*Vernunftbegriffe in der Moderne. Stuttgarter Hegel-Kongreß 1993*. Herausgegeben von Hans Friedrich Fulda/Rolf-Peter Horstmann, Klett-Cotta, 1994 に上記講演が収録されている (同上、S. 775-788)。(3)この収録に先立つ、上記講演の和文ヴァージョン (「ヘーゲルと日本人」) の『現代思想』への収録 (『現代思想』、臨時増刊号、第二一巻第八号、一九九三年、一五九―一六七頁)。

(26) 西周や津田真一郎による「哲学」の受容と理解については、拙稿、「西洋思想「ヒロソヒ」の翻訳――西周」(拙著『日本的なもの、ヨーロッパ的なもの』の第二章 (初版は新潮選書、一九九二年、後に講談社学術文庫、二〇〇九年)) に、すこし詳しく述べた。

(27) Karl Rosenkranz, *Die Bedeutung der gegenwärtigen Revolution und die daraus entspringende Aufgabe der Abgeordneten*, in: *Politische Briefe und Aufsätze 1848-1856*, hrsg. von Paul Herre. Leipzig 1919, jetzt in: *Die Hegelsche Rechte*. Stuttgart-Bad Cannstatt, 1962, S. 145.

(28) Vgl. ders., *Japan und die Japaner*, ibid., S. 357.

（29）Karl Löwith, *Sämtliche Schriften*, Stuttgart, 1983, Bd. 2, S. 473–541. この後語は、最初は『思想』第二二〇―二二二号に掲載された。

（30）G. W. F. Hegel, „*Vorlesungen über die Philosophie der Geschichte*," *Werke in zwanzig Bänden*, *Frankfurt*, *1970–1971*（以下、*Werke*と略記し、巻数を挙げる）, 12, S. 115.

（31）F. W. J. Schelling, *Einleitung in die Philosophie der Offenbarung*, *Sämtliche Werke*, Bd. XIII, 8.

（32）筆者が旧著、*Ekstase und Gelassenheit. Zu Schelling und Heidegger. Münchner Universitäts-Schriften*, Bd. 16, München, 1975.（日本語版は『放下・瞬間・場所――シェリングとハイデッガー』、創文社、一九八〇年）で述べたこの見解は、今も変わっていない。

（33）京都学派の歴史哲学は、『京都哲学撰書』第十二巻、森哲郎編、『世界史の理論』、燈影社、二〇〇〇年、に全体の輪郭を見ることができる。

（34）和辻哲郎、『ゼエレン・キェルケゴオル』「新版序」、『和辻哲郎全集』第一巻、岩波書店、一九六一年、三九九頁。

（35）「ウェブ3」に関して筆者が最近の文献類の中で見たいちばん手頃な手引きと思われたものは、伊藤穰一、『テクノロジーが予測する未来　ｗｅｂ3、メタバース、ＮＦＴで世界はこうなる』、ＳＢ新書、二〇二二年、である。著者の伊藤は二〇一一年から二〇一九年までＭＩＴ（マサチューセット工科大学）メディアラボの所長をつとめた、いま八面六臂の活動を始めている人である。その伊藤の手引きは情報テクノロジーに関する限りは推奨に値する。ただし伊藤の視座には、国家レベルで遂行される巨大な「モノ造り」のテクノロジー、たとえば「軍事テクノロジー」、「宇宙テクノロジー」、「エネルギー産業テクノロジー」等々は、まだ入ってこない。伊藤の著の表題でもある「テクノロジーが予測する未来」への視点は、こういった「モノ造り」の巨大テクノロジーを抜きにしては不足するように思われる。

（36）M. Heidegger, „*Die Zeit des Weltbildes*," in: *Martin Heidegger-Gesamtausgabe*（以下*HGA*と略記し、巻数を挙げる）Bd. 5, *Holzwege*, Frankfurt a. M. 1977, S. 75–95.

序　章　ドイツ観念論と京都学派の六つのファセット

「プロローグ」に短い補足を加えておきたい。それはこのプロローグをオンラインで講義した折りに（プロローグの注（1）を参照）多勢の方々から質問や要望をいただき、その中で、講義の補完を要する質問が一つあったからである。その質問はこうである。「日本がドイツの哲学思想を輸入するまでには、イギリスの功利主義に着目していたということだが、なぜ功利主義だったのか？」

歴史的背景は次のようなものだろう。すなわち日本の「鎖国」は一種の思想統制の意味を持っていたので、ヨーロッパの側でも、キリスト教の布教をせずに貿易をおこなうオランダだけが江戸幕府にとってパートナーとなり得た。そのオランダとイギリスは、いずれもプロテスタントの国で、且つ海洋国家だった。しかし両国は兄弟のせめぎあいのような戦争を一七世紀以来、幾度もくりかえした。両国の拮抗は最終的にはイギリスの優勢に傾き、オランダの海外領土の多くはイギリスに奪われた。しかし長崎の出島は、なおもオランダの権利地として残った。そういった関係のなかで、長崎の出島を通して（ということはオランダを通してである）、イギリスの功利主義も江戸時代の末に日本に入ってきたと、考えられる。

一般の中高の教科書では、イギリスの功利主義を日本に紹介したのは中村正直《まさなお》ということになっているが、中村のイギリス留学に先立って西周がオランダに留学して功利主義に接した、ということは、なぜか見落とされている。見落としに至る背景もあったかもしれない。すなわち中村正直は幕府の家臣であり、薩長の両藩が実権を握った維新政府のもとで東京大学の教授になった。それに対して西周は石見国（島根県）の津和野藩という田舎の小藩に属し、大いに出世が遅れた。彼が苦心した「ヒロソヒ」の種々の訳語（音訳の「斐鹵蘇比」、「希哲学」、「希賢学」、「窮理学」「哲学」）のうち、現在では「哲学」が用いられているが、その最終決定は西が下したのではなく、東京大学にできた新設の哲学科だった。(1) なお、オランダとの通商関係を介してイギリス哲学が入ってきたと述べたが、「オランダ哲学」は無かったのかと問われそうだ。たしかにデカルトとライプニッツの中間に位置する大きな峰でもあるスピノザは、オランダ人だ。ただスピノザ以外にオランダで「西洋哲学史」の系譜に入ってくる哲学者の名は、一般に聞かない（このことは、筆者がアムステルダムで講演した時に現地の先生たちの前でも指摘したのだが、(2) 訂正はもどってこなかった）。われわれが「近世の西洋哲学史」として大学で教えられてきたのは、（プロローグでも述べたように）イギリス、フランス、ドイツ、アメリカ、という、産業化・近代化に成功した四つの国の哲学だった。オランダはその点で第一線に立ったわけではない。そういったことも、「オランダ哲学」の不在と関連するであろう。

1　誰が「ドイツ観念論」や「京都学派」の名称を言い出したか

「ドイツ観念論」も「京都学派」もこれから指摘するように、後世の固定イメージで理解が色づけられている。もちろん「ドイツ観念論それ自体」とか「京都学派それ自体」とかが存在すると言うつもりはない。ただ、どの固定イメージの理解も歴史的な制約を背負っているから、そのどれもが「解釈学的解体」を必要としている。

ドイツ観念論は、一般に名前は「知られている」（ドイツ語で „bekannt"）が「認識されている」（ドイツ語で „erkannt"）とは言えない。フィヒテやヘーゲルやシェリングについてかなり研究した人でも、では「ドイツ観念論という名称は誰が言い出したか」と問えば、すぐに答えられる人はあまりいない。この名称が一般化したのは実は二〇世紀に入ってからで、ヴィンデルバントの『近世哲学史』(3)がその始まりだと見てよいだろう。

「ドイツ観念論」という名称の初出に言及した人は、本家のドイツの学界では、日本にも多くの弟子を持つ故・イエシュケ氏（Walter Jaeschke, 1945-2022）である。氏はドイツ観念論という名称が最初に出てくるのはマルクス宛のエンゲルスの一八四四年一一月一九日付け書簡だと述べた。(4)しかし筆者の管見に入った限りでは、シェリングがすでにこの語を一八一三年の『世界世代』で用いている。シェリングは「ドイツ観念論」の「最高の高揚」（höchste Steigerung）をフィヒテ哲学に認め、その上で、「より高次の世界時代」においては「実在論が観念論よりも疑いなしに優位にある」と述べた。(5)シェリングは後に自らの立場を「哲学的経験論」と称するようになり、経験論は実在論に他ならないから、彼はすでに『世界世代』の時期に、自己の哲学を「ドイツ観念論」には数え入れなかったのだ。それは後世で用いられる「ドイツ観念論」という用語を、ドイツ観念論の哲学者と称される一人が自分への用語としては斥ける事例として、注目してよい。

「京都学派」という名称も類似の様相を示す。西田幾多郎も田辺元も、この名称は使っていないからである。弟子の戸坂潤が最初の命名者だが、その場合の学派の構成メンバーは当然ながら今日の理解とはまったく異なって、今日通用するものではない。(6)現在でも京都学派の範囲とか定義とかについてはいろいろの意見があり、三木清や和辻哲郎がそこに入るのかどうかといったことも、いまだに見方が分かれる。またこの学派名称の評価ニュアンスに関しては、太平洋戦争後の米軍の占領政策に乗る形で日本の言論界をリードした左翼文化人たちが、「京都学派は戦争協力をした学者たち」という断罪レッテルを貼って、半世紀以上もそのレッテルが残存した。しかしほぼ一九九〇年代からはっきりとトレンドが変わって、「実際はどうだったか」という見直しがなされ[7]るようになった。そして、学術的には同じく一九九〇年代から、「現象学」の研究者たちによる京都学派の（特に西田幾多郎の）思考の先駆性が注目され始めた。そして西田哲学研究が一挙に日本の哲学界全体に広まった[8]。また二一世紀になってからは、一般に「新儒家」とみなされてきた牟宗三《ぼうそうさん》における[9]京都学派への論究から、新たな考察視角が生じている。

「ドイツ観念論」に戻って、もう少し補足しておこう。哲学史の入門書や啓蒙書では、フィヒテ、シェリング、ヘーゲルの三人が、代表的哲学者として挙げられる。それはまったくの間違いではないが、大きな盲点を含んでいる。なぜなら、「ドイツ観念論」はこの三人のいずれにおいても用いられなかったからだ。シェリングが自分に関してはこの用語の適用を斥けたことは、すでに述べた。「ドイツ観念論」という思想山脈の概念は、最初から確立していたのではなかった。それは「太平洋戦争は一九四一年一二月八日の真珠湾攻撃で始まった」という言い方と同じで、太平洋戦争という総括はもっと後の時点となる。フィヒテは自分の哲学を「批判的観念論」あるいは「超越論的観念論」と呼び、シェリングはこれに加えて「美的観念論」とか「絶対的観念論」とかの語を用い、ヘーゲルもこの「絶対的観念論」という語を用いた。これら別々の用語使用の裏には、彼らがいずれも他の二人と立場が同じと見られることを、峻拒していた、ということもある。そのことは、同時代の批評哲学者ヤコービから見ても、異論はないだろう[10]。彼らの自己理解が自明的に尺度となるのではないにしても、「ドイツ観念論」を既成イメージから解放して新たに見直す必需性を意味することには、変わりはない。

この関連で、「ゲーテ時代」という名称が当時の精神潮流をあらわすものとして、「ドイツ観念論」の名称より遥かに一般的だということも指摘しておきたい。詩人ハイネはその「ロマン主義」論の中でこの表現を用いるし、[11] コルフの四巻の大著『ゲーテ時代の精神』も、表題にこの語を含んでいる。[12] 文化史家ブリュフォードも同様である。[13] ゲーテの他にシラー、レッシング、などがこの「ゲーテ時代」に入ってくる。ゲーテの名は哲学の領域ではほとんど顧慮されないが、知識人の人口の大きさからすれば、ヘーゲル人口よりゲーテ人口のほうが遥かに大きい。試みにドイツの街頭で通行人に尋ねてみればよい。これは筆者の個人的経験で何度も遭遇した、というだけのことだが、おそらく断固とした反論は無いだろうと思っている。すなわちゲーテの名は誰もが知っているが、ヘーゲルの名となると、大部分の人がまずは「え？　ヘーゲル？」と考えるのだ。

なお、ヘルマン・ノールという学者は「ドイツ運動」という名称を提唱した。[14] これは一七七〇年間から一八三〇年までのドイツの精神潮流の名称で、哲学分野ではカントからヘーゲルまでの時期を、すっぽり含む。ただしノールにおいて、「ドイツ観念論」という潮流は眼中にない。哲学研究者からすれば意外かもしれないが、一般的にはそう奇異でもない。ノールはフィヒテ、シェリング、ヘーゲルの三人を、この「ドイツ運動」の別々の局面に配置した。これはノールが無知だったからというわけではない。彼の師匠であるウィルヘルム・ディルタイがその「生の哲学」の立場から、思弁的なドイツ観念論に向けて述べていた。この否定的見解を、ノールは弟子として継承していたのだ。一般の市民レベルでは、「ドイツ観念論、それは何だ？」という反応が大半だろう。もっとも、固定した色眼鏡で見るよりは、そのほうが可能性を残すとも言える。

評価に関する議論状況は、京都学派の場合も簡単に総括はできない。戦後のレッテルについてはすでに言及したが、中立性を狙った、その代わり内容の薄い形容は、「西田幾多郎を囲む学者たちのサークル」という類であろう。筆者自身は、「学派」として捉えるかぎりは単なる仲良し学者のサークルではなくて、共通の「思想」が中核に無ければならないと考えている。社会学でいう「学派」の定義も、その観点で援用できる[15]。京都学派の場合は、それは「絶対無」という理念だといえよう。だからドイツ語で編纂した京都学派テキスト精選集と解説では、その基準で哲学者たちを選んだ。すなわち第一世代は西田幾多郎と田辺元、第二世代は久松真一、高坂正顕、西谷啓治、高山岩男、下村寅太郎、鈴木成高、そして第三世代は武内義範、辻村公一、上田閑照[16]。第三世代の学者たちも、すでに全員が故人となってしまった。

なお、日本の近代化が始まって三〇年から五〇年ほど経過したあとに出現したこの学派は、ノールの言う「ドイツ運動」と、ある文化史的な背景においても少し似たところがある。それも、まったくの偶然ではないと思われる。すなわち、哲学運動に先立って文学運動が開花していた、ということである。坪内逍遥の『小説神髄』や二葉亭四迷の『浮雲』、森鷗外の『舞姫』、幸田露伴の『五重塔』、夏目漱石の『三四郎』や『門』、などはいずれも、西田幾多郎の『善の研究』に先立つ時期に出たことを、想起したい。

2　四つの哲学潮流と、第五の潮流としての京都学派

ドイツ観念論はドイツ近代の入り口の時期に勃興したが、京都学派の哲学は日本近代の初期段階で出現した。西田の『善の研究』が出た一九一一年をはさむ三〇年間は、二〇世紀の主な哲学思想がほとんど出そろう時期でもある。この時期の四つの哲学潮流を鳥瞰しておくと、京都学派の哲学の哲学史的な位相も見えてくる。

まずは「生の哲学」。これはアンリ・ベルクソン（フランス）とウィルヘルム・ディルタイ（ドイツ）およびウィリアム・ジェームズ（米国）に代表される。次にドイツの「新カント学派」。代表者はウィルヘルム・ヴィンデルバン

トとハインリヒ・リッケルトとヘルマン・コーヘン。三つ目の潮流は「現象学」。フランツ・ブレンターノ（オーストリア）とエトムント・フッサール（ドイツ）を嚆矢とする。ちなみにフッサールの『厳密な学としての哲学』は一九一〇／一一年、つまり西田の『善の研究』とおなじ年に出た。そして第四の波頭は今日の分析哲学につながる「論理実証主義」。バートラント・ラッセル（米国）とアルフレッド・ノース・ホワイトヘッド（イギリス）の三巻本『プリンキピア・マテマティカ』は一九一〇年から一九一三年までに出た。西田の『善の研究』はその中間の時期に出たことになる。その後につづく京都学派の哲学は、いわば第五の潮流だと言える。ただしプロローグで述べた「ガラパゴス的」環境のなかで、当面は日本国内の現象にとどまった。

国内現象にとどまったとはいえ、この第五の潮流それ自体は欧米での四つの潮流のいずれをも視野に入れた世界視野を持ち、東アジアの思想伝統を栄養地盤としていた。このことは、日本近代そのものの位置づけとの関連で理解できる。

欧米において二〇世紀の四つの思想潮流が続々と出てきた時期は、伝統的な形而上学からの離反の時期でもある。それは思弁的思索を色濃くするドイツ観念論からの離反でもある。それにはそれなりの理由もあった。人間的実存を哲学することの必需性や、論理的に証明し得る厳密な論理性への需要が、その背後にある。しかし他方でハイデッガーの次の言葉もある。「ドイツ人はドイツ観念論の前に屈し、その高さに堪えるような成熟を示さなくなった」と[17]。ハイデッガー自身はこの語を、ショーペンハウエル哲学と関連させて、過去形で語っている。しかし京都学派はその傾向とは逆に、ドイツ哲学を精力的に吸収し、ドイツ観念論の形而上学との対決をその中心部分に置いた。そこでは少なくとも、ドイツ観念論の「高さ」が直視されていた。

ドイツ観念論も京都学派も、既成のイメージから解放してその事実的な高さや深さを見ていくことを欲するなら、それなりの解釈学的な方法意識が求められる。そのことを念頭において、ここでこの二つの哲学山脈の登山ルートを考えてみよう。大きな山脈には、下から遠望するだけではわからない山中の景色や登山ルートが、さまざまにある。そのルートによって、山脈の容貌も変わる。登山者の側も、環境とか時代とかに見方が制約されているから、その都度の制約についての自己吟味が絶えず求められる。思想登山は、そのような解釈学の営みでもある。

3　ファセットとしての六つのテーマ

ドイツ観念論と京都学派の哲学という二つの山脈を実際に登ってみる場合、登山ルートに擬され得る共通テーマを挙げることができる。すなわち、歴史、自然、芸術、法、知、宗教、の六テーマである。これら六テーマはそれぞれ両者のファセットでもあるが、それらを通して両者が一種の重なりが見えてくるという現象が、本書の着目点である。まずは六つのファセットをそれぞれの思想山脈の登高ルートとすることから、一般の啓蒙書・入門書に見られる、年代順を追う叙述とは相当に異なった山容が、立ち現れてくるであろう。それだけでなく、それらのファセット同士の重なりを通して、両者の比較も可能になってくる。

一般にドイツ観念論と言えば、カント、フィヒテ、シェリング、ヘーゲルという順番で、また京都学派の場合は西田、田辺、久松、西谷、高山、等々の順番でそれぞれの哲学が叙述される。それはそれで一つの思想登山ルートであるが、ただその場合は、二つの山を同一の問題連関で見比べる場所が無い。上記の六つのファセットは、それを可能にする見晴らし台である。そして何よりも、現代のわれわれと二つの山脈を築いた哲学者たちとの「同時性」の場である。

(1) 歴　史

第一のテーマは「歴史」である。ドイツ語の「歴史」(ゲシヒテ、Geschichte)は、英語の「ヒストリー」(history)では十分に訳せないところがある。「ゲシヒテ」は「出来事」(ゲシェーエン、Geschehen)という語とつながっているからだ。「ヒストリー」にはそういう意味は無い。しかし日本語で「歴史」というときの「歴」は、「月日が過ぎゆくこと」の意味だから(角川書店の『漢和中辞典』)、月日を経る出来事(ゲシェーエン)の意味も含むだろう。

では翻って「ヒストリー」という語は、どういう意味なのか。語源的にはヒストリーはギリシア語の「ヒストレイン」すなわち探査する、物語る、という語から来ている。月日を経て生じる出来事を語る行為が「ヒストリー」ということになる。そこにはヒストレインする「語り手」がいる。語り手から独立して「客観的」に存立する出来事があると、普通には思われるかもしれないが、それは素朴な客観論で、哲学的には維持できない。先に挙げた例をもう一度出すなら、「太平洋戦争は一九四一年一二月八日の真珠湾攻撃で始まった」という記述は、一二月八日より後になってからの形容だ。後日には「大東亜戦争」という別の名称もある。この戦争を「太平洋戦争」という名称で形容するとき、それは太平洋を挟んで日本がおこなった対米戦争を意味するが、「大東亜戦争」という形容なら、日本が「八紘一宇」(八つの世界地域は一つの家)というスローガンを掲げてアジアに進出した戦争理念を——従って当時の極右的な軍部政権の看板に沿った概念を——意味する。

時代の出来事としての「歴史」(ゲシヒテ)と哲学思想の成立とは、いつも有機的に連関する。シェリングとヘーゲル、そして詩人ヘルダーリンは、一七八九年のフランス革命のときテュービンゲン神学校(Tübinger Stift)の同期生だった。三人は革命を熱狂的に支持し、「自由の樹」(Freiheitsbaum)と名づける樹を野に植えてその周りで踊ったと、言い伝えられている。[18] 哲学者として思索することと、時代の動きを感受する感性を持つということとは、彼らにおいては不可分だった。これは、哲学がいつのまにか文献解釈の学問になってしまった現代との、大きな違いでもある。

フィヒテは一八一四年一月に没した。同じ年の九月に「ウイーン会議」が始まり、それは翌一八一五年六月までつづいた。それはフランス革命のあと、旧体制（アンシャン・レジーム）が復古する出来事となったが、これは長続きしなかった。なぜなら、ヘーゲルが没する前年の一八三〇年にフランスで起こった七月革命でいったん再建されていたアンシャン・レジームは、最終的に崩壊したからだ。とはいえ、それはなおも「王政」の形をとり、一八四八年の「二月革命」で「第二共和制」が成立するまでつづいた。もっともこの共和制は四年で終わり、ナポレオン三世による帝政となる。ドイツでは二月革命の後に起こった「三月革命」はすぐに挫折した。それは、なおも立憲君主制が残ることを意味した。すなわち、プロイセンが主導権を握る「ドイツ帝国」の出現だ。皇帝が絶対君主として支配する絶対主義という名の、第一次世界大戦までつづいたドイツの政治体制が、そこで成立した。シェリングは晩年にこの二月革命を見聞していたが、彼は、国家における国王の位置が神の位置に呼応すると考えていたから、二月革命への肯定的な態度表明はしていない(19)。

「歴史」という第一テーマは、京都学派の場合でも重要である。あらかじめその問題意識の輪郭を述べておくなら、それは「世界史の哲学」というかたちを取る。われわれが世界史を勉強する場合、これまでの教科書では西洋世界を中軸として、周辺世界はその周辺と捉える図式が基本的だった。そこではイスラム世界はヨーロッパに近い東方世界という意味で「中近東」と呼ばれ、東アジアはヨーロッパから見て遠いから「極東」と呼ばれた。これらは全て、ヨーロッパを中心とする見方だ。それは、「近代化」が歴史的には非ヨーロッパ世界の「ヨーロッパ化」と重なる仕方で進行した結果でもある。しかし世界がヨーロッパを中心として動くという図式は、実際は世界史的な広がりを具えた視座ではない。そこで京都学派の哲学者たちは、ヨーロッパ中心の世界史ではなくて、「諸世界の世界」という観点での「世界史の哲学」を構想した。それは極東に出現した、ヨーロッパ近代とは異なる「日本近代」を、歴史把握の視座に据えた見方でもあった。

哲学思想は、それが単なる文献研究でない生きた思想であるなら、いつもその時代を映し、時代を形成する動きとなる。フィヒテが一七九九年に「神的な世界政府に対するわれわれの信仰について」という論文を、まずは匿名で発表したとき、[20]それは「無神論」の嫌疑を受けた。当時にあっては無神論は危険思想だから、フィヒテはイェーナ大学にいられなくなり、イェーナからベルリンに移った。現代の眼から見るなら、フィヒテの論文は人間理性の「アウトノミー」（自律）を主張するものであり、そのかぎりでは近代的ないし現代的でもあったのだが、当時にあっては、そのような受け止められ方はなされなかった。アウトノミーをもつ理性によって形成される社会は、神が定めるノモス（法律）を必要としない、それ自身で動いていく社会だからだ。それは教会の立場からは「無神論」の匂いを持つ危険思想ということになる。

京都学派の世界史の哲学は無神論ではないが、また有神論でもなく、「無」をキーワードとする哲学だ。第一テーマ「歴史」に関してこのキーワードが何を意味し得るかは、差し当たっては見当がつかないだろう。歴史は常に生々しい「有」の世界として表象されるからだ。しかしまた、歴史がどこへ向かうのか、なぜ歴史なのか、その形成主体は何なのか、等々といった問いと関連して、その答えの不在、根拠の不在、といったニヒリズム的な事態が口を開ける現代において、「無」の思想が積極的な意味を帯びて登場するということも、考えられ得るだろう。実際、京都学派の歴史哲学はそういう観点で新たに省察されるべき内容を、持っている。

第一テーマについて、他の五つのテーマとのバランス上、少し長く話をしすぎたかもしれない。しかし六つのテーマは別々ではなくて、いずれも「絶対者」という中心語のあらわれであるから、全体への入門をも兼ねるということで、許容していただきたい。

(2) 自　然

第二のテーマ「自然」に移ろう。これも東洋と西洋の双方で、それぞれ異なった内容のもとで長い伝統をなすテーマだ。誰もが知るように、「自然」という語に該当する欧米言語は、英語の nature もドイツ語の Natur もラテン語の natura に由来し、「生まれる」(nascor) という意味と連動している。しかし「自然」という漢語にはそのような意味は無い（敢えて言えば「自」には「何々より」という由来の意味が、無いことはないのだが、それでも「生まれる」の意味はない）。

ドイツ観念論の自然哲学は、根本的には、「産む自然」（ナトゥーラ・ナトゥランス）としての「神」に支えられた「神的自然」を、基本直観とする哲学だ。自然の根拠と意味と目的が神的とされるなら、そこに神を最終目的とする「目的論」的な自然観の方向が生じ、それは最終的には神学的となる。カントは『判断力批判』で、「目的論（テレオロギー）はある種の神学（テオロギー）に帰着する」と述べた[21]。他方で近代以降の自然科学は、自然現象をどこまでも機械論的・物理的に、原因と結果の法則的連鎖の世界と見る。だからそこでは、ドイツ観念論の形而上学的な自然哲学ないし自然観は、とりあえずは入りこむ余地が無い。ただ逆に、その近代的ないし機械論的・物理的な自然観では説明しきれない「意味」や「価値」といった領域が、ないし「こころ」の領域が、取り残される。そこでは「生命現象」は、物理的な自然現象のひとつでもあると同時に、実験と観察とを通して究明する自然科学者本人にとっての「いのち」でもあり、「人生」でもある。ドイツ観念論ではそういった客観と主観の両方にわたる「自然」の本性を、「精神」と捉える観点があった。その観点は、京都学派の哲学にとっても無縁ではなかった。しかしその場合の背景には、「自然」を根本では仏性そのものとして、ものと心の根本的な在り方として、捉える自然観がある。日本仏教の祖である道元や親鸞などで、その見方は展開されている。そのような自然観は、またしてもドイツ観念論と京都学派の双方が切り結ぶ切点でもある。

(3) 芸　術

第三テーマ「芸術」はどうだろうか。現代では「芸術」という概念ははなはだ多義的ないし問題的で、簡単には語れなくなっているが、ドイツ観念論の時代には——フィヒテにおいては芸術はほとんど考察されることがないから、シェリングとヘーゲルに限定されるが——、芸術は「絶対者」のあらわれの場とみなされていた。芸術と自然の関係という点でもヘーゲルとシェリングでは考え方が大きく異なるが——ヘーゲルにおいては「自然」もしくは「自然美」は芸術もしくは美学の領域に入ってこない——、芸術を「神的なもの」の自己表現と見ることでは共通している。

ごく大雑把に言うなら、一九世紀末の「芸術のための芸術」以後、形而上学や宗教の混入を拒否した自然風景描写の印象主義が、そして二〇世紀に入ってからは、創造的な造形を追求して作品の外部の風景や静物の具体描写を排除した抽象絵画があらわれ、それに対する反動として戦後のアメリカで抽象表現主義、或いは一九七〇年代の新表現主義、その他さまざまな芸術運動が出てきた。しかし、いずれの場合でも、そういった芸術それ自身は一体どこに足場を持つのか、という問いが当然ながら出てくる。芸術衝動が活発になればなるほど、その衝動がどこから出てくるのか、芸術とは何なのか、という問いも深まる。

ドイツ観念論の芸術哲学・美学も、そして京都学派の哲学も、この問いの角度から照らし出すことができる。京都学派の場合は、日本で伝承されてきた東洋的な「芸術・美学」の経験が、当然ながら背景をなす。しかし京都学派の哲学者たちは、その経験内容をドイツ観念論の芸術哲学・美学を吟味しつつ言語化した。そこに思索上の独特の共同空間が生まれる。両者の「遠さと近さ」が、ここにも成立する。

(4) 法

第四のテーマ「法」についてのドイツ観念論の思想は、今日、逆説的な仕方でアクチュアルな意味を帯びる。ドイツ観念論において、「法」によって裏づけられる国家は、絶対的な神性に基づけられる国家だった。その国家観は、革命に継ぐ革命のヨーロッパ近世・近代の激動のなかで一般的な感覚から離れていく。近代国家は自律的に自らのうちで正当性の根拠を持とうとするからだ。その価値観を最終的に裏づけるものは「理性」である。しかし実はその答えの原型はドイツ観念論において用意されていた。しかも未だに凌駕されない徹底性において、である。そこでは理性の立場を根底で揺るがすような、「一体なぜ理性なのか、なぜ非理性ではないのか」という無気味な問いが、浮上するからである。理性に基づくはずの近代国家があまりにもしばしば非合理的・非理性的な現実となって立ち現れてきたことは、二〇世紀以後の世界史が物語る。その現実に由来する「理性への懐疑」は、ドイツ観念論において先取りされていたのである。

ほぼ同様のことが、京都学派の法思想についても言える。「絶対無」というような鍵語は、宗教思想においてはともかく、リアルな現実世界のどこに接点をもち得るかと思われるであろう。しかし京都学派のその思想が、今日の平和な日本では想像し難い、——極右軍事政権によって押し進められた、国際的には次第に孤立を深める大陸進出政策、国内的には烈しい言論弾圧の政策の——厳しい現実の中で形成されたことを、想起しておきたい。「なぜ理性なのか」という、現代のニヒリズムにも通ずる問いに呼応する「無」の思想が、まさしく今日の法的リアリティの中で、逆説的にアクチュアリティを帯びてくる。

(5) 知

このドイツ観念論と京都学派の思想の「遠さと近さ」は、第五のテーマ「知」の問題との関連では、「絶対無」と「絶対者」の近さと遠さという形で浮上する。ドイツ観念論の哲学内容は「絶対知」の高みと大きさへ集約されていくが、京都学派の場合には、知の主体を没した根底的な「無我の知」という意味での「無知」が、色々の表現となって出てくる。その無知は、要するに「絶対無」の実存的様態である。

「知」の問題は、当然ながら「言葉」の問題とも結びつく。京都学派の一つの根となる大乗仏教では、「言説之極因言遣言」(言説の極地では、言によって言を消す)とか、「一切言説仮名無実」(一切の言説は仮の名にして、実は無い)とかといった言語観がある。[22] その言語観を京都学派の絶対無の言説の中から抽出することは、難しいことではない。他方で、たとえば言語を「精神の現存」(das Dasein des Geistes)と捉えるヘーゲルの言語観(『精神現象学』の「精神」の章に出てくる「自己疎外的精神」の節の「良心」の部分を、参照)と捉えるなら、その精神の現存は最終的には絶対精神の現存の形態である「絶対知」に、つながっていく。京都学派の「無我の知」を念頭に置くとき、そこにもまた、無と絶対者との近さと遠さが現れる。

この現代哲学の問題としての第五テーマ「知」を考えるときは、対話の相手として科学の知が大きく浮上する。科学的な知とは、思い切って簡略化して言うなら、仮説を実験的に立証していく知である。実証された理論では説明できない現象が新たにあらわれると、新たな仮説が立てられて、それを確かめる実験がなされる。だから科学の知は、客観的な妥当性を実証していく、どこまでも相対的な知である。そして同時に、技術と結びついて現実世界を刻印し形成する力となっていく。そこには、科学と結びつく技術が単に科学の応用領域というだけにとどまらず、むしろ科学の根本性格に浸透して科学を本質的に性格づけるもの、ということがあらわれている。本当は科学の根底に技術がある、とすら言える。これはハイデッガーと西田幾多郎において期せずして一致する見方でもある。ハイデッガーの技術論に関しては、秋富克哉『芸術と技術――ハイデッガーの問い』という好著があることを、挙げておきたい[23]。

その現実形成の威力となるテクノロジーの知は、現実世界を形成する力としてのAIの知をも含めて、またしても、それの「どこまで遠く」、「そもそもどこから」、「本来は何のために」が問われ、その問いへの答えは誰も知らない。答えの欠如は、空虚でもある。その空虚は大抵は、科学技術による産物が絶えず更新され、ますます機能的・効率的になり、それによってわれわれの生活がさらにスピード化し加速される、ということによって、かき消されている。しかしそれは空虚の増大化でもある。それが終わりの無い相対性の世界の不安であるということが意識にのぼるなら、改めてドイツ観念論で言う「絶対知」が、問いに値する事態として浮上するだろう。ヘーゲルもシェリングも当時の医学的・生物学的・物理学的な知識を豊富に持ち、自らの哲学知に取り入れていた。その上で「知」の最終性格を「絶対知」に求めた（ただしシェリングはこの語をほとんど使わなかった。このことはドイツ観念論内部の深刻な亀裂とも関係するので、本書の第11章を参照されたい）。

(6) 宗 教

カントは『純粋理性批判』で、万物の存在を裏づける最高存在者を登場させた。その最高存在者は、永遠から永遠へと存在し、およそ存在するもので自分の意志によらないものは無いと言える存在者だ。しかしその永遠で最高の存在者は、自分自身にこう問う。「しかし、一体、私はどこから存在するのか？」この問いは、デカルトが『省察』第三部の中で立てた問い「私はどこから存在するのか?」(„a quo essem")を想起させる。カントはこの問いを、理性が答えることのできない「深淵」(Abgrund)だとした。[24] カント自身はこの深淵をも念頭において、「信仰に場を与えるために知を廃棄しなければならなかった」という有名な語を記したが、[25] ドイツ観念論は、この「信仰と知」の二元論を取らなかった。信仰で届くところと知で届くところを、理性の極致としての「絶対知」において総合できると信じた。ただし、その理性は「なぜ非理性ではないのか」という、理性からは答えられない問いに直面し、およそ理性的根拠という性格を脱した「無底」(Ungrund)として捉えられた。[26] 京都学派の西谷啓治がこの無底を「ニヒリズム」という問題連関の中で捉えようとしたことは、この講義の中でいずれ詳述することとなる。従来の研究ではドイツ観念論におけるニヒリズムの萌芽はあまり注目されてこなかったが、しかし実は初期ヘーゲルにおいても後期フィヒテにおいても、この語があらわれ始めるということも、第Ⅵ部「宗教」で述べていくであろう。

以上に挙げた六つのファセットないしテーマはいずれも、ドイツ観念論と京都学派の哲学とが現代世界の問題でもあり、そしてそこで両者が出会い、且つ切り結ぶ切点である。

＊＊＊

本書の上梓に際してひとこと補足しておくなら、実はこの六つのファセットは、私自身がずっと追ってきた唯一のテーマ「〈悲〉の現象論」のファセットでもある。[27] その意味では本書はこのメイン・テーマの一周辺に過ぎない。ないし、城のお堀をぐるぐる回るだけのものでもある。ただ、書物というものは他の書物に還元できないそれ自身の由来をも、持っている。それについては、本書の「あとがき」に若干の事由を記しておいた。

注

（1）西周のオランダ留学、功利主義の取り入れ、種々の翻訳事業、等々については、拙著、『日本的なもの、ヨーロッパ的なもの』、第二章「西洋思想「ヒロソヒ」の翻訳」（三五—五三頁）を参照。

（2）二〇二二年一一月二二日、アムステルダム大学（Vrije Universiteit Amsterdam）で、The Deep Layers of Morality or Anti-nature in Nature と題する講演をおこなった。質疑の折に、出席の研究者たちにも尋ねたが、「オランダ哲学」についての教示は聴講者たちからもなかった。

（3）W. Windelband, *Die Geschichte der neueren Philosophie in ihrem Zusammenhang mit der allgemeinen Kultur und der besonderen Wissenschaften dargestellt*, Leipzig 1911, S. 371.

（4）W. Jaeschke, „*Zur Genealogie des Deutschen Idealismus*“ in: *Materialismus und Spiritualismus*, hrsg. von Andreas Arndt und W. Jaeschke, Hamburg 2000, Anm. 16 auf S. 223.

（5）F. W. J. Schelling, *Weltalter*, *Sämtliche Werke*. Bd. VIII, S. 342, 344.

（6）戸坂潤、「京都学派の哲学」（一九三九年）。この論文は『戸坂潤全集』第三巻、勁草書房、一九六六年、一七一—一七六頁で、見ることができる。なお、京都学派の全体像については、拙編著、『京都学派の思想——種々の像と思想のポテンシャル』、人文書院、二〇〇四年をも参照。

（7）一つのきっかけは、「大島メモ」という極めて注目に値する記録が発見されたことである。太平洋戦争の期間を通じて京都学派の哲学者たちが、日本海軍の調査課の要請で、陸軍の植民地政策や対米戦争を早期に終わらせる趣旨の秘密会合を、定期的におこなっていた。時には湯川秀樹などの学者たちも、参加した。当時の京都大学文学部助手であった大島康正が、この会合を毎回世話し、内容を記録した。拙著、『京都学派と日本海軍——新史料「大島メモ」をめぐって』、ＰＨＰ研究所、二〇〇一年を参照。なお、この拙著の英訳がブルームスベリー（Bloomsbury）社から、二〇二五年の春に刊行される運びとなっている。

（8）このことについては、拙編著、『西田哲学選集』第四巻、『「現象学」論文集』、燈影舎、一九九八年の、筆者の「解説」（同上、四一九—四五一頁）を参照。なお、これと並んで西田における「科学哲学」への先駆的洞察について、野家啓一が同じく『西田哲学選集』の第三巻『「科学哲学」論文集』（一九九八年）に、行き届いた「解説」（同上、四五三—四九八頁）

を、記している。

（9）　牟宗三《ぼうそうさん》の哲学を「新儒家」という枠にはめ込むことは、彼の仏教理解や京都学派への関心に鑑みて不適切であることを、朝倉友海が「東アジア哲学の理念と牟宗三」、『中国――社会と文化』、第三十五号、二〇二〇年七月号、八二―九八頁で明快に論じている。朝倉は牟宗三の仕事を「新儒家」という復古的な枠から解放して、「東アジアの哲学」という視点で捉え直す。そしてその連関で、西田幾多郎の哲学をも「京都学派」という枠から解放する必要があると論じる。本書も「京都学派」を京都学派の既成観念から解放する意図を含んで、「ドイツ観念論」と共通のファセットという観点で、且つ現代の思想状況との関連で、捉え直すことを意図している。

（10）　ドイツ観念論を語るときは、その中に数え入れることはできないにしても、ヤコービ（F. H. Jacobi, 1743-1819）に、少し言及しておく必要がある。ヤコービはフィヒテ、シェリング、ヘーゲルへの論争を提示して、悟性的思考では届かない神的なものへの「信仰」（Glaube）を主張し、「信仰哲学」を提唱した。ヤコービの哲学への再評価は、ここ数十年のドイツ観念論研究の中での、一つの流れでもある。ヤコービ哲学の再認識のきっかけを作ったザントカウレンの、最近の著を挙げておこう。B. Sandkaulen, *Jacobis Philosophie. Über den Wiederspruch zwischen System und Freiheit,* Hamburg 2019.

（11）　H. Heine, *Die romantische Schule,* in: *Historsch-kritische Gesamtausgabe der Werke,* hg. von M. Windfuhr, Bd. 8, S. 125.

（12）　H. A. Korff, *Geist der Goethe Zeit. Versuch einer ideelen Entwicklung der klassisch-romantischen Literaturgeschichte,* 4 Bde., 1923-1953.

（13）　W. H. Bruford, *Germany in the eighteenth century. The social background of the literary revival,* 1935.（ドイツ語版は *Die gesellschaftlichen Grundlagen der Goethezeit,* 1936）. 日本語版は上西川原章訳、『一八世紀のドイツ――ゲーテ時代の背景』、三修社、一九七四年。

（14）　H. Nohl, *Die deutsche Bewegung. Vorlesungen und Aufsätze zur Geistesgeschichte von 1770-1830,* Hrsg. von O. F. Bollnow und F. Fodi, Göttingen 1970.

（15）　社会学で言う「学派」定義については、たとえば中野正大の編著『シカゴ学派の総合的研究』、科学研究費補助金研究成果報告書、二〇〇一年、研究代表者・中野正大、「序章　シカゴ学派とは」二頁に、「学派」の定義、およびそこからするシカゴ学派の規定が、簡潔に述べられている。

(16) 以下のように、これは三版を数え、e-book 版でも刊行されている。R. Ohashi (Hg.), *Die Philosophie der Kyôto-Schule. Texte und Einführung.* Die zweite und erweiterte Auflage, Freiburg i. Br., 548 p., 2011, 9.; 補完第三版 (die dritte der erweiterten Auflage), 2014.

(17) M. Heidegger, *Nietzsche I, HGA* Bd. 6.1, S. 60.

(18) 「自由の樹」(Freiheitsbaum) を植えてその周りで踊るという流行現象は、フランス革命のあとヨーロッパ中に広がっていた (M. Höppl, *Druckgraphik der Französischen Revolution. Kunstgeschichte, Kulturanthropologie und Kollektivpsyche.* In: *„Helikon. A Multidisciplinary Online Journal“*. 1, 2010, ISSN 2195-2868, S. 144-183 を参照)。ヘーゲルとシェリングとヘルダーリンが「自由の樹」を植えて踊ったというのは、単に三人だけの思いつき的な感激的行動でなくて、フランス革命後のヨーロッパ全土に広がっていた流行現象の一環だった。

(19) シェリングの歴史哲学は一八一〇年代の『世界世代』に代表されるが、それはいわば形而上学的・存在論的であって、ヘーゲルの歴史哲学のように現実の歴史的出来事を考察するものではなかった。シェリングにおける「政治思想」と「二月革命」の見解については、M. Schraven の主題的な研究 *Philosophie und Revolution. Schellings Verhältnis zum Politischen im Revolutionsjahr 1848*, Stuttgart-Bad Cannstatt, 1989 が詳しい。

(20) J. G. Fichte, *Über den Grund unseres Glaubens an eine göttliche Weltregierung, Philosophisches Journal einer Gesellschaft Teutscher Gelehrter*, Erstes Heft, Jena und Leipzig 1798.

(21) 正確に言うなら、「道徳的目的論がまず最初に、ある神学を基づける」(die moralische Teleologie (…) gründet allererst eine Theologie, (…)). Vgl. I. Kant, *Kritik der Urteilskraft*, Philosophische Bibliothek, Bd. 39a, S. 315.

(22) 中川善教編著、『大乗起信論』、高野山大学出版部、一九五六年、八頁、「第三解釈分　顕示正義段　心真如門」。

(23) 秋富克哉、『芸術と技術――ハイデッガーの問い』、創文社、二〇〇五年。秋富はハイデッガーの思索に即して、自然科学の根底には技術があること、その技術が自然というものを開示する知であることを、正確に取り出している。特に同書一八九頁を参照。西田の技術論に関しては筆者は、拙著、『西田哲学の世界――あるいは哲学の転回』、創文社、一九九五年、第四章「技術」で、西田の論文「経験科学」に即して、ハイデッガーの技術論との接近点と距離とについて、同書一三三―一四一頁で多少のことを述べた。

（24）I. Kant, *Kritik der reinen Vernunft*,（以下 *K. r. V.* と略記）、A 613, B 641: „aber woher bin ich denn ?"

（25）Ibid., 2. Auflage, Vorrede, XXX: „Ich mußte also das Wissen aufheben, um zum Glauben Platz zu bekommen."

（26）F. W. J. Schelling, *Über das Wesen der menschlichen Freiheit, Sämtliche Werke*, Bd. VII, S. 406.（以下、「自由論」と略記し、上記の版の頁数のみを挙げる。）

（27）拙著、『共生のパトス――コンパシオーン〈悲〉の現象学　第Ⅰ編』、こぶし書房、二〇一八年、の「後序」に、「四十年の歳月を費やして」という趣旨の、筆者の遅々たる歩みを記しておいた。表題の「第Ⅰ編」という文字は、どういうわけか奥付けでは消えており、「こぶし書房」もまた閉業となり、その意味でこの拙著は幻の書となっている。ただし、「第Ⅱ編」の構想そのものは閉業したわけではない。本書の六つのファセットを、そのまま〈悲〉（コンパシオーン、カルーナ caruna）のファセットとして、或る仕方で現象学的に展開できればと、なおも愚考しているので、本書もそれへの助走という位置を兼ねる。

第Ⅰ部　歴　史

第1章　革命の時代のドイツ哲学界と東アジアの歴史観

プロローグおよび序章では、六つのテーマがドイツ観念論と京都学派という二つの山脈への登り口だということを、述べた。本章は最初のテーマ「歴史」をめぐってである。最初のテーマという位置づけは、このテーマが六つのうちの最重要のものだという意味ではない。六つのテーマは同じ重要度を持ち、どのテーマも他の五つを映すという関係にある。いま「歴史」を最初に取り上げるのは、現代世界の状況と関連させつつ二つの山脈を見る上で、身近な展望台となるように思われるからである。

このテーマについての講義は前半と後半に分けて、前半はドイツ観念論当時の状況を重点的に概観しようと思う。それは今日の哲学状況の一つの重要な由来でもあるからだ。そして後半は、ドイツ観念論の歴史哲学を京都学派のそれと対比しながら、略述したい。叙述の中で必然的に浮上するのは、「歴史」とは何かという問いである。この問いを取り上げる上で、京都学派の見方を顧慮することが意味を持ってくるであろう。

1　ドイツ観念論の時代の「三つの傾向」

哲学者もまた「時代の子」という在り方を免れない。彼は自らの生活世界ないし歴史世界の中で、自らの時代を思惟する。ドイツ観念論の代表的な哲学者たち、すなわちフィヒテ、シェリング、ヘーゲルも、自分たちの時代を強く意識していた。そして、古い時代から新しい時代への移行のダイナミックなプロセスに直面しなければならなかった。ドイツ観念論の三人の哲学者において、時代との関わりは彼らの思索の中で不可欠の要素だった。ヘーゲルは『法哲学』の序文で、有名な「ミネルヴァの梟」のたとえを用いてこう述べた。「ただ、哲学は次のことを認識するだけだ。すなわちミネルヴァの梟は夕闇が迫るなかで初めて飛び立ち始める、ということだ」(1)。

ヘーゲルは、哲学が時代の終わりに至ってはじめてこの時代の全体を把握する作業だと言っている。哲学は時代を映し、時代を思想において捉える営みだということである。それは決して現実世界から距離をおいた象牙の塔で、ひたすら文献を覗き込んで解釈するだけの作業ではない。

ドイツ観念論がその中で思索した時代状況を、フリードリヒ・シュレーゲル（Friedrich von Schlegel, 1772–1829）が『アテネウム』（*Athenäum*）という叢書のある断片集（一七九八）で、「三つの傾向」によって特色づけた。すなわち⑴フィヒテの知識学、⑵ゲーテの『ヴィルヘルム・マイスター』、⑶フランス革命、である(2)。フランス革命は一七八九年に起きた。フィヒテの最初の知識学は一七九四年に刊行され、ゲーテの『ヴィルヘルム・マイスター』は一七九六年に出た。七年ほどのあいだに生じたこの三つの出来事が、シュレーゲルの眼には政治と哲学と文学の三つの領域での大きな変化と映った。

もちろん、それ以来二世紀以上も経過した時代に生きるわれわれからすれば、この三つが特に代表的というわけではなくなる。世界史におけるフランス革命という出来事の影響は疑いもなくきわめて大きいが、しかしそのあとにナポレオンが手がけた一八〇四年の「ナポレオン法典」(Code Napoléon) は、ナポレオンが侵略したヨーロッパ諸国で広まり、今日では自明的となった「市民社会」の時代を到来させる力となった。そしてそれは多くのヨーロッパ諸国で、「旧体制」(アンシャン・レジーム) の解体につながっていった。

もっともアンシャン・レジームの崩壊は、それより先に軍事的に準備されていた。北イタリアは一七九六年にナポレオンに征服され、スイスがナポレオンの支配下におかれたのは一七九八年。オランダはもっと早く一七九四年に「アンシャン・レジーム」を廃止した。シュレーゲルはこのナポレオン改革を見ていなかった。また一七九八年当時は、フィヒテと並ぶドイツ観念論の別のふたりの代表者、シェリングとヘーゲルの仕事を視野に入れるには、まだ状況は熟していなかった。シェリングはこの年にイェーナ大学で職を得たが、ヘーゲルはまだ世に出ていなかったからだ。

しかしながら、このような時代的制約や免れなかったとしても、シュレーゲルが上記の三つの傾向の内に或る一つの現象を見ていたこと自体は、後世から見ても妥当性を持っている。すなわち政治と文学と哲学とにおける人間の「自己意識」の形成である。

政治においては、フランス革命は現実にはラディカルなジャコバン党と穏健なジロンド党とのあいだの血なまぐさい権力闘争となったが、少なくともスローガンにおいては、アンシャン・レジームからの市民精神の解放を、目指していた。文学においてはゲーテが主人公のウィルヘルムに、旧体制の世界から自分を解放して新世界のなかで自分を教養形成させる物語を、作り上げた。そして哲学ではフィヒテが、「絶対自我」という画期的な考えを企てた。

絶対自我とは、ふつうに言う主観と客観の対立を超え出た思考地平を意味する。ふつうは「自我」といえば私の「主観」、私の「自己意識」のことである。それは、あらゆる行動と知の原点と思われている。しかしそういう原点から形成される経験と知識と判断は、主観的であって普遍性が無い。他方で人は数学や物理学といった万人共通の認識をも展開し、それは客観的認識として普遍性を持っている。そこでカントは、このような「経験判断」でなくて経験以前の先天的な認識能力にもとづく「先天的総合判断」が、一体どうして可能となるかを考えた。そのような先天的総合判断を可能にする自我は、ふつうの自我を超えた自我、すなわち「超越論的統覚」(transzendenatale Apperzeption)と名づけられた。カントについて詳しく述べることは今回の講義ではできないが、超越論的統覚についてはおよそ次のようにまとめておいてもよいだろう。すなわち、まず「感性」(Sinnlichkeit)が外界から「現象」を感覚データとして受けとり、次に「悟性」(Verstand)がこのデータについて「判断」する。その場合、「質」、「量」、「関係」、「様相」という範疇に即した判断表を、カントは考えた。次に、感性と悟性という二つの認識能力をつなぐ第三の能力が無ければならない。すなわち両者を収める「枠」(Schemna)の「枠形成の作用」(Schematismus)である。超越論的統覚とは、この「枠形成の作用」の能力のことである。

フィヒテからすれば、カントの超越論的な統覚としての自我は、まだ主観性の限界を超えていない。なぜなら、そこで形成される「認識」は、感覚データとして与えられる「現象」に限定されており、現象の本体すなわち「物自体」には届かないと、カント自らが認めるからである。物自体は、カント以後の哲学に残された悩ましい問題となる。カントの画期的な認識論は、「物自体は不可知である」という制約を自らに宣言する。(3) しかしカントにつづく哲学界にとり、「物自体の不可知性」という壁は重荷となった。

その最初の突破口を開いたのが、フィヒテだった。フィヒテは、「自我」(Ich)が自分自身を「定立する」(setzen)

働きとして洞察した。この働きは自我の「自覚」ということである。自分を「定立」するということ、砕いて言えば、「意識」という地平を開示することは、自分を自己意識として自覚することである。その自覚の働きは、「事行」（Tathandlung）と呼ばれた。(4)「事行」という仕方での自覚は、自分自身の外にあるとされるもの一切を、「非-我」（Nicht-Ich）として定立する働きでもある。「自我」および「非-我」の定立は、普通の意味での「知」の働きがそこで可能となる地平の開示であり、知を可能にする基本的「直観」である。だからそれは「知的直観」と名づけられた。

「直観」はカントに従えば、どこまでも「感性」の働きであり、これが「悟性」の働きを持つことはない。しかしフィヒテの「直観」は、自分が自分を「見る」という自覚経験として、単に外部の対象だけを見る（直観する）のではなくて、自分という存在そのものに気づく経験である。そのような知的直観あるいは自覚によって、自己存在が「自己意識」として開示される。単なる事実（Tatsache）でなくて、行為（Handlung）だというわけである。そのような「事行」の主は、もはや単なる経験的な自我ではない。かといって、カントのように「物自体」を残す「超越論的自我」でもない。フィヒテはこれを「絶対自我」と呼んだ。フィヒテの知識学を、シュレーゲルにならって、政治におけるフランス革命に該当する出来事だと見るなら、実際それは、旧体制としての形而上学を転覆させる認識論的革命だったということが出来る。

2　ナポレオンとヘーゲルの一回だけの「交差」

ドイツ観念論と関係する限りでのフランス革命に、もう少し立ち止まろう。それは血に塗られた出来事ではあったが、その理念自体はその後のヨーロッパを導くものとなった。すなわち「自由・平等・友愛」である。その理念を掲げる近代社会の制度は一度きりのフランス革命によってでなくて、その後につづくナポレオン改革を俟つということを、先に指摘した。ドイツ観念論もフィヒテの知識学だけによってでなく、そのあとにつづくシェリングとヘーゲルの哲学を俟って、初めて全体像をあらわし始める。そしてその思想山脈は、当時のドイツの社会状況の現実を背景とするものだった。

周知のようにドイツの中央集権化は、ルターの宗教改革につづいたいわゆる三〇年戦争のため、イギリスやフランスに比べてずっと遅れた。三〇〇を超える小さな「領主国家」が、形式的には神聖ローマ帝国に属しつつ分立した。この政治経済上の後進性が、哲学思想においてラディカルな徹底性に転化したということは、歴史のイロニーと言うべきだった。

一八〇一年、ナポレオンは神聖ローマ帝国への侵入を開始し、ライン川の西側を領地に併合した。この年、ヘーゲルが哲学の世界でデビューした。すなわち彼の論文『フィヒテとシェリングの哲学体系の差異』が、発表されたのだ。その二年後の一八〇三年には、それまで散発的に生じていた、そしてフランス革命後にさらに進んだ「教会財産の世俗化」(Säkularization des Kirchengutes) が、一気に加速化された。これが今日いろいろ言われる「世俗化」の、もとの意味でもある。プロイセン、バイエルン、ヴュルテンブルク、バーデン、ナッサウなどで、教会領を領主国に分与することを領主たちが推進し、これによって神聖ローマ帝国の解体が加速された。ローマ帝国の君主ともいうべき指導的な地位を占めていたオーストリアの抵抗は、ナポレオンによって撃破され、一八〇六年にオーストリアのフランツ二世は王冠を辞退した。それによって神聖ローマ帝国は終焉し、そのあとにプロイセンとロシアがナポレオンに対抗する勢力となった。その状況のなかでナポレオンは一八〇六年、プロイセンに進軍してきた。

ナポレオンがイェーナに進軍してきた日は、哲学史においてもドラマチックな瞬間となった。ヘーゲルはその頃、貧しい私講師（Privatdozent）として、聴講者の授業料で生活費をまかなっていた。そして『精神現象学』の印税の支払いを、首を長くして待っていた。彼は彼の友人ニートハンマーに、出版社の印税支払いが滞っていることをこぼしていた。しかし出版社の側でも、ヘーゲルの原稿の最終部分が遅れていることに不満を持っていた。両者のあいだを仲介していたニートハンマーは、出版社から通告されてきた原稿提出の最終期限を伝えた。「最後の原稿発送のぎりぎり最終期限（der äußerste Termin）は一〇月一三日の月曜日です」（傍線部は原文ではイタリック。以下、同じ）と。(5) ところがそのまさに一〇月一三日の月曜日に、ナポレオンの軍隊がイェーナ郊外に到着して陣を構えたのだ。ヘーゲルはニートハンマーに、手紙でこう記している。「昨日の夕方、日没の頃、ゲンペンバッハタールとヴィンツェラから同じくらいの時刻に、フランスの斥候隊（Patrouillen）の射撃があった。プロイセン人たちは夜になってヴィンツェラから追い散らされた。射撃は一二時までつづいた。そして今日、八時から九時のあいだに、フランスの歩兵たち（Tirailleurs）が押し寄せてきた。――そして一時間ほどして正規部隊がやってきた」。この手紙の日付は、まさしく『精神現象学』の最終部分の提出期限である一八〇六年一〇月一三日となっている。(6)

ほどなくヘーゲルは、この日、歴史的瞬間を目にする。彼はこう書いた。「…皇帝が――この世界霊が――示威のために馬に乗って街を通り抜けていくのを見た。このような個人を見るのは、実際、素晴らしい感覚だ、この個人は一身に注目を集めて、馬に乗り、世界をまたいで把捉し、世界を支配している」。(7)

現在のわれわれから見れば、ヘーゲルもまた哲学において「世界をまたいで把捉」する思想の英雄だが、この時の彼は、遅れがちの印税を待ちわびる貧しい私講師だった。彼はこの戦乱の中で前の週に送った原稿が、果たして出版社に届いただろうかと心配でたまらなかった。「もしそうだったら、私が失うものは大きすぎる」(8)と、書いている。たしかにスマホなどによるコピー作成が出来なかった時代だから、直筆原稿が無くなったらおしまいだ。「あなたが

（印税の）合計額の一部を現金で支払っていただくことを、そして最後通告の（präkulsiv）期限をあまり厳格にしないでいただくことを、この上なく願っています」と、たいへん情けないことをヘーゲルは書いている。駅馬車による郵便がフランス軍の進入という事態のなかで確保されているかどうかは、彼には判断がつかなかったから、彼は『精神現象学』の最終部分（これがこの著作の終わりの部分「絶対知」の章なのか、それとも「序説」の部分なのかは、はっきりしない）を投函することを、躊躇った。五日後の一〇月一八日の手紙では、ヘーゲルは、この最終部分の原稿をずっと鞄（Tasche）に入れて歩き回っていたと記している（„Tasche"というドイツ語は「ポケット」をも意味するから、邦文文献の中には、「ヘーゲルが原稿をポケットに入れて歩き回った」といった記述も散見されるが、ここでの„Tasche"は「鞄」でしかあり得ない）。

現在のイェーナでは、ナポレオンが馬に乗って潜り抜けた城門の一部がまだ残っている。その城門のすぐ近くに、巨大な円筒状の高層建築があり、それは東ドイツ時代の軍事研究の施設だったが、現在ではイェーナ大学の建物になっている。

ヘーゲルがニートハンマー宛の手紙で「世界霊」と呼んだナポレオンの姿は、単なる文学的表現ではなくて、哲学用語で言えば「精神」のことである。今日の用法では「精神」といえば肉体と区別された意識のことで、通常のドイツ語では「幽霊」という意味のほうが一般的である。しかしヘーゲルにおいては、世界霊ないし精神は、幽霊ではなくて「客観的精神」であり、現実の社会や歴史を動かしている力そのものでもある。ではその精神とは、さらに立ち入るなら何なのだろうか。

この問いはヘーゲル哲学の全体への問いでもあるが、敢えてヘーゲル自身のある表現を探すなら、ヘーゲルの『法哲学』三四三節が浮上する。すなわち、「精神とは精神がなすところのものである」と。これは同語反復的な表現で、

旧約聖書の「出エジプト記」三・十四で神が「私は〈私である〉ところのものである」と語る言葉と、おなじ内容である。(9)

「これこれは何であるか」という問いに対して、「それはそれであるところのものである」と答えたら、それは内容空虚の同語反復であって、答えになっていないのではないか、との疑問が生じるかもしれない。しかし、「AはBである」という命題表現は、Aを対象として述べるものだから、単に対象化できない精神的存在については、実は言えないのである。事柄Aが客体としてでなくて、Aそのものとして言い表されるとすれば、それはAそれ自身が自らを語り出す時である。そのとき、形式論理的には同語反復となるが、同じものがそれ自体を語る出すときは空虚な形式ではなくて、内実そのものの自己表現となる。

3　「宗教改革」と「ドイツ観念論」のドイツ的な由来

ナポレオン改革について、もう少し述べておこう。この改革の結果としてのアンシャン・レジームの解体は、ヨーロッパ全土で実現したわけではなかった。旧体制が残った国のひとつが、ドイツだった。この旧体制と社会的にコントラストをなす哲学がドイツ観念論だった。それは旧体制側の哲学の後追いではなくて、先行するイギリスの経験論（ロックやヒュームなど）やフランスの啓蒙思想（ルソーなど）を哲学的に凌駕する内容を持っていたからである。社会体制の遅れを思想世界のリードで埋め合わせる出来事だったとも言える。このことを、ルターによる宗教改革との関連で見ておこう。

一五一七年に始まったルターの宗教改革は、その規模と後世への影響において、一五／六世紀にヨーロッパの芸術界に広がったルネサンスに匹敵する。それは宗教の世界から政治の世界へと広がった。それが一世紀あとに生じた「三〇年戦争」である。一六一八年から一六四八年までつづいたこの戦争は、最初はプロテスタント側とカトリック側に分かれた領主たちが小国分立状態となって戦う、という形をとり、やがて西ヨーロッパのプロテスタント系国家とカトリック系国家との戦いとして複雑な構造となり、さらにはハプスブルク家とブルボン家のそれぞれの系統下にある諸国家の覇権戦争となった。それによってドイツは荒廃し、中央集権化が遅れ、小国分立状態がさらにつづいた。

宗教改革とドイツ観念論とのあいだには、いくつかの共通点がある。これはエゴン・フリーデルという文化史家が『近世の文化史』のなかで指摘していることで、大筋においてきわめて説得性があるから、略述しよう(10)。すなわちルネサンスはローマやパリやロンドンといった大都市で進行したのに対して、宗教改革とドイツ観念論はドイツの田舎都市で成立したと、フリーデルは言う。宗教改革はヴィッテンベルクという田舎都市で起こり、ドイツ観念論はイェーナという田舎都市で始まった。その先駆者のカントはケーニヒスベルクという都市で生涯を過ごした。そして宗教改革もドイツ観念論も、ドイツの民族意識を目覚めさせる運動となった。その精神的中軸はルター主義のプロテスタンティズムであり、後述するように、ヘーゲルは何度も自分がルター主義者であることを標榜している。

4　フスの時代とルターの時代とのちがい

ルターの宗教改革の一〇〇年まえにチェコでヤン・フスによる宗教改革が起こった。フスは火刑に処せられた。しかしルターはこの判決を免れた。そのちがいは偶然ではなく、一世紀のあいだに生じた状況変化のゆえだった。すなわち、これもエゴン・フリーデルの記述を援用するなら、グーテンベルクの発明による印刷術の普及によって全民衆が、ルターがヴィッテンベルク城の教会の扉に貼り付けた九五カ条の文書「免罪符についての提題」(Disputatio pro declaratione virtutis indulgentiarum) を、三週間の内に入手できた。ちなみにその第二八条を挙げると、「たしかに銭箱に銭がチャリンと鳴ったら、(教会は) 儲かるし、欲も出てくるが、しかし教会の (免罪の) 祈禱はひとえに神の御心如何にかかっているのだ」と、免罪符の偽瞞を弾劾している。[11] もともとドイツの民衆はヴァチカンの支配に服することを好んでいなかったから、これらの文言でその憤激が裏づけられたと感じたことだろう。ローマから距離を保とうとすることは、ドイツの諸侯にも共通していた。そこでザクセン侯フリードリヒ三世は、ルターを保護下においた。

こういった民族意識は、ナポレオンのプロイセン侵入の際にフィヒテが、ベルリンのフンボルト大学で一八〇七／〇八年におこなった講義「ドイツ国民に告ぐ」(Reden an die deutsche Nation) でも、共通して見られる。[12] そしてシェリングが「ドイツの学問の本質について」を草したのは、一八一一年だった。[13]

ルターの宗教改革とドイツ観念論との精神的共通性は、ヘーゲル自身によっても表明されている。すなわちヘーゲルの初期の論文「信仰と知」で、彼はこう述べている。「世界精神の偉大な形式は、カントやフィヒテなどの哲学者たちの内で自らを認識したが、それは北方の原理だった。そしてそれは、宗教的に見るなら、プロテスタント主義の原理だった」。[14]

「北方の原理」という語でヘーゲルは、「南方の原理」すなわちローマのカトリック主義とは別の精神を、含意していた。『法哲学綱要』(*Grundlinie der Philosophie des Rechts*) では、ヘーゲルはルターにおいて「信仰」の形式で始まったものを精神がいま概念において捉えると述べており、[15] ある書簡でも自分がルター主義者であることを表明し、[16] 歴史哲学講義でも、「われわれルター主義者——私はそれであり、またそれでありつづけたい」と記している。[17] そして『哲学史講義』の最終章「新しい時代」を、ルターの宗教改革の叙述で始めている。

5 「新時代」の準備としての啓蒙主義

宗教改革とならんで啓蒙主義も、新しい時代のもうひとつの準備として位置づけることができる。日本語では「啓蒙主義」と書くが、フランス語の「啓蒙主義」は、直訳するなら「光の哲学」ないし「自然的理性の光」となる。何かを知るということは、この何かを理性の「光」のもとで見ることだ、というわけである。日本語の「啓蒙」は「蒙《くら》きを啓《ひら》く」という意味だから、フランス語の啓蒙すなわち「光の哲学」と同じ意味合いを持っている。

しかし啓蒙主義の立ち入った性格は、国によってずいぶん異なる。イギリスでの啓蒙思想家はベーコン、ロック、ヒュームだ。当時のイギリスは他のヨーロッパ諸国よりも、社会制度や経済体制において成熟していた。だから啓蒙哲学者たちは、社会的・政治的体制の変化を特に要求する必要はなかった。しかし啓蒙主義がフランスに移植されたとき、それは政治におけるラディカルな意識と結びついた。これがフランス革命を招き寄せる大きな要因ともなったと言われる。それは正しいだろう。さて、政治的・経済的に後進国だったドイツでは、啓蒙主義は内面的な哲学の領域で進行した。カントが著した三つの『批判』書で言う「批判」は、政治体制の批判ではなくて、認識能力の批判だった。そしてその場合の「批判」は、言葉のもともとの意味、すなわちギリシア語の「クリネイン」に由来する。境界を明らかにする、という意味である。だから「純粋理性批判」というタイトルの意味は、人間の理性の範囲もしくは射程を明確にするという意味となる。この意味での啓蒙主義が、哲学的意識において内面化され展開されることによって、ドイツ観念論の哲学が準備されたと言える。

6　ウイーン体制と三月前期

序章で触れたことと重複するが、もう少し「ウイーン体制」に目を向けておきたい。それは一八一五年に成立し、ヨーロッパの体制をその後の一〇〇年にわたって規定した。この体制は、ドイツ観念論とわれわれの時代とのあいだの繋ぎという意味合いを持っている。

ウイーン体制という名称は「ウイーン会議」という出来事に由来する。それは、ナポレオンの没落のあとヨーロッパがどの方向にすすむかを探る会議で、一八一四年九月から翌一八一五年六月までつづいた。諸国のあいだでの一致しない利害のため、結論が出ずに延々と長引き、会議はなかなか決着しなかった。「会議は踊る」（Der Kongress tanzt）という有名な語は、ここに由来している。ウイーン会議で提案された「正当性原理」（Legitimitätsprinzip）とは、要するに「アンシャン・レジーム」の復古のルールだ。当時の神聖ローマ帝国での指導的な位置にあったオーストリアは外相メッテルニヒに率いられ、このアンシャン・レジームの復古を主導した。他の絶対君主の国家は、彼ら自身の政治体制を維持するためにメッテルニヒと連携し、新たに起こるであろう革命を抑えようとした。イギリス、ロシア、プロイセン、オーストリアに加えて、ブルボン王朝のルイ一八世も加わった。彼らの連携で、アンシャン・レジームの復古でもある「ウイーン体制」が、出来上がった。

ドイツの歴史においては、ウイーン体制の時代は部分的に「三月前の時期」（Vormärz）と言われる文学史の出来事と重なる。一般の教科書では「三月前期」と訳されることが多いが、それであれば「三月の前半期」と誤解されるから、「三月前の時期」と記したい。ここでの「三月」の意味は、一八四八年のドイツの「三月革命」のことである。

この革命の起点は一八三〇年にパリで起こった「七月革命」である。ドイツではプロイセンを中心とする旧体制（アンシャン・レジーム）の復古体制が、三月革命の挫折とともに続行したが、それまでの二〇年たらずの短い期間に、すこし自由な革命気分が政治や文学や芸術の世界で起こった。音楽家ヴァーグナーはドレスデンで革命軍を鼓舞し、しかしプロイセンの軍隊のまえに革命軍は敗北して、ヴァーグナーはスイスに逃れた。またバクーニンという無政府主義の革命家も、ドレスデンでの革命運動に加わった。一八三〇年の七月革命の直後、一八三一年にヘーゲルが没し、翌一八三二年にゲーテが没したから、精神史としてもひとつの終焉が訪れ、文学と芸術と哲学の分野で別の精神史のエポックが始まった。詩人ハインリヒ・ハイネは一八三二年に「フランス事情」（Französische Zustände）[18]を発表し、いまや生命・生活の最高の在り方をテーマとする革命が文学の世界にも到来したと主張した。ハイネはヘーゲルの講義を聴講し、一八三四年に『ドイツにおける宗教と哲学の歴史に寄せて』を、著した[19]。

政治的・社会的体制に関して言えば、フランスの「七月革命」によって、ブルボン王朝の正統の後継者だったシャルル一〇世が追放され、オレルアン家のルイ・フィリップが王朝を樹立し、「七月王朝」と呼ばれた。この王朝も一八四八年の「二月革命」で倒れ、「第二共和制」が成立した。ヨーロッパ各地に革命が広がり、この革命の波がドイツに押し寄せてきて三月革命となった、というわけだ。フランスでは革命が成功して第二共和制が成立したが、ドイツでは革命は失敗し、プロイセンの立憲君主制が確立した。ドイツ観念論はこの二つの側面を保持している。ヘーゲルはベルリン大学の教授として、美学と宗教哲学の他に、法哲学と歴史哲学を講じた。それは普遍的な広さと深さを持つと同時に、他方でプロシアの国家体制を擁護する作用をも持っていた。これについては次章で、もう少し敷衍したい。

7　ドイツと日本の近代化の並行性

ドイツ観念論と京都学派の対話を進行させる上で、当時の日本がおかれていた状況を一瞥しよう。ヘーゲルの弟子でもあったローゼンクランツが一八六〇年にケーニヒスブルクで行った講演「日本および日本人」については、すでに本書の「プロローグ」で言及したが、その講演でローゼンクランツは、フィヒテの論考「閉じられた商業国家」を取り上げていた[20]。その内容を簡単に言えば、フィヒテが理想とした商業国家の形態は自給自足の一種の鎖国であり、フィヒテが述べた理想がすでに日本で実現されていると、ローゼンクランツは述べた。フィヒテは日本の幕藩体制を念頭においたわけではなかったが、ローゼンクランツが見たように、江戸時代の日本では徳川幕府による中央集権が存立しつつも諸藩が分立していた。その状態は、ドイツからすればひとつのモデルでもあり得た。ただしローゼンクランツは、この鎖国状態にして孤立の状態はもはや長くはつづかないだろうとも語った。実際、彼の講演が一八七五年に印刷されたとき、江戸幕府は終焉を迎え、日本の近代化がヨーロッパ化と重なる仕方で始まっていた。

ドイツではその三年後の一八七一年に、最初の中央集権国家すなわちドイツ帝国ができた。それは普仏戦争で勝利したビスマルク政権のもとだった。このように、ドイツと日本の近代化の歴史は、カレンダー的には多くの点で並行している。

もちろん違いもある。その一つは、ドイツ帝国の成立がヨーロッパ世界の「内部」の出来事だったのに対して、明治日本はヨーロッパ世界の「外部」で成立した近代中央集権国家の最初のケースだった、ということである。このことは政治の世界だけの事柄ではなくて、経済における産業化と機械化、社会構造における選挙制度と身分制撤廃、教育制度の整備、そして学問の世界での合理主義・客観主義の思考、等々に及ぶ。当然のことながら「哲学」という新しい学問の導入ということにもなる。

今日では哲学の概念は西洋的・ヨーロッパ的な出自という理解に関して問いに付され、その限定性が問題化しているが、一九世紀の終わりにあってはそれはどこまでも「ヨーロッパ哲学」と同義だった。しかしながらそれが東アジアの精神伝統にも根をおろすことになっとき、すでに「ヒロソヒ」(Philosophie) という言葉そのものの日本語への翻訳が、ひとつの問題となった。それは単なる翻訳だけの問題ではなくて、「ヒロソヒ」という学問の内容をどう理解するかという問題とも関係し、従って日本の「精神史」との連関がすぐに問題となった。ヨーロッパでも、否、ヨーロッパでこそ、「哲学」の歴史はヨーロッパの精神史の中軸を形成し、ヨーロッパの学問および科学の核心部分でもあった。しかしその哲学は日本において、「外来」の学問ではあったが、人間の心性と思考法と社会や歴史の考察に関わる領域として、儒教や仏教を基底としてきた日本の伝統的な精神史と切り結ぶはずのものとなった。

二つの精神史の関係が、当然ながら問われなければならなくなる。「ヒロソヒ」の訳語の問題に取り組んだ西周の一つの答えは、「ヒロソヒ」を「西洋の儒学」ないし「性理の学」と規定することだった(21)。もちろんそのような折衷的な概念規定は実際の「ヒロソヒ」の諸学説に接してみれば、すぐに行き詰まる。そこで中途半端な折衷主義は放棄されて、新たな術語をつくるという方向でいろいろ工夫され、結果として「哲学」が定着することとなった。

しかし当然ながら、術語の定着は終わりではなくて始まりでもある。ヨーロッパ哲学の習得プロセスが始まった。そのプロセスのなかで、日本という環境における「哲学」は、それまでのヨーロッパ的な伝統からは異質の仏教的な根本経験、すなわち「涅槃」とか「無」とか「空」とかといった経験を吸収することとなる。それは、かつてギリシア哲学がキリスト教と出会って、相互の存続を賭けるような競合作用を潜って近世・近代哲学となっていったことと、質的に比較され得る出来事だった。ドイツ観念論と京都学派の出会いは、そういった出来事の中核部分でもある。そのことは目下の講義テーマ「歴史」においては、どのような事態を意味するだろうか。残された講義時間の範囲内で、その要点をかいつまんでおこう。

8　東アジアの歴史観のポテンシャル

京都学派の歴史哲学にストレートに移行する前に、その助走として、中国と日本の歴史思想の性格に目を配っておきたい。このテーマ自体がすでに数頁には収まらない範囲と深さを持つが、ここではかつて述べた拙著の要点だけを記すことで、いちおうの役目としたい(22)。

ヘロドトスとならぶ「歴史の父」司馬遷に、まず目を向けるなら、彼の『史記』はヘロドトスと違って個人の関心から収集した歴史史料ではなくて、「史」すなわち王朝の記録の蒐集と管理を司る「役所／役人」による記述である。その場合の模範となったのは、孔子の『春秋』だった。そこで「王道」が明らかにされるからである(23)。『史記』の主要部分である「本紀」は、夏・殷・春秋の三代から秦・漢にわたる一千年以上の時代の歴代皇帝が、いかに「天」の意（天命）を受けているかの正統性証明であった。それは天命が革《あらたまる》時に「革命」を起こすことの正統性を証明する思想でもあった。さらに言えば、ヘロドトスの「歴史」（ヒストリアエ）とはまったく性格を異にした、歴史思想というよりは政治思想というべきものであり、少なくとも近代的な意味での「歴史哲学」ではなかった。

「天」という観念は「天皇」の観念のルーツでもある。「天皇」という概念は「天祖の子孫」という意味である。その天皇においては天皇であることを命ずる天命は革《かわ》らないという思想が、「万世一系」の天皇論の基軸である。では儒教の「天」の思想を取り入れた日本の天皇制が、――特にその中軸を形成した、会沢正志斎（一七八二―一八六三）の『新論』に代表される「水戸学」が――どうして「革命」の思想だけは導入しなかったかということは、史学においていろいろ議論されるテーマでもある。本書ではこのテーマを詳論するスペースは無いが[24]、この「革命概念」を西欧における「革命」（Revolution）の概念と比較しておくことは、ドイツ観念論との関連でも、意味があるであろう。「革命」（レヴォルーション）という語はコペルニクスの『天球の回転について』（*De revolutionibus orbium coelestium*）の書名から来ている。「天動説」で述べられる天球回転を斥けて、「地動説」に基づく天球回転を、コペルニクスが述べた。それは天文学の革命であると同時に、宇宙における上と下との位置構造が不動ではなくて、上が下に、下が上に変動するという宇宙観の変化をも意味した。身分性が固定した中世社会から、身分の変動を可能とする近世社会への移行が、その思想からも帰結する。「天」の位置変化が地上で生じることが「革命」（レヴォルーション）の意味である。ドイツ観念論の三人の哲学者たちは、それぞれにこの「革命」を見聞した。その場合、権力の頂点に座る「皇帝」もまた、地上の権力構造の革命によって交代させられることを、三人の哲学者たちが天の意志に反するとみなした形跡はない。「王権神授説」（divine right of kings, divine right）は、すでに過去のものとなっていたのだ。

東アジア世界の歴史思想という関連で、江戸時代末期の「水戸学」に触れるのであれば、もう少し古い時代の歴史思想にも言及しておかなければならないだろう。日本中世に出現した二つの歴史書物、すなわち慈円（一一五五―一二二五）の『愚管抄』も、北畠親房（一二九三―一三五四）の『神皇正統記』も、前者は仏教思想、後者は儒教思想を基軸とするという点で大きく異なっているが、ともに「天皇」の系譜の正統性を問題とする叙述という意味で、『史記』の「本紀」を基本形としている。慈円は「昔より移りまかる道理[25]」から世の変遷を判定しようとした。また北畠親房は司馬遷の「王道」に代わって「正理」という儒教的概念を用いて南朝の正統性を論証しようとした。[26] いずれも歴史哲学というよりは、国家イデオロギーともいうべき思想が、根本性格をなしている。

もちろん、ここでひとつの批判的コメントが予想される。すなわちヘーゲルの歴史哲学も、キリスト教的な世界観を骨格とし、プロイセン国家の弁証という性格を潜在的に持ってはいたから、司馬遷の「本紀」や慈円の『愚管抄』や北畠親房の『神皇正統記』と、大同小異だという批評である。ただ、ヘーゲルは単に歴史世界の外から歴史の理念をアプリオリに投げ入れようとしたのではない。キリスト教的世界観の骨格は宗教的な「表象」としてではなくて、あくまで論理的思弁を通して根拠づけられた、普遍妥当性の主張をなし得る仕方で——それが成功したか、それとも問題を含んでいたかは、別のテーマとなるが——提示されていた。つまりは、一つの歴史哲学だった。

一般にドイツ観念論の歴史哲学では、その歴史観は「絶対者」という理念と結びついている。それは信仰表象として上から与えられた観念でなくて、認識論のプロセスを経て成立した思弁的理念である。しかもそれは、経験的現実の側からの検証という作業を伴って展開された。それが現代においてなおも哲学的に維持され得る理念かどうかは、哲学的な問いであるが、少なくともそれは問いであり得る。しかも、問う側の立場を逆に問い返すような意味を持つ問いである。

他方の古代中国や中世日本の「歴史思想」は、そういう学問的吟味を伴う「哲学」の性格は持っていなかった。このことは、現実に儒教的あるいは仏教的な歴史思想が「古典」としては伝承されていても、時代の中で生きた思想としては消滅している、ということに示される。

もちろん、どの「歴史哲学」も無色透明の中立的な論理思考というわけにはいかない。そのことは——繰り返しになるが——ドイツ観念論の「絶対者の歴史哲学」がキリスト教的な世界観という枠を持っていたということからも、わかる。ただし哲学である限りは、自らの所与の色づけそのものを問い返すところがなければならない。ドイツ観念論の歴史哲学はその意味での「哲学」思考の性格を備え、自らの枠を透過して一種の普遍思考を実現するものでもあった。そこに残る形而上学的な思考をさらに排除して実証性を伴うような歴史哲学的な理論が、課題となる。京都学派の歴史哲学は、そのような課題を引き受ける一つの試みでもあった。その場合、「絶対者」ならぬ「絶対無」という根本経験が、登場する。それがどういうものだったか、どういう射程と制約を持つものだったかは、次章で見ていくが、その場合、ドイツ観念論の歴史哲学を立ち入って見ていくと同時に、その連関で京都学派の歴史哲学の射程と制約とを瞥見することも、課題となるだろう。

注

（1）G. W. F. Hegel, *Grundlinien der Philosophie des Rechts. Werke*, Bd. 7, S. 28.

（2）Fr. Schlegel. *Athenäum-Fragmente*, in: *Kritische Friedrich-Schlegel-Ausgabe*, II, S. 198; Ders., *Über die Unverständlichkeit*, ibid., S. 336.

（3）典型的な個所として、I. Kant, *K. r. V.*, A129/130, B164 を参照。なお、この「物自体」を立ち入って解釈するとなると、カントの叙述そのものに即して、「限界概念」（たとえば A255/6, B311）とか「ヌーメノン」（たとえば A109, 256, B307）とか「超越論的客体」（たとえば A250, 288, B344/5）とか「現象の根拠」（たとえば A143, B182）とかといった表示を、参考表現とすることができる。

（4）Vgl. J. G. Fichte, *Grundlage der gesammten Wissenschaftslehre, als Handschrift für seine Zuhörer*, *Fichtes Werke*, hg. von Immanuel Hermann Fichte. Bd. 1. Zur theoretischen Philosophie 1, Fotomechanischer Nachdruck, Berlin 1971, S. 93-96.（以下このフィヒテの著作集からの引用に際しては、*Fichtes Werke* と略記して、巻数と頁数だけを挙げる。）

（5）ニートハンマーからヘーゲルへの手紙。日付は「バンベルク、一八〇六年一〇月三日」（*Briefe von und an Hegel*. Bd

1: 1785-1812. Herausgegevnon J. Hoffmeister, Bd 1: 1785-1812, Hamburg 1952, S. 117)。

(6) ヘーゲルからニートハンマーへの手紙。日付は「イェーナ、一八〇六年一〇月一三日」(*Briefe von und an Hegel.*, ibid., S. 120.)。

(7) Idid, S. 120.

(8) Idid. S. 121.

(9) エレサレム聖書のドイツ語版では、この語は „Ich bin der Ich-bin" となっているから、これを正確に日本語に訳せば、「私は〈私である〉ところのものである」となる。しかしルターの訳では „Ich werde sein, der ich sein werde"（私は私であろうところのものになるであろう）と、未来形での同語反復になっている。もとのヘブライ語「エイェ・アシェル・エイェ」の訳としては、現在形での同語反復と未来形での同語反復のどちらが正確なのか、筆者はヘブライ語を知らないので、専門家に教えを乞いたい。

(10) E. Friedel, *Kulturgeschichte der Neuzeit*, München 1927, S. 266ff.

(11) この九十五カ条はいま、ヴィッテンベルク城の教会の扉に銅版で刻まれている。原文はラテン語であるが、各国語に訳されていて、容易にネットでも見られる。ここに訳出したのは、ドイツ語訳（https://www.ekd.de/95-Thesen-10864.htm）の筆者による和訳である。

(12) J. G. Fichte, *Fichtes Werke*, Bd. 6, S. 257-5028.

(13) F. W. J. Schelling, *Sämtliche Werke*, Bd. VIII, S. 1-18

(14) G. W. F. Hegel, *Glauben und Wissen*, *Werke*, Bd. 2, S. 289

(15) Ders., *Grundlinien der Philosophie des Rechts*, *Werke*, Bd. 7, S. 27.

(16) Ders., *Briefe von und an Hegel*, Bd. IV, 2, hg. von Friedhelm Nicolin, Hamburg, 1981, S. 61.

(17) Ders., *Vorlesungen über die Geschichte der Philosophie*, hg. von K. L. Michelet, neu edierte Ausgabe von E. Moldenhauer und K. M. Michel, Frankfurt, 1998, Bd. 18, S. 94.

(18) H. Heine, *Französische Zustände*, in: *Historisch-kritische Gesamtausgabe der Werke*, Bd. 12/1, S. 63-226.

(19) Ders., *Zur Geschichte der Religion und Philosophie in Deutschland*, 1834, in: *Historisch-kritische Gesamtausgabe der*

Werke, Bd. 8, S. 9-120

(20) J. G. Fichte. *Der geschlossene Handelsstaat*, 1800, in: *Fichtes Werke*, Bd. III, S. 384-513.

(21) この問題については色々の文献があるが、ここでは筆者自身の報告を挙げておく。『日本的なもの、ヨーロッパ的なもの』、同上、「第二章　西洋思想〈ヒロソヒ〉の翻訳——西周」、三九—六三頁。

(22) 拙著、『聞くこととしての歴史——「悲の現象論　歴史篇」』、名古屋大学出版会、二〇〇五年、第一章「歴史の形而上学へ」二〇—四一頁。

(23) 司馬遷、『史記列伝』、『世界の名著　第十一巻　司馬遷』、中央公論社、一九六八年。

(24) このテーマを詳述するスペースは、ここにはないから、次のことを指摘するだけにしておこう。すなわち、江戸末期の水戸学を代表する会沢正志斎の『新論』が成立した頃の日本の状況である。ヨーロッパ世界の拡大に面して、日本は国防という問題を軸にした新たな政権体制を構築する必要に迫られていた、ということである。水戸学においては、その課題は「天皇」体制の新たな基礎づけ（新論）を通して推敲された。

(25) 岡見正雄・赤松俊秀校注『日本古典文学大系86』、岩波書店、一九六七年、一二八頁。原文のカタカナは、平仮名に直した。

(26) 岩佐正校注『神皇正統記』、岩波文庫、一九七五年、二四頁。

第2章 「神」の歴史か、「絶対無」の歴史か

1 新史料「大島メモ」の発見

ドイツ観念論と同じく京都学派の哲学も、時代の緊迫した政治状況に直面させられていた。その状況との対峙の仕方は当時において、そして戦後はまた別の思潮の中での、激しい議論のテーマとなった。太平洋戦争の前までは、この学派の哲学者たちは極右のナショナリズムの側から、英米文化に毒された、国是に反するインターナショナリズムとして攻撃され、戦争後は自由主義的と自認する知識人たちから半世紀にわたって、軍部と協力した学派として非難されつづけた。この論議は、筆者がある史料を発見して復刻・公刊してから基本的に変化した。(1) その史料とは、太平洋戦争当時、京都帝国大学文学部哲学講座の助手をしていた大島康正が、西田の弟子たちでもある京都学派の哲学者たちの厳密に秘密裡になされた会合を、場所の手配を含めて幹事役として世話し、会合の内容を記録したものだった。その秘密会合は、海軍の情報局が京都大学文学部に要請して、西田の承認のもとで始まった。海軍情報局は、軍部政権の内部で主導権を握っていた陸軍の対米戦争と大陸侵攻路線に反対だった。実際に戦争が始まった後は、その早期

終結を志向していた。哲学者たちも海軍情報局から提供される情報をもとに、当時の世界情勢を論究・分析し、植民地主義としての戦争に警告を発し、八紘一宇といったスローガンが本来持つべき意味を論じ、東條内閣をいかに打倒できるかを――それが外部に漏れたら学者たちは一網打尽の逮捕を免れなかったであろう論議を――重ねた。太平洋戦争の末期には、避けられない敗戦の後の国土復興がいかになされ得るかが、テーマとなった。そして会合のプロトコルは海軍情報局に送られていた。

国策に反対する者は弾劾されて生命の危険にさらされるという時代に、このような国策変更を意図した「秘密会合」が太平洋戦争の全期間を通じてなされていたという事実は、「大島メモ」によって明らかとなった。しかし京都学派の哲学者たちの当時の哲学的関心は、こういった直接的な政治的テーマに終始することではなくて、ヨーロッパ中心主義的な歴史観と区別された「世界史の哲学」の展開にあった。その歴史思惟は、カントからドイツ観念論にかけて展開された歴史哲学と関係を保ちつつ、しかしそれとは別次元の歴史観を、意味していた。その骨子を立ち入って見届ける上でも、まずはカントおよびドイツ観念論の歴史思惟の要点と特質を、見ておかねばならない。

2　カントの歴史思想――自然とのアナロジー

ドイツ観念論の歴史哲学の前段階は、カントの『純粋理性批判』（第一版、一七八一年）で提示されている。これはカントの歴史哲学論考『世界市民的見地における一般史の構想』（*Idee zu einer allgemeinen Geschichte in weltbürgerlicher Absicht*）の三年前に出た。

『純粋理性批判』の最終章、より正確に言うなら、第二部第四節は、「純粋理性の歴史」と題されている。これについてカントは、こう記している。「この表題はただ、体系の中で扱われないままにとどまって、将来叙述されねばならない個所を表示するためにだけ、ここで挙げられている」(2)。ここで言われていることは、純粋理性が歴史において形成されてきたし、今後も形成されねばならない、ということである。純粋理性そのものはアプリオリな能力で不変であるが、その立ち位置は折々に歴史の中で形成されていく。カントは自分に先行する二つの立場、すなわちヴォルフの「独断論的な道」とヒュームの「懐疑的な道」を指摘したあと、なおも第三の道すなわち「批判的方法」だけが残っていると、述べている。

純粋理性もまた歴史的に形成されるとカントが述べるとき、歴史はまだ伴奏的テーマにとどまっている。しかしやがてカントはいわゆる啓蒙的諸論考で、この歴史というテーマ領域にもっと立ち入り始める。その歴史観の一端は、論文『世界市民的見地での普遍的歴史の構想』（一七八四年）で垣間見ることができる。カントはそこで、「自然のプラン」に従っている普遍的歴史を構想した。彼はヘルダー（Johann Gottfried von Herder, 1744-1803）の『人類史の哲学の構想』を意識していた。ヘルダーはその著で、人類の精神的本性と魂の持続的な進歩を、形而上学的な思弁を通してではなく、自然の形成との類比で、説明しようとしていた。カントはこの著への書評で、ヘルダーがなおも独断的な形而上学から決別していないと批判していた。しかしカント自身もこの書評につづく一七八六年の論文「人類史の憶測的原初」で、自然との類推という考えを提示した。「憶測的」という語は、カントが旧約聖書の「創世記」に、人間の文化の起源の比喩的記述を見ようとしたことに起因する。たとえば、神がアダムとイヴの楽園追放に際して羊の毛皮を与える個所を、カントは、人間が「自然の目的」であることの証明だと見た(3)。

カントの歴史観は、神の被造物である「自然」との「アナロジー」という視座で成立している。自然は神の被造物として善であり、善として成立する。しかし人間の歴史はアダムの罪と共に始まる。そこでカントは、「自然の歴史」

は「善」と共に始まり、「自由の歴史」は「悪」と共に始まると述べる(4)。

もっともカント自身はこの歴史の理念を、それ以上には展開しなかった。彼は歴史を啓蒙思想の枠内で論じたとはいえ、「超越論的」な理性批判という枠内では考察しなかった。果たして、またいかにして、歴史に関する判断あるいは思惟が超越論的に基礎づけられ得るかという問いは、カントにおいては立てられなかった。まして、展開されるということはなかった。

3　フィヒテの歴史思想——絶対自我の歴史原理

ヨハン・ゴットリープ・フィヒテは、『すべての啓示の批判の試み』を草して一七九一年に、ケーニヒスベルクに住んでいたカントを訪問した。カントはフィヒテの論文を評価し、その刊行の世話をした。このフィヒテの宗教論は一七九二年にケーニヒスベルクで刊行され、人々は最初、これがカントの論文だと信じた。しかし歴史観に関しては、フィヒテはカントの考えを一歩すすめていた。一七九三年にフィヒテは論文「フランス革命についての大衆の判断を是正するための寄与(5)」を著し、そこで、フランス革命に関する反革命的な一般世論を反駁する見方を提示した。それは、後年にナポレオンの進軍に危機感を抱いてベルリンでおこなった講義「ドイツ国民に告ぐ」でのフィヒテのイメージからすれば、少し意外な感を抱かせる。しかしそれは、自由・平等・友愛を謳った「フランス革命」のイメージと、ヨーロッパ諸国への版図拡大を遂行しようとした「ナポレオン」との間の、イメージ・ギャップを物語ることでもある。

フィヒテの歴史観は彼の一八〇四年の講義「現代の時代の根本特徴」に、もっとはっきりと表現される。フィヒテはそこで、人間の生を五段階に分けた。(1)強制も努力も必要としない本能のエポック、(2)この本能が弱まり、少数の支配者が権威を持つエポック、(3)この権威と理性とがその唯一の形式を失うエポック、(4)理性が科学の形をとって登場するエポック、(5)芸術が加わり、地上の生の目的全体が達成されるエポック。[6] フィヒテは自分の時代をこの中の第三エポックと見て、その叙述に集中した。この第三エポックでは、外部から見つけ出された超越的な権威が否定されるが、自律的な理性の権威がまだ確立されていないという意味で、「中間状態のエポック」である。

自らの時代を中間段階ないし途上段階と見る意識は、もはや存在しない楽園と、まだ到来していない楽園の中間にいるという意識であり、多くの歴史意識のタイプでもある。それゆえ、この中間の時代の叙述は、当面の諸々の歴史観との対決ともなる。講義「現代の時代の根本特徴」の第八講で、中間の時代として、人類史の最終目標の実現をめぐる色々の障害との戦いがそこで遂行される時代が、考察される。

このフィヒテの歴史意識の背後にキリスト教的な世界観が横たわっていることを見るのは、容易である。それはもともとカントにおいても同様だった。フィヒテは、現世での人間の生の目的は、人間が理性に従いつつ行動の基準を「自由」に置くことによって、地上に神的秩序を実現することだと考えた。理性は「絶対自我」の活動であり、絶対自我とは、自分を自分自身の上に基づけ、その本性において絶対者と同一であるような存在である。人間理性と神的理性とは理性として同一であるという絶対自我の原理は、歴史をそのアプリオリな根拠に関して考察することを可能にする。

しかしフィヒテは哲学者であって神学者ではなかった。彼はこの絶対自我の考えを、特に神の存在に関係づけることをしなかった。これまで述べたように、フィヒテは理性の自律に基づく社会という構想のゆえに、後に無神論の嫌疑を受けた。この構想であれば、神はもはや要らないということになるからだ。フィヒテにおいて歴史を考察するということは、一方で神的秩序を歴史の中で構築することだったが、他方でこの歴史を超越論的に、自らを通して自らの上に基づける試みでもあった。この意味でも、彼の歴史哲学は、なおも前近代的な敬神的な時代と、神を持たない近代的な時代との中間に位置していると言える。

4　シェリングの歴史思想――「神的な啓示」としての歴史

ヘーゲルがベルリン大学でその歴史哲学を講義するずっと以前に、シェリングは一七九八年に『最近の哲学文献の一般的な概観』で、一章を立てた。「B 経験の哲学、とりわけ歴史の哲学は可能か、という問いについて」である。必然的な因果連関を指し示す自然法則の世界については、理論的な哲学が自然哲学として企てられ得る。しかし歴史世界においては、そのようなアプリオリに立証できる因果的に必然な運動は、少なくとも経験上は見出せないことが語られた。この問題は一八〇〇年の『超越論的観念論の体系』で、さらに考察された。シェリングは、歴史においては個人の行動でなくて類的存在としての人間の行動が作用する、ということを見た。歴史のこの動性をシェリングは、「人間には隠された必然性」(7)と特色づけた。この洞察はまさしく、ヘーゲルの有名な考え「理性の奸計」を、先取りするものだった。すなわち、類としての行動は「全ての行動の絶対的な総合」として、個々人が折々に意図したり思ったりするのとは違った仕方で作用する、という洞察である。「しかしこの絶対的な総合は、絶対者の内へ定立されなければならない」(8)。それゆえ最終的にはこう述べられる。「全体としての歴史は、徐々に露呈しつつ進展する絶対者の啓示である」(9)。

もしここで「絶対者」という語が「絶対精神」という語に置き換えられたら、このシェリングの言葉はヘーゲルの言葉としても読むことができる。もっともその前に、フィヒテとシェリングの歴史観の差異を、確認しておこう。

フィヒテにおける五段階の歴史発展の考えに対して、シェリングは歴史の歩みを三つのエポックに分けた。⑴運命の盲目的な力が支配した古代の悲劇の時代。⑵この盲目的な力が自然法則という形式で顕現した時代、⑶このことが摂理として啓示される時代。この歴史観は、いろいろの差異を度外視するならフィヒテの歴史観と基本的に共通している。すなわち歴史の経緯が目的論的に見られ、「現在」はこの目的論的な経緯の中での「中間の時代」として位置づけられるという歴史観である。

この共通性にもかかわらず、両者の不一致もやがて明らかになる。すなわちシェリングの歴史理念においては、「自然」が構成要素に加わる。それは「絶対自我」から導出できないものである。他方のフィヒテにとって、「自然」は「自我」によって措定される「非-我」に他ならない。たとえ後者は前者と等根源的とされるにしても、である。『超越論的観念論の体系』以後は、フィヒテとシェリングの間の懸隔は歴然となる。両者の歴史観に観点をしぼって言うなら、シェリングにおける歴史原理はもはや自我の原理に還元できないものとされる。歴史はもはやアプリオリに構成できないものとなる。シェリングは一八一一年から『世界世代』（*Weltalter*）を書き始めたが、それは公刊されることはなかった。最初の草案では、冒頭で、「世界世代」の哲学が根源存在（Urwesen）の展開の歴史を叙述するものであることが、述べられる。世界世代は三つの段階を持つとされる。過去、現在、未来、の三段階である。この場合の「過去」は時間系列の中で先行する過去のことではなくて、時間以前の「神の内なる古き体系」としての、本源的状態のことである。この本源的状態から発生して史学的対象として研究され得る世界、それが「現在」という世界時代である。われわれが属している世界はこの「現在」であり、それは神の啓示に根拠づけられる。ここに、ドイツ観念論の「歴史哲学」の根本型がある。

ただしシェリングはこの歴史哲学の企てにおいて、最終的には挫折した。現存の『世界世代』の草稿は、全て「過去」の部分で終わっている。そこでの過去は、「沈黙と静寂の時代」であり、そこでは「ただ神的な啓示の語りにおいてのみ、個々の閃光が煌めき、それが諸々の原始の闇を引き裂く」(10)。しかしこの閃光は、シェリングの思索の中で「現在」を照らすには至らなかった。『世界世代』は次の語で始まっている。「過去的なものは知られ、現在的なものは認識され、将来的なものは予期される。知られたものは語られ、認識されたものは叙述され、予期されたものは予言される。これまで妥当してきた学問の見方は、自分の概念と思想の単なる継起と展開に過ぎない。本当の見方は、そこで自らを叙述しているものが生ける本当の存在（Wesen）の展開だということである」(11)。

この文章が最終的に言おうとしているのは、世界時代を形成する「自らを叙述している生ける本当の存在（Wesen）」が、単に概念的な学では把握できない、ということである。歴史の諸事実は具体的であり、生きている。それは法則で定められた因果的な自然現象という在り方では捉えられない。赤裸々な事実は、新しい学を要求する。それが、シェリングが後に「積極哲学」と名づけ、しかし『世界世代』ではまだ展開され得ずに止まった思索だった。否、果たして後に展開され得たのかも問われなければならない学問理念だった。シェリングは「積極哲学」の構想を『世界世代』と同様、ついに公刊することはなかったからである。

5　ヘーゲルの歴史思想――「絶対精神」の歴史

ヘーゲルがベルリンでおこなった歴史哲学講義に、目を転じよう。すでに述べたように、ヘーゲルはイェーナの街を示威行進する馬上のナポレオンに、「世界霊」を見た。それは後に「世界精神」とも名づけられたものである。へーゲルにとり、歴史は精神の歴史である。しかし「精神」とは何なのか。第1章で引用したヘーゲルの言葉を、今回は省略なしで再掲しよう。「精神の歴史は精神の行為である。なぜなら、精神は精神がなすところのものに尽きるのであり、精神の行為は、精神として自らを、それも此処で、自らの意識の対象となすことであり、自分を、自分自身に対して展示しつつ把捉することだからである(12)」。

すでに述べたように、精神は精神がなす所のものであるという表現は、空虚な同語反復ではない。それは、精神が自らを動かして形成するところのもの、したがって自分自身の存在を形成するもの、ということである。だから別の名は「生」ということになる。青年期のヘーゲルにとって、「生」が哲学上のテーマそのものだったことは、すでに述べた。生そのものは見ることができない。見られ得るものは生によって動かされた生命現象だけである。身体は見ることができるが、身体を動かす命は見えない。

精神という語を用いると、生という語では十分に言いあらわせない利点がある。それは、内面性の領域が表現できるということである。『エンツィクロペディー』で叙述されるように、「主観的精神」はこの内面領域を言いあらわしている。すなわち意識、心的なもの、等々である。しかし法や人倫、社会、等々として考察されるものは、「客観的精神」の表現とされる。『エンツィクロペディー』では「世界史」はこの客観的精神の包括的な外化の最終段階として、叙述される。その場合のより適切な表現が「世界精神」なのである。

ヘーゲルは歴史を世界精神の自己実現の場として考察した。彼はその歴史哲学講義で、世界史を四つのエポックに分けた。東洋世界、ギリシア世界、ローマ世界、そしてゲルマン世界である。先に見たフィヒテの五段階の歴史発展説、シェリングの三段階説に比べて、ヘーゲルの言う歴史発展は「絶対」という在り方を持つ精神の発展プロセスとして、それ自身の内で「絶-対」、つまりあらゆる外部対立を自己の内部に包摂した自己完結性を、徴表としている。

だからその発展は単に段階的でなくて、厳密な意味で体系的である。それは、精神が世界史のプロセス全体をくぐり抜けて自分自身にもどり、自分の自己を完成させることでもある。

ヘーゲルはこのことを、具体的な事例で語る。すなわち、精神が自己自身を自覚して自由という在り方を意識し、自立存在（Fürsichsein）であることを自覚したとき、「ギリシア世界」の時代が到来する。そこでは少数の者、たとえば王侯や貴族が、自由となる。それまでは、精神は「自然」の原理が何であるかを意識していなかった。それが東洋的世界だとされる。そこでは精神の本質である「自由」の意識は、眠っている。だから東洋的世界は専制主義の形式となる。そこではただ一人が、すなわち専制君主だけが、自由であり、歴史はまだ始まらない。

小さなギリシア半島で自らの普遍的な本質を自覚した世界精神は、もはやこの小さな局地にとどまろうと欲せず、世界大の場所へ移ろうとする。ここに「ローマ世界」が出現する。しかしそこではまだ、全ての人間が自由であるとは言えない。精神はその普遍性を具体的で個別的な諸現象を通して認識しなければならない。そして自らを「具体的普遍者」として現わさなければならない。このことが「ゲルマン世界」で実現するとヘーゲルは考えた。このゲルマン世界は自己完結し、万人がそこで自由となるべき完成した世界となるはずであった。

ギリシア的世界、ローマ的世界、ゲルマン的世界という用語は、今日の用語で言う古代世界、中世世界、近世・近代世界と、言い換えることができる。だからヘーゲルが描く世界史の輪郭は、従来のように西洋をその中心として位置づける限りは、今日の世界史の一般的理解とほぼ一致する。ただ、そのようなヨーロッパ中心主義的な視座の範囲内でも、ヘーゲルは単に大枠的な世界史の時期区分にとどまらず、歴史の特殊な動性を見届けようとしていた。シェリングはこの動性を「人間には隠された必然性」と名づけ、ヘーゲルはこれを個人に隠された「理性の奸計」と名づけた。

個々人は政治や経済や戦争を、それぞれの意図と欲望に応じておこない、そのようにして歴史を推進すると思っている。しかし歴史を動かしている精神にとっては、これら諸個人の意図や行為は精神の自己実現の契機にすぎない。本来の目的と動性は個人には隠され、個人からすればそれは「理性の奸計」と映る。この見方によって、ヘーゲルは歴史世界が自然界のように悟性（判断能力）によって認識される世界ではないが、しかもなお単なる混沌ではない、ということを言おうとしている。

世界精神の自己実現の場としての歴史は、ヘーゲルによればゲルマン世界で完成するはずだった。しかし時折り誤解されるように、それはゲルマン世界で歴史が完結するということではない。ヘーゲルが見るゲルマン世界とは、自由という原理が自己を実現し始める動きの新たな始まりであり、近代という「未完のプロジェクト」である。それは自由という原理が歴史において初めて原理として意識されている、という時代である。

ヘーゲルの見解に歴史的制約があることは、当然でもある。どんな哲学者も時代の子である。ヘーゲルが考えたゲルマン世界はキリスト教ヨーロッパの世界であり、ヘーゲルはこの世界を、原理のレベルでは完成された自由世界、従ってその「外部」をもはや持たない世界と見た。ヨーロッパ近代をそのような普遍性において見る見方は、近代化がヨーロッパ化とほぼ同義であり得た限りで一定の妥当性も主張し得たが、しかし今日の複数ないし多数の中心を持つ現代の文化世界では、ヨーロッパは単に一つの文化世界に過ぎなくなっている。

しかしながら、そういった当然の歴史的制約でヘーゲルの歴史哲学はもう片づいたと見ることも、尚早すぎるであろう。けだし、歴史がその自己実現だとされた絶対者は、ヘーゲルの定式のままでは維持し得なくなっているとしても、その座自体が空虚のままでなおも存続しているなら、そのこと自体は単に過去的とは言えないからである。絶対者の座の空虚とは、たとえば啓蒙理性によって明るく照らされたはずの近代が合理性に刻印されているはずなのにそれほど合理的でもない、といった現実にも示されている。現実はむしろ悲惨な矛盾に満ちていることを、誰もが思うだろう。そこでは、「かつて安心の最終根拠となった絶対者は、どこに消えたか」という問いも、出てくるだろう。われわれの近代は過去に比べて、より明るいのだろうか、それともより暗いのだろうか？　このような問いと連関して絶対者の座が空虚な暗がりにとどまる限り、ヘーゲルに至るドイツ観念論の歴史哲学は過去的とはなり得ない。それはむしろ歴史に関するより根本的な問いへの手がかりとして、逆にわれわれの認識を問い返すものとなる。

6　京都学派の「絶対無」の歴史理念

以上で見たようなドイツ観念論の歴史思想は、「神」への視座に立つ広義の目的論的・終末論的な歴史観という根本性格に貫かれている。ドイツ観念論の歴史哲学と京都学派のそれとの第二の大きな違いは、ここに関係する。少し図式的に言うなら、第一の違いは序章でも述べたように、「ヨーロッパ中心主義」対「諸世界の世界」という対照である。後者の観点で、京都学派の「世界史の哲学」が構想された。ヨーロッパ中心主義は、中世と近世を通じてのキリスト教の神観とそれを地盤とする形而上学につながる。だから京都学派の歴史哲学がヨーロッパ中心主義の世界観から抜け出て「諸世界の世界」という視座を持つということは、「神」もしくは「絶対者」の自己実現に向けての目的論的・終末論的な歴史観と根本的に異なった別の歴史本質の見方を、持つことでもあった。

この見方の形成という点で、「京都学派の四天王」の一人とも目された歴史学者の鈴木成高の存在は、重要である。鈴木が日本に紹介し解説したランケの歴史学は、(13)京都学派の歴史哲学に大きな影響を与えた。西田幾多郎を初めとする京都学派の学者たちが好んで引用した、「各時代は直接に神に対している」というランケの言葉は、(14)歴史家がどこかで神の眼を持つことを要求するという点で、ヘーゲルの歴史哲学が要請する見方でもある。しかしどの時代もそれ自身の意味と意義を持つという洞察は実証主義的な歴史研究からも帰結し、その限りでは神の眼を必要としない。「絶対無」という洞察を基本とする京都学派の思想は、この二方向のいずれでもないが、しかしまたいずれとも対話しつつ自己形成する立場にあった。

京都学派の中で、実証主義的な史学の面を離れずに歴史哲学を展開した人物としては、高坂正顕が挙げられる。彼の戦前の著書『歴史的世界』（岩波書店、一九三七年）は、その代表作でもある。[15] しかしその場合でも、鈴木や高坂などによる京都学派の歴史思想の源流となるのは、やはり西田の歴史観である。まずはその概略をあらわす西田自身の語を、少し長いが引用しよう。

「歴史が永遠の過去の内に消されると考へられた時、すべてが永遠の影としてギリシャ文化の如きものが考へられるであらう。之に反し歴史が永遠の未来の中に消えると考へられた時、すべてが永遠への途としてキリスト教的文化の如きものが見られるのであらう。併し歴史が永遠の今の限定として、過去も現在に於て、未来も現在に於て消されると考へられる時、すべてが来る所なくして来り、去る所なくして去る、有るものは有るがまゝに永遠である」。[16]

ここには歴史観の三つのタイプが西田の言葉で要約されている。ギリシア的、キリスト教的、東洋的、の三つである。第三にして西田自身が採用する歴史観の鍵語は、「永遠の今の限定」である。西田において、その「今」は、歴史世界の中で作り作られる実存的な「今」である。この語が記されたエッセイ「ゲーテの背景」が発表されたのは一九三一年であるが、それは前年から始まった田辺元の西田批判を受けて、これに応えることをも期した西田の思索の年である。西田の「歴史」観の形成のひとつの要素は、以下に述べるようにこの田辺の批判でもある。

西田の思想発展の経緯において「歴史」がテーマとして浮上してくるのは、比較的遅いが、言葉として次第に頻出の度合いを増し始めるのは、中期の論文集『無の自覚的限定』（一九三〇年）あたりからである。そこに収録された諸論文はこの年の七月から翌年の一〇月までに書かれたものであるが、その時期は田辺元の「西田先生の教を仰ぐ」を起点とする、田辺の西田批判が始まった時期でもある。田辺による批判の骨子は、この「西田先生の教を仰ぐ」で基本的に提出されている。田辺は西田の応答を踏まえて自らの批判をさらに精緻化し、やがて自らの「種の論理」の立場から、単なる批判を超えて正面から対決するに至るが、西田の側でも田辺の批判を意識したと思われる思想発展の軌跡がある。西田の歴史観を浮き彫りにする限りにおいて、田辺の西田批判の骨子を押さえておこう。

田辺の西田批判の骨子は、西田の立場が「宗教的自覚」を根本とするものである。そしてその骨子は、その後も基本的に変わらない。ある典型的な個所を引用しよう。

「哲学が宗教哲学（プロティノスの哲学を宗教哲学といふ意味に於て）として、最後の不可得なる一般者を立て、その自己自身に由る限定として現実的存在を解釈することは、哲学それ自身の廃棄に導きはしないかといふことである[17]」。

田辺の言う「最後の不可得なる一般者」とは、絶対無そのものではなくて（この表現は田辺自身も用いる）、その宗教的自覚の内容すなわち「超越的ノエシス」である。それは決してノエマ化されない（「…である」という命題で表されない）という意味で、どこまでも不可得であり、否定的な意味で理解される限りでの「絶対無」である。田辺は「斯かる絶対無の自覚は現実の如何なる点に於ても現前し得る宗教的体験としてのみ認められるのであって、現実の種種なる立場を全体として組織する哲学体系の原理たるべきではない。[18]」と述べる。「現実の如何なる点に於ても現前し得る宗教的体験」ということは、折々の歴史的現実に関わらないということでもある。そこでは歴史的現実の出来事は「影」の世界に変じ、それに対してただ「静視諦観」の立場があるのみと、田辺は批判する。田辺自身は絶対無の自覚を否定するのではない。ただ、西田の絶対無は「見る」立場にとどまって「働く」ということがない、という点が、西田批判の骨子となる。「行為即ち働くことは、単に絶対無の自覚の立場で見る為めの廻り途であるのみならず、その廻り途は避くべからざる必然の媒介であるといはなければならぬ[19]」。

この主張には、やがて田辺が「種の論理」で提示する「絶対媒介」の考えが、すでに基本的に顔を出している。田辺は西田の宗教的自覚の立場を「直観」の立場とみなし、それに対して「媒介」の弁証法の立場を考えている。それは、かつてヘーゲルがフィヒテやシェリングの「知的直観」の立場に対して「否定媒介」のプロセスを含んだ「弁証法」の立場を提唱したことに類似し、否、その例を念頭においていたものとも推定できる。それは田辺からすれば、宗教的自覚の直観で得られる絶対無に、否定媒介のプロセス性を含める主張でもある。田辺自身の表現で言えば、こうである。

「それは明に自覚の内にあつて、而も自覚に反対するものでなければならぬ。若し自覚を光の原理とするならば、これに背く闇の原理ともいふべきものが無ければ、歴史の非合理性は理解せられないであらう[20]」。

ここで言われる「光の原理」「闇の原理」は、シェリングの「自由論」に出てくる語を念頭においたものであろう。この自由論で根本問題となる「悪の起源」も、田辺においては「歴史の非合理性」と同義の語として出てくる。田辺におけるシェリング自由論の引用の背景には、西谷啓治の自由論の和訳が刊行されたことがあるようだが、これについては本書の第13章で改めて述べたい。

この田辺の西田批判は、西田の「一般者の自覚的体系」が含んでいた問題点の一部を、確かに鋭く突くところがあった。西田自身がこれを受け止めて、その後の西田の思想展開の契機とした。たとえば田辺の言う「自覚の内にあつて、而も自覚に反対するもの」は、やがて西田において「絶対矛盾的自己同一」の論理として取り入れられる。また絶対無の自覚が歴史的現実に対して「静視諦観」の立場にとどまるという批判に対しては、やがて「行為的直観」という語のもとで「行為」の立場が展開されるようになる。そして当面の問題連関で言えば、西田の宗教的自覚の立場では歴史的現実が「影」の世界になってしまって、超歴史的な立場に終始するうという批判に対して、西田はやがて「永遠の今の限定」という考えの中に、この批判を吸収している。過去も未来も永遠の現在に収斂されているという考えは、道元の「現成公案」にも、また西洋哲学での「ヌンク・スタンス」(nunc stans, 止まれる今)にも基本的に表明されているから、西田独自というわけではないが、西田においてその「永遠の今」は、歴史的現実の只中での「今」でもあるから田辺の批判を受け止めるときの、立脚点ともなっている。

しかしながら西田の側でのこの思想展開は、田辺を納得させるには到らず、むしろ両者の——形の上では田辺の側からの批判による——対立はますます強まっていく。しかしその経緯を追うことも目下の問題連関を外れるので、後述に譲りたい(本書の第13章を参照)。ここでは西田と田辺が一致しないままにそれぞれの仕方で「絶対無」の立場を自らの立場としている、ということを、まず確認しておきたい。そして次に、両者ともにこの「絶対無の自覚」をそれぞれの意味において堅持しつつ、そこから「歴史」を捉える思考を展開しようとしていた、ということをも確認したい。それはドイツ観念論の歴史哲学がどこまでも「神」をアルファにしてオメガと成したという立場と、深く交差しつつ隔てあうということを、意味している。「歴史」というテーマは、ドイツ観念論と京都学派の邂逅の場所であると同時に、両者が別離する場所でもある。

この邂逅と別離の場所の「遠さと近さ」をさらに立ち入って見ていく助走として、西田が諸処に述べた歴史観を三つの定式に要約しておこう。

(1)「歴史とは普通考へられる如く、過去から現在及び未来が定まるといふ意味に於て考へられるものでなく、現在が現在自身を限定するといふ意味に於て考へられねばならない[21]」。
(2)「理想主義者は歴史の背後にイデヤといふものを置いて考へる、歴史をイデヤの発展として考へる。斯く考へられる時、歴史的発展は一種の合目的的作用と考へられねばならないであろう[22]」。
(3)「真の歴史は時を包む無の限定として、社会の自覚を通して進展するのである[23]」。

最初の二つは、歴史を目的論的・終末論的に捉える観念論と対極の歴史観を示し、三つ目の文言は高坂に引き継がれるような、歴史の中の「主体」の立場を「無の自覚的限定」として定式化する。この三つ目の語は西田の言う意味での「行為」の立場であり、現在が現在自身を限定するという第一の文言とおなじことを、述べている。このことを少し平易な言い方で述べる別の語をも、引用しておこう。

「多くの歴史哲学といふものがあるが、私にはどうも満足を与へることはできないのでございます。それ等の人のいふ歴史的世界とは、自己といふものがその中に居る世界ではないと思ふのです。自己と言ふものが何処までも外に居て、唯、芝居か何かを見る様に、眼だけで見て居る世界にすぎないと思ふのです。(…) 要するに、真に自己がその中に居て、その中から見るといふ立場から考へられた歴史哲学ではない[24]」。

事柄全般を「自己がその中に居て、その中から見る」という立場は、「歴史」に限らず本書のあと五つのテーマにおいても西田において一貫し、また京都学派と言われる思想家たちの基本的な姿勢でもある。本章の締めくくりとして問うなら、このような思考はドイツ観念論の歴史哲学の側からは、どのように受け取られ得るだろうか。フィヒテ、シェリング、ヘーゲルの三者も、単なる表象的な思考を斥けるという点では西田及び京都学派の思想家たちと同じだった。絶対者は対象として表象されたら、すでに絶対者ではなくなるからである。絶対者を見る／知るということは、思考の主体が「絶対者の中に居て、その中から見るといふ立場」でしか、実現しない。そのときの思考主体の在り方が、ドイツ観念論では「絶対自我」とか「精神」とかと言われる。そしてそもそも、この思考主体が描く哲学の理念も、主観的・自我的な思考の中で成立する抽象的なものでなくて、もともと「世界の内に」、ないし「時空の内に」現存するものでなければならない。ヘーゲルはこのことを、歴史哲学講義で次のように述べている。「この現存在、従って時間・内・存在は、個々の意識一般の契機というだけでなくて、（…）思惟のエレメントにおける哲学的理念の契機である(25)」。

このような「近さ」を持ちつつも、ドイツ観念論と京都学派は「絶対者」と「絶対無」という対極性をなす鍵語を持ち、その限りで「遠さ」に隔てられている。両者の間のこの「近さと遠さ」は「歴史」思考においてだけでなく、その他の五つのテーマでも本質的に同じ仕方で浮上する。ここではその最初の場面を第一テーマ「歴史」で垣間見たということで、ひとまずの区切りとしたい。

注

（1）拙著、『京都学派と日本海軍——新史料「大島メモ」をめぐって』同上。

（2）I. Kant, *K. r. V.*, A. 852, B. 880.

（3）Ders., *Mutmaßlicher Anfang der Menschengeschichte*, Akademie Textausgabe, VIII, S. 114.

（4）Ibid., S. 115.

（5）入手の容易な版として、以下を挙げておこう。*Philosophische Bibliothek* 282, hg. von R. Shottky, 1973.

（6）J. G. Fichte, *Die Grundzüge des gegenwärtigen Zeitalters*, *Fichtes Werke*, Bd. VII, S. 65ff.

（7）F. W. J. Schelling, *System des transzendentalen Idealismus*, *Sämtliche Werke*, Bd. III, S. 598.

（8）　Ibid., III, S. 598.
（9）　Ibid., III. S. 603.
（10）　Ders., *Weltalter. Fragmente. In den Urfassungen von 1811 und 1813*, hg. von M. Schröter, München 1966, S. 10.
（11）　Ibid. S. 3.
（12）　G. W. F. Hegel, *Grundlinien der Philosophie des Rechts, Werke*, Bd. 7, §343.
（13）　鈴木成高によるランケの紹介と解説については鈴木の『ランケと世界史学』、弘文堂書房、一九三九年（戦後の一九四八年に同じ弘文堂書房から再刊）が、まず第一に挙げられる。鈴木の歴史学の業績については、『ヨーロッパの成立・産業革命』、京都哲学撰書6、燈影舎、二〇〇〇年で、川勝平太が的確な「解説」を記している。
（14）　Leopold von Ranke, *Über die Epochen der neueren Geschichte*. Neunzehnten Vorträge vor König Maximilian von Bayern, 8. Aufl., München und Leipzig 1921, S. 21.
（15）　高坂の歴史哲学を貫くテーマは、歴史を形成する「主体」であり、歴史を貫通する普遍的なもの＝「無」に対する人間の側の「超越即内在」、「逆限定」、「逆超越」であり、人間像である。高坂の歴史思想は、戦後に日教組の側から、「天皇賛美」だというイデオロギー的な批判がなされたが、高坂の歴史思想を内在的に究明する課題は手つかずだった。その究明の最近の試みとして、山田眞由美の論考「高坂正顕の歴史観──「期待される人間像」再批判のために」、慶應義塾大学大学院社会学研究科紀要・社会学心理学教育学・人間と社会の探求、No. 81（2016）, p. 64-79（https://core.ac.uk/download/pdf/145784688.pdf）を、挙げておきたい。山田の論考を承認・尊重しつつ、本書の視座としてはなおも、高坂の（そして京都学派の）歴史思想をカント以来の「歴史哲学」の系譜で位置づける作業が、残されていることを指摘しておきたい。本書ではそれについて詳述する紙数は無いが、ひとつの着手点の提示はなし得たであろう。
（16）　西田幾多郎、「ゲーテの背景」、一九三一年、「旧版」十二、一九七九年、一四九頁。「新版」七、二〇〇三年、三二九／三〇頁。
（17）　田辺元、「西田先生の教を仰ぐ」、『田辺元全集』（以下、『田辺全集』と略記）第四巻（以下、巻数のみを記す）、筑摩書房、一九六三年、三〇九頁。
（18）　同上、三一二頁。

(19) 同上、三一七頁。
(20) 同上、三一六頁。
(21) 西田幾多郎、「歴史」、『続思索と体験』、「旧版」十二、四七頁、「新版」七、二四八頁。
(22) 同上、「旧版」同上、四八頁、「新版」同上、二四九頁。
(23) 同上、「旧版」同上、五〇／五一頁、「新版」同上、二五二頁。
(24) 西田、「〈理想〉編緝者への手紙」、「旧版」十三、一三八頁、「新版」十一、一七四頁。
(25) G. W. F. Hegel, *Vorlesungen über die Geschichte der Philosophie I*, *Werke*. Bd. 18, S. 52.

第Ⅱ部　自　然

第3章　東西の自然概念

1　「自然」、「自己」、「自我」に含まれる日本語の「自」

日本語の「自」の文字は、「自己」、「自我」、「自然」、等の語に含まれる。そして「みずから」と「おのずから」の二つの意味がある。この「自」の二義を初めて指摘したのは、私が知る範囲では親鸞の『唯信鈔文意』である。(1) いまその意味に立ち入る前に、「自然」という語の二つ目の文字「然」にも、触れておこう。これは「然り」あるいは「然らしむ」という意味だから、親鸞も「自然《じねん》といふはしからしむといふ」と記している。(2) ただし「自然《じねん》」という語の意味解釈において、親鸞は重点を「自」に置いている。

ドイツ語や英語で「自」に当たる „Selbst"、"self" は、ドイツ語の「自然」(Natur) にも英語の「自然」(nature) にも結びつかない。日本語では「自然」をドイツ語の „Natur" や英語の "nature" と一対一対応の訳語として用いるときに、一般的に特に問題は生じないが、その一般的な用法で覆われている意味の深層に――たとえば親鸞が述べるような意味次元に――立ち入ると、そこに精神文化の伝統と結びついた世界が蔵されていることに気がつく、本章のテーマ「自然」も、このことと無関係ではあり得ない。

「自然」という語が外界の自然の全体を意味するようになったのは、明治になってからである。それ以前の日本語では、「自然」は「そのままの、有るがままの、然らしめられた在り方の」という形容詞的な用法を意味し、時には精神の在り方をも意味した。すなわち仏教的な「無我」の意味である。だから真宗の場合には、親鸞の言う「自然法爾《じねんほうに》」といった表現に凝縮していく。曹洞宗の祖・道元では、「自然」が仏性を指す語として用いられる例は無いが、「山川」であれば、「而今《しきん》の山水は古佛の道現成《どうげんじょう》なり」といった表現がある。[3] 自然界の在り方に無実体性、無我性、無礙性の仏性の表現を見るという見方は、基本的には道元でもなされているのである。

欧米言語の „Natur“ と „Selbst“ には、そのような意味合いはほとんど無い。あるとすれば、それは „Natur“ が、物理的な外界の自然でなくて「自然本性」を意味するときである。ドイツ語では „Wesensnatur“ という語となる。このことは、欧米言語での「自然」が、ラテン語の “natura” に由来し、“nascor”（生まれる）という動詞と連関する、ということと関係する。この「生まれる」という意味は漢語の「自然」には含まれない。

ドイツ観念論と京都学派の哲学の対話を想定するとき、「自然」は大きな領域となる。ただ、漢語の「自然」と欧米語の「ネイチャー」が必ずしも一対一対応をしない、ということは念頭においておく必要がある。どの言語もそれが成立する文化環境を映すから、基本的な言葉になるほど、その翻訳に関連する問題も広く深くなる。もっともこのことは、本書の六つのテーマいずれにも大なり小なり該当することではある。翻訳の問題は地下の見えない水源のようなもので、地上の流れにおいてしばしば覆われるが、しかも見えざる仕方でこの流れを方向づけることもある。

2　「自然法」か「実定法」か――フィヒテの女性観・結婚観と連関して

フィヒテは一七九六年に、「知識学の原理に基づいた自然法の基礎」という浩瀚な講義をおこなった。彼の「知識学」が、単に思弁的に「知」ないし「学」の在り方だけにとどまらず、法律と倫理と習慣の諸問題にわたる、ある意味で体系的な、少なくとも総合的な学問であることを物語る、力のこもった講義である。ただし、まさにそれゆえに、哲学者といえども「時代の子」として時代的制約をまともに受けることを示す作業でもある。もともと「自然法」は「実定法」すなわち、社会の慣習などに鑑みて人が作る人為的な法律に対して、時代に左右されない「自然」そのものに基づいた法という意味がある。しかし両者の区別が本当に成立するのか否かという本質的な問いが、残されるはずである。「自然」の理解もまた、人為的世界の「歴史」の折々の状況に大きく左右される面があるからだ。フィヒテの「自然法」も、この問いを惹起させる。ある典型的な個所を挙げよう。

今日の価値観からすれば絶句させる叙述がこの個所で、「女」の本質的性質および法的立場についてなされる。「女」と記したが、原語の „Weib"（ヴァイプ）は「女性」„Frau" という中立的な語に比べて少し蔑視的なニュアンスを含んでいる。フィヒテはこの叙述を、『知識学の諸原理に基づく自然法の基礎』の第一付録「家族法の概要」の第一節「婚姻の演繹」で、展開した。「演繹」というのは、ある事柄を原理から説明し根拠づける作業のことである。フィヒテは婚姻という事柄を、彼の考える「自然法」という原理レベルから根拠づけようとした。しかし「知識学」の思索力を驚嘆の目で研究する人――筆者はその一人であることを表明してためらわない――ですら、ここでの叙述が本当にあれほどの熱意を込めて「自由」について語った同じフィヒテの手になるものなのかと、考え込んでしまうだろう。「婚姻の演繹」の一節で、彼はこんな風に記している。「それゆえ愛は、女（Weib）における性衝動がそこで示される形態である。（…）男には元々から愛は無く、性衝動があるだけだ」[4]。「女は男を満足させる手段になることで、その人格を男に与える」[5]。「婚姻の概念には、女性（Frau）がまったく無制限の仕方で男性の意志に従属することが含まれている。これは法律的な理由からではなく、道徳的な理由からである。女性は自らの名誉のために男性に従属しなければならない。——女性は自分自身に所属するのではなくて、男性に所属する」[6]。フィヒテが生きた時代は、法律的な制度のレベルでは女性が全面的に男性に従属させられていた時代だったが、彼はこの状態を問いに付して根本的に検討するよりは、むしろこの状態を、男性と女性の本質についての彼の自然哲学的・自然法的な見解から、根拠づけようとしたのだ。

今日のフェミニストたちだけでなく、人間の普遍的な人権を意識するようになった現代人の多くは、このような文言で埋められたフィヒテの女性観・結婚観のテキストに絶句して、テキストを閉じてしまうことだろう。もっとも今日のわれわれもまた、「時代の子」であることを免れてはいない。現代人といえどもたかだか五〇年前までは、バイセクシャルとかトランスジェンダーとかといった性的少数者の存在を認識してはいなかったからだ。「婚姻」に関しても、それが必ずしも「男と女」で成り立つとは限らず、「同性婚」がすでに多くの国で法的に公認されるという現実を、わずか半世紀前にどのくらい多数の人々が想像していただろうか。

とはいえ、フィヒテの女性観が当時の社会通念を代表すると見るのも、一面的となる。けだし本書の第8章でも述べるが、カントの女性観・結婚観は両性の「平等」を基本とするものだった。また当時でも、女性蔑視でなくて女性崇拝の思想も存在した。それも、フィヒテの「知識学」の別の面に依拠しつつである。フィヒテの講義の詳細な抜粋ノートを作成し、神秘的な少女「ゾフィー」に女性の理想像を見出してそれを『青い花』（正式の題名は『ハインリヒ・

フォン・オフターディンゲン』）という文学作品に昇華させたノヴァーリスは、その一人だ。フィヒテに畏敬の念を抱いていた同時代の詩人ヘルダーリンも、フィヒテの一七九六年の意見を知ったら、精神に変調を来たした時期（一八〇二年頃）を五年ほど早めたことだろう。後述するように、ヘルダーリンはズゼッテ・ゴンタルト夫人に理想の女性を見て恋慕し、その形姿を『ヒュペーリオン』で巫女ディオティーマの姿に昇華させた。彼もまた、ゲーテが『ファウスト』の末尾で記した語「永遠に女性的なるものが我らを引き上げる」に、同感したに違いない詩人だった。もちろんここでもフェミニズムの論者であれば、「そういう女性の理想化こそ外面的なルックスを尺度とする典型的な男性側の見方であって、むしろ潜在的な女性蔑視だ」と、言うかもしれない。もっとも「ルックス論」にまで及ぶと、男性と女性というジェンダー論の枠には止まらず、別の議論となるから、目下の議論はここら辺で止めておこう。

ヘルダーリンについては後述することとして、ノヴァーリスの時代背景についてひとこと補足するなら、ノヴァーリスを狭義のロマン主義文学者たちの輪に数え入れることには、異論もあると思われる。しかし「ロマン的なもの」(das Romantische) の意味を考えるなら、ノヴァーリスをこの輪から除外するのも問題となる。彼は上述のようにフィヒテの「知識学」講義の詳細な抜粋ノートを作り、彼のいわゆる「魔術的観念論」の空想の根拠づけを企てた。そもそもイエーナに集合した初期ロマン主義の作家たちにとり、フィヒテの「絶対自我」の考えは、自我の無限拡大の哲学と理解され、自分たちの文学理念に哲学的根拠を与えるものとして歓迎された。この無限的なものへの空想的憧憬が「ロマン的なもの」の本質だと見ても、大過はないだろう。フィヒテ自身はそういった空想的な自我拡大を考えたのではなくて、むしろ厳格な思弁でこの「知識学」の原理から「自然法」を考え、それに基づいて女性観や結婚観を表明した。しかしその女性観や結婚観は、自然法という超時代的な原理からの考察であるよりは、むしろ彼自身の守旧的な観念に基づく内容だった。だからそれは、意図に反して「自然法」ではあり得なかった。フィヒテもまた

「時代の子」だったのだ。

そのことは、われわれの「自然観」もまた歴史的限定を受けているかもしれない、ということを示唆している。たとえば自然環境という意味での「自然」も産業環境に影響され歴史世界の一部と化しつつあることは、すでにわれわれの共通認識になっているが、しかし、本当に歴史が自然を包んでこれを規定するのか、それとも歴史世界を包む悠久の自然という次元が存在するのか、それはまだ最終決定されていない問いである。そういった問いを念頭に置きつつ「自然」というテーマを考えてもよいであろう。

3　カントにおける「自然」

(1)　「歴史」は「自然」の隠れたプラン

「自然」（ネイチャー）概念をギリシア語の「ピュシス」にまで遡るなら、「ピュオー」という動詞に結びつくことがわかる。「生じる、生育する」という意味である。ラテン語の「ナトゥーラ」も、すでに見たように「ナスコール」（nascor）すなわち「生まれる」という動詞と関係している。スコラ学では、被造物としての自然は「ナトゥーラ・ナトゥラータ」すなわち「産み出された自然」であるが、造物主の神は「ナトゥーラ・ナトゥランス」すなわち「産む自然」だとされる。ギリシアにはキリスト教の造物主という観念は無かったから、そこでの「ピュシス」をキリスト教的なラテン語の「ナトゥーラ」とまったく同一視することは出来ないのだが、しかし両者に「生命性」という太い共通性が介在することは、否定できない。この生命的自然という観念は、近世哲学でも引き継がれる。スピノザの思想の代名詞のように言われる「神即自然」（デウス・シヴェ・ナトゥーラ）は[7]、産む自然がそのまま（即）神だという意味である。その場合の神は、自由原因とも言われ、産み出された自然（ナトゥーラ・ナトゥラータ）は、神の属性だとされる。

この「生命的な自然」は、歴史との生きた関連の内にあると考えられた。これはまずカントの歴史哲学に見られる。『世界市民的見地から見た一般史』（一七八四年）で、カントは人類史が全体として「自然の隠れたプラン」であるとみなした。[8] その見方は、自然を潜在的な歴史世界と見る見方でもある。自然のプランとは、自然そのものがプランを立てる主体だということであり、プランの目的を自然がそれ自身の内に持つということである。それは必ずしも擬人的にとる必要はない。しかし人間は、目的論的な見方をする傾向を本性的に持っている。種が芽を出し、花を咲かせ、実を実らせるとき、それは種の発芽が結実という目的に向かう運動のように見えてしまう。それは「あたかも」（als ob）そうであるかのように見える。自然がそのような目的論的な動きに見えてしまうのは、なぜか。それがカントの『判断力批判』で展開される「目的論的判断力」の問題でもあった。そのように見られた自然の、隠されたプランが、カントにとって「歴史」という形を取るのである。

(2)　自然の「最終目的」と「究極目的」

この「あたかも」そうであるかのようにと考えることのできる存在者を、カントは叡智的存在者と名づけた。人間の本質規定の一つである。叡智的存在者とは、自然が自分のために存在するとみなすことの出来る存在者、たとえば神がアダムを楽園から追放する折りに与えた羊の毛皮の記述から、人間である自分が自然の「究極目的」（der Endzweck）だと自任することのできる存在者である。この究極目的は、自然の発展プロセスの「最終目的」（der letzte Zweck）と区別される。後者は因果的な時間系列の中で最上層に位置する「文化」である。[9] 最終目的は時間的・空間的であるが、究極目的は時間・空間を超えており、道徳の主体として妥当する。この道徳主体は、道徳の限りない向上のいわば根拠として、神を「要請」する。自然の究極目的としての人間は、神を要請する。神の存在は理論的に証明することが出来ないが、実践的に、人間の道徳性の根拠として要請される。究極目的を掲げる目的論（Teleologie）は、カントにおいては道徳神学という名の「神学」（Teleologie）に帰着する。(10) それは「目的」（telos）が最終的には「神」（theos）だということからも、帰結する。

(3)　自然の崇高性

イギリスの政治家にして多才な才能に恵まれた哲学者エドムント・バークが、『われわれの崇高の観念と美の観念の起源に関する哲学的探求、および若干の付録』（*A Philosophical Inquiry into the Origin of Our Ideas of The Sublime and Beautiful With Several Other Additions*）を刊行したのは、一七五六年だった。バークは崇高と美を、アリストテレスが挙げた四原因を念頭において考察した。すなわち、質料因、形相因、作用因、目的因である。それはイギリスにおける美学領域の最初の体系的な書物だった。崇高と美の概念的な区別は、カントの注目を惹いた。バークの考察はドイツでは、文学における「疾風怒濤」と言われる文学運動の時代で、文学における初期ロマン主義や絵画における後期ロマン主義への準備となっていた。

崇高という高揚した感情と美の調和感情とは、ロマン主義者たちの気分の基盤でもあり、外界の自然と人間の内面とが無限性を帯びた統一として感受される感情だった。しかしカントは、崇高と美の考察がアプリオリな根拠からなされた体系的考察になっていない、ということを批判した。そこで彼自身はこれらの感情を、『判断力批判』で考察することを企てた。彼はそこで、美が悟性概念をあらわし、崇高が理性概念をあらわして、いずれもわれわれの美的・感性的判断力に関係することを、述べた。美は自然界での合目的的な「自然の技術」と秩序を示し、崇高はこの秩序を突き破って、むしろ反合目的的な現れ方をする。

カントにおける崇高の感情は、ドイツ観念論の自然観という観点でも重要なので、もう少し見ておこう。カントが考察する崇高は、「数学的」と「力学的」の二種に分かれる。前者は「大きさ」として現れ、後者は圧倒する「力」として現前する。後者の諸例をカントは挙げている。すなわち「上からのしかかっていわば脅威的な険しい岩、天空に積み重なる雷雲の稲妻と轟音、全てを破壊する暴力を伴った火山、荒廃を後に残す暴風、怒り狂う果てしなき大洋、強力な河流の高い瀑布、等々」(11)。

カントは、人間がこれらの自然現象を崇高と感じるためには、文化的に啓蒙され形成されていなければならないと考えた。人間生活が上記のような自然現象によって脅かされている間は、人間はそれらを崇高と感じることはない。人間がこれらの現象を、そこで安全が確保されると感じるような場所から見ることが出来て、これらの自然力に直接に晒されることがない場合に、人間はこれらの威力を「崇高」と感じることが出来る。それは、人間が自分の内面的本性の優越と外的自然に対する優越とを意識する感情でもあるとされる。自然の崇高は、カントにとって文化とともに可能となる人倫的な理念なのである。

(4)　物理的自然——カントとニュートン

自然界の崇高現象はカントにおいて、「数学的」とか「物理学的」とかと表示された。数学と物理学は当時の自然科学の代名詞でもある。その背後に、同時代の自然研究があり、カント自身も最初は、つまりまだ教授職を得ていない三〇代には、「自然科学者」として地球、天体、地震、といった自然現象について論文を発表していた。ただしカント研究において確認されているように、これらの論文は根底で「自然哲学」的な性格を帯びていた。カントが五七歳で『純粋理性批判』（一七八一年）を刊行した時、「学問」の模範は当時の数学と物理学であり、それはニュートンに代表されていた。彼が『自然科学の形而上学的な原初原理』（*Metaphysische Anfangsgründe der Naturwissenschaft*）を一七八六年に刊行したとき、彼はおそらくニュートンがほぼ一〇〇年前に著した『自然哲学の数学的原理』（*Philosophiae Naturalis Principia Mathematica*）を意識していたのではないかと、言われる。ハイデッガーは講義『物への問い』で、カントのこの著作を「ニュートンの著作を意識した、そしてそれを補う対抗作品」と評した[12]。ハイデッガーはさらに同じ個所で、ニュートンの物理学が「数学的なもの」を本質とすること、そして『純粋理性批判』の「歴史的地盤」になったことを、指摘している。

生きた崇高な自然も物理的・量的な自然も、それぞれに同じ自然のあらわれ方である。そしてこの二つのあらわれ方への視線は、そのままドイツ観念論に引き継がれる。

(5)「自然の技術」

しかしどこから目的論という観念が生じるのだろうか。それは自然科学的には確認できず、しかもなおわれわれの自然観念から除くことができずに、われわれの認識行為の内部に根を下ろしている。そもそも目的というものが認識され得るとするなら、どういう認識能力が問題となるだろうか。カントはこれを「反省的判断力」と名づけて、「規定的判断力」と区別した。「判断力とはそもそも、特殊を一般の内に含まれるものとして思考する能力である。一般者（規則、原理、法則）が与えられるなら、特殊をそのもとに包摂する判断力は（…）規定的である。しかし特殊だけが与えられていて、その背後の一般者を判断力が見出さなければならないときは、判断力はひとえに反省的である[13]」。

少し砕いて言うなら、反省的判断力とは、原理的なものに遡ってこれを見出そうとする能力であり、規定的判断力とは、与えられた原理から個々の現象を規定する能力である。自然が反省的判断力によって見られるとき、自然は物理的・機械的に規定的判断力で見られるときとは異なった様相を示す。後者の場合には自然現象は自然法則に服すものとして見られるが、前者の場合には自然は「目的」という見えざる原理に向けて、「合目的性」という視座のもとで、見られる。この視座の根本には、自分を自然の究極目的と見る叡智的自己がいる。反省的判断力は、このように自然物を合目的的に秩序づける能力である。このような判断力の視座では、自然はあたかも自己を合目的的に形成する技術を持つかのような仕方で、現象する。かくして「自然の技術」が語られることになる。

この表現によって、自然界に客観的に存在する技術といったものを想定することは、いわば避け難い誤解である。しかしカントが言わんとしていることとは、「あたかも」(*als ob*) 自然が合目的的な自己形成の技術を持つ「かのように」見える、ということである。この「あたかも…かのように」は、人間の側の主観的な見方である。ただし単に思い込みとかファンタジーとかを産む恣意的な視座ではなくて、人間の先天的な判断力としての「目的論的判断力」に帰する視座である。

新カント学派のハンス・ファイインガーは、一九一一年に『あたかも、の哲学』(*Philosophie des Als Ob*) という大作を刊行した。それはカントに戻ってカントの認識論を精緻化する方向ではあったが、反省的判断力そのものを「精神」として原理的に深化・拡大するドイツ観念論の方向ではなかった。ドイツ観念論の方向は、精神の反照として自然を考察する方向であり、言い換えると、自然を単なる客観的対象としてではなく「精神」の外化として、捉える方向である。精神と自然の根源的同一性が、そこに予想されている。西田幾多郎の『善の研究』はハンス・ファイインガーの著作『あたかも、の哲学』と同じ年に刊行されたが、そこでの「純粋経験」も、「主もなく客もない」直接的同一性の経験であるから、ドイツ観念論で示される精神と自然との同一性の考えに通じる面がある。新カント学派とドイツ観念論との距離よりは、京都学派とドイツ観念論との距離の方が、本質的に近いのである。

4　ヘルダーリンにおける「自然」

しかしシェリングとヘーゲルの自然哲学的な思想に立ち入る前に、詩人ヘルダーリンに言及しておかなければならない。

(1)　神々に立ち去られた自然

ヘルダーリンがテュービンゲン神学校の寄宿舎でシェリングおよびヘーゲルと友情を結んだのは、一七九〇年の秋から一七九三年の秋までだった。カントの『判断力批判』は一七九〇年に出版され、フィヒテがその著『すべての啓示の批判の試み』によって哲学界に登場したのは一七九二年だったことを、念頭においておこう。ヘルダーリンはさらにそれ以前にニュルティンゲンのラテン語学校でシェリングと、知り合っていた。シェリングは九歳、ヘルダーリンは一四歳だった。テュービンゲンの神学校で学業を終えたヘルダーリンは、半年ほどイェーナで過ごし、シラーとゲーテを訪ねている。そしてフィヒテの哲学を知る。シラーは若いヘルダーリンをそれほど評価しなかった。ゲーテはヘルダーリンにまったく関心を示さなかった。ヘルダーリンはシラーの内に圧倒的な精神を見てとり、フィヒテの哲学に暴君的な精神を見た。これらの有名な人物たちとの出会いは、概してネガティヴなものであり、そのことには理由があった。

先に見たようなフィヒテの暴君的な女性観が、ヘルダーリンの詩心とは相容れないことは当然だとしよう。ただ、それを度外視しても、自然を「非-我」として「自我」に対置するフィヒテの自然観は、ヘルダーリンのように自然の内に神的な拍動を見る詩人的な生命感情と相容れないことは、当然だった。ヘルダーリンは絶対自我の考えに共鳴してフィヒテの周りに集まった初期ロマン主義の作家たちの輪には、入らなかった。

ではどうしてヘルダーリンはシラーと親密にならなかったのだろうか。当事者にしかわからない相性の問題だったのかもしれないが、敢えて若干の資料から二人の関係をのぞいてみよう。まず一七九五年のシラーは、もはや「疾風怒濤」時代に『群盗』を書いたシラーではなかった。そうではなくて、『人間の美的教育についての書簡』（一七九五年）[14]の著者で古典主義のシラーだった。従って彼は、ギリシアに「古典」の理想を見ていた。そのギリシアは、ヘルダーリンが見たような、神々が立ち去った国ではなかった。シラーは自らの時代が、感性と精神の分裂した時代、感性的な「質料衝動」と精神的な「形相衝動」との分裂の時代と見ていた。そして彼の眼に映る古代ギリシアでは、そのような分裂がまだ存在していなかった。その分裂の無い模範的なギリシア文化は、「美的に輝く仮象の国」（Reich des ästhetischen Scheins）[15]であり、その像が「人間の美的教育」の理想となった。

もちろんヘルダーリンはシラーが人間の道徳性と自然性とを美的なものにおいて調和させようとする努力に、そしてこの調和を国家において実現しようとする努力に、敬意を抱いていたであろう。というのは、ヘルダーリン自身がかつてフランス革命に感激し、共和国の実現を願望したからだ。しかし、相手への敬意がすぐに相手への共感につながるとは限らない。近づくことは、しばしば疎遠化につながる。シラー宛ての一七九五年七月二三日の手紙に、ヘルダーリンはこう記した。「私はいつも、あなたに会う誘惑に駆られていました。そしてただ、私があなたにとっては無きに等しい存在だということだけを感じるにとどまりました。（…）私があなたにとって意味ある存在であろうと欲したために、私は自分にこう言わざるを得ませんでした。すなわち、私はあなたにとり無きに等しいだろうと」。

ヘルダーリンは、こう署名している。「貴方を尊敬するM・ヘルダーリン」と。この手紙は、ヘルダーリンがへりくだることによってシラーへの距離感を表明するものと、なっている。しかし、この上もなく繊細で豊かな精神を持つこの二人の詩人を隔てる距離のさらなる理由が、あったように思われる。

(2)　ディオティーマ

ヘルダーリンが彼の本来の詩作活動を始めるのは、彼がイェーナを去ってフランクフルトに移ってからである。そこでの滞在は一七九六年から一七九八年までで、彼は銀行家ゴンタルト家の子供たちの家庭教師として、その家に住み込んだ。そしてゴンタルト夫人のズゼッテ・ゴンタルトに恋した。人々がその恋を噂するようになったので、彼はゴンタルト家に居られなくなった。ヘルダーリンにおいてズゼッテの姿は、彼の作品『ヒュペーリオン』(第一部は一七九七年、第二部は一七九九年)での巫女・ディオティーマの姿へと、昇華させられる。ディオティーマは元々、プラトンの対話篇『饗宴』でエロス(愛)という魔物的なものについて語る、半ば伝説的な巫女である。ヘルダーリンにおけるギリシアへの憧憬は、このディオティーマに結晶し、その現実の姿はズゼッテにあった。フランクフルト滞在につづくホンブルク滞在のあと、彼は一八〇二年に南仏のボルドーに赴くが、そこで最初の精神の変調が生じた。一八〇五年に、彼はテュービンゲンの、かつて彼がシェリングやヘーゲルと一緒に学んだ神学校のすぐ傍に立つ、ネッカー側の河畔の塔に収容され、そこで『ヒュペーリオン』の愛読者でもあった家族に看護され、一八四三年に死ぬまで、三六年間をそこで過ごした。

ヘルダーリンの詩『パンと葡萄酒』は、彼の精神が変調を来たす一年前の一八〇一年に成立した。そのつもりで読めば、そこにヘルダーリンの精神の変調を、そしてシラーへの距離を、理解する鍵を見ることができる。そこには

「至福のギリシア」と神々の饗宴への憧憬が、謳われる。その憧憬が、神々に立ち去られた現代の憂愁へと反転する。詩の一説はこうなっている。

「ああ、友よ。私たちは余りにも遅くやってきた。神々は生きている、ただし頭上を超えた別の世界に」。もしも神々が逐電してしまっているなら、詩人は何を謳えばよいのか。別の節では、ある問いが出てくる。「詩人は乏しき時代には何のために」。これが詩人ヘルダーリンの詩的直観だった。その直観は、シラーの詩人的直観と本質的に異なっていた。シラーは人類のギリシア的理想を人間の美的教育を通して再建立することができると、信じていたからである。ヘルダーリンはシラーとはまったく別の精神史の局面に、自分を置いていたのだ。

(3)　神々が不在の乏しき時代

ヘルダーリンの言う「乏しき時代」という語は、「神的な充溢」の反対語である。前者は神々の不在を意味している。この不在はヘルダーリンにとって、神的な充溢がもはや経験できなくなっている、という直観の中で明らかだった。ヘルダーリンが神々の不在を観た時期が、ちょうどフィヒテやシェリングが「絶対知」を、つまり神の哲学的概念でもある「絶対者」の知を、哲学的に確保しようと試みていた時でもあったということが、注意を惹く。

さらに注意を惹くことは、ヘルダーリンが以前の詩において神と自然との一体性を謳っていたことである。『樫の樹たち』という詩では、こう謳われている。「君たちのどれもが世界なのだ、ちょうど天空の星のように／生きよ、君たちの誰もが一柱の神である君たちよ、自由な連帯の中で共に」。「君たち」とは、差し当たっては樫の樹群のことである。しかし明らかに、人間たちのことを指している。ヘルダーリンは神と自然と人間との一体性を信じていたのだ。作品『ボナパルト』は、次の段で始まる。「詩人たちは聖なる器だ／そこに命の葡萄酒、英雄たちの／精神が注がれる」。この頃のヘルダーリンはなおも、詩人が何のために存在するかを確信していた。詩人たちは英雄の精神の器なのだ。しかしその素朴な信念は、徐々に薄らいでいった。『嘗て（Einst）と今（Jetzt）』と題される詩は、こう始まる。「嘗ては父の、愛し／愛される父の懐に――しかし殺戮者が来た」。殺戮者は神を殺した。それはニーチェの殺神を思い起こさせる語だ。神は殺されたと、ニーチェは語った。上記の詩の最後の段は、こう始まる。「さらば、汝ら、過ぎ去りし時代の黄金のひととき／汝ら、偉大さと名望の愛すべき子供部屋」。神的な自然との一体感の経験は、『エンペドクレス』では、エンペドクレスが火山に身を投げて命を失うことによってのみ、成就する。『ヒュペーリオン』では、ヘルダーリンはなおも自然の中で神への通路を探したが、神的なものは遠くの把握し難いものとして現れた。もう一度『パンと葡萄酒』の一節を聞いてみよう。「神々は生きている、ただし頭上を超えた別の世界に」。この一説が、シラーに対するヘルダーリンの距離をあらわしている。しかしまた、かつての学友だったシェリングとヘーゲルに対する距離をも、照らしている。この学友たちは、絶対者の直観と臨在とから出発することに、確信を抱いていたからである。

(4) ヘルダーリンの「錯乱」と芭蕉の「狂」

ヘルダーリンの精神錯乱は、表面的には一八〇二年頃に始まったようだ。それはズゼッテが肺結核で死んだ時期とほとんど同時だった。時期の符合が偶然だったのか、詩人の何らかの直覚的予感が作用したのか、それはわかりようがないが、彼は、病理的に錯乱に陥る前に、すでに内面世界においてある意味で「狂って」ずれていたとも言える。ただし、「尺度からずれている」という、ドイツ語の „verrückt" の元来の意味においてである。ヘルダーリンにおける、神々に立ち去られたという経験は、シラーからしてもゲーテからしても、そして一般的に共有される大衆的感覚からは尚さら、「ずれて」いた。詩人的直観の世界はデモクラシー原理の社会ではないから、多数が共有する感覚を正常とみなすことは出来ない。常人が感じ取らないものを感じ取る場合、そしてそこから「作品」が産み出されるという場合、それは群を抜いているという意味で「ずれて」（verrückt）いるが、それはまさにそれゆえに「錯乱」ではない。「錯乱」は病理学的な意味での正常性から外れた「異常」という意味で、病気現象である。ヘルダーリンは「錯乱」という病気に襲われる以前に、それへの素質として「ずれて」いた。その「狂」は、常識的な日常世界の尺度を「正常」とする時にその尺度を「超えた」、それを「逆立ち」させた在り方である。平均性という意味での凡庸性が大多数を占めるという理由で「正常性」とされるときは、「狂」はその正当性を問い返すという意味を帯びる。「狂の世界」は、平均的な尺度からすれば「逆立ちした世界」である。

本章において重要なことは、「錯乱」も「狂」もそれぞれに「自然」そのものの一つの現れ方だということである。ただし「自然」を常識的に表象するときは、その自然性と対立する「反自然な」現象である。なぜなら普通に「自然」と言えば、それは人為を加える前の「ありのまま」、「そのまま」という在り方であり、「狂」はその在り方そのものの中で、その在り方を突き抜けた在り方だからである。「自然」は「反自然」を含んで成り立っている。[16]「自然」はもはや「自己同一」というカテゴリーでは捉えられず、「矛盾的自己同一」という、形式論理から見れば不条理なカテゴリーとなる。差し当たり自己同一的とみえる自然世界は、自己自身の内に自己に叛くものを基本的な構成要素として含む「矛盾的自己同一」の世界でなければならない。

自然の中の反自然は、時には「錯乱」として、時には「狂」として、自然界においても人間の内的本性においても、立ち現れる。ヘルダーリンは、その錯乱と狂のいずれをも一身に体現した。シェリングとヘーゲルは哲学的思考の在り方を常識的な世界から見ての「逆立ちした世界」と表現したが、[17]それは常識的に表象された自然の中に含まれる

「反自然の世界」を、意味する。この観点からも、京都学派の自然観の一端を取り上げることができる。

西田の『哲学論文集』（一）―（七）にも、田辺の『哲学概論』にも、そしてそもそも京都学派の思想家たちの著述全般においても、特に「自然哲学」というまとまった著述群は無い。かつて『京都学派の思想――種々の像と思想のポテンシャル』を編著したときも、[18]「科学思想」、「技術思想」、「芸術思想」、「教育思想」、「言語思想」、「宗教思想」という六つの領域でそれぞれ京都学派の思想を取り上げたが、「自然思想」の枠は設定し得なかった。それはドイツ観念論との対比において、とりあえずは京都学派の側の欠損部のようにも見えないことはない。しかし逆説的に言うなら、その外観は京都学派の哲学者たちにとっての「自然」が、彼らの語る「歴史」にも「芸術」にも「宗教」にも不可欠の根本要素だったからである。それはどのテーマにも通低音のごとくに常に顔を出すからである。その点で、西谷啓治の著述は特に際立っている。そこで、その突出部分として西谷の「芭蕉に於ける狂」という論文に触れておこう。そこでは「狂」と言う形で、自然の中の反自然の考察がなされているからである。

芭蕉は流れ行く雲のごとく「浮雲無住」の心で生きることを願い、江戸は深川の庵での慣れた生活を捨てて旅を住処とした。芭蕉自身がその生き方を「狂」と名づけた。西谷はその境地を、差し当たりは「世間の日常性を離れ、世俗の正常な生活体系から逸脱することである」と評する。[19]しかしまた、「世間に住せず涅槃に住せずして住し、住して住しないことであり、無住に安住することである」とも捉えた。[20]

この「狂」が「自然」といかなる関係にあるかと言えば、それは芭蕉の生き方が実存の在り方として「風雅」という語で言い表される、ということに尽きる。芭蕉における風雅とは、風のごとく自在な、何も飾らない仕方でしかも雅やかな生き方である。その生き方は何よりも「浮雲無住」、すなわち世俗の束縛から離れて世間に対して「狂」であることはもちろんだが、しかしその「狂」に安住することなくそこをさらに捨てることへと、徹底される。だから

「世間に対して〈狂〉であると共に、出世間に対する〈狂〉」でもある。芭蕉における「狂」は、このような「風雅」として、「自然の中の反自然」のひとつの極限表現である。

プラトンの『パイドロス』では四種の「狂」が語られた。単純化して言うなら、それは第一にはデルフォイの神殿の巫女に見られる憑依状態の予言者の狂気、第二には舞踏の恍惚に見られる狂気、第三は詩的あるいは音楽的なインスピレーションに捉えられた狂気、そして第四は哲学することないし知恵に恋するエロスという名の狂気[21]。芭蕉における「狂」は上の四種のいずれにも該当しない、いわば第五種の狂気と言える。なぜならそれは、単に世間の日常性を離れ、世俗の正常な生活体系から逸脱するという限りでは、プラトン的な四種の狂気と共通するが、正常な生活体系の中でこの世界と交わるという、精神性の次元を高めた日常性を生きるからである。それは西谷の言葉で言えば、「西洋の芸術観においてはプラトンに始まる感性的と叡智的、現象とイデアの二世界説が根底をなしてゐると考へられるのに対して、東洋のそれは全く異なった根底に立つ[22]」自然である。

プラトン以来の西洋の「自然」と東洋の「自然」は、自然である限りは通底しつつ、なお且つ「全く異なった根底」を蔵している。このことを、「ドイツ観念論」にさらに密着した仕方で次章で考察することにしよう。

注

（1）親鸞、『唯信鈔文意』、金子大栄編、『原典校註　真宗聖典　全』、法藏館、一九六〇年、六四九頁。親鸞はこの「自然《じねん》」を、最晩年の文章『末燈鈔』でさらに深めていくが（同上、六九七頁）、それはもはや本講義での当面のテーマ「自然」よりは、最後のテーマ「宗教」に属すので、そこでの叙述に譲りたい。本書第Ⅳ部「宗教」を参照。

（2）親鸞、同上。

（3）道元、『正法眼蔵』、「山水經」、大久保道舟編、『古本校定　正法眼蔵　全』、筑摩書房、一九七一年。

（4）J. G. Fichte, *Erster Anhang des Naturrechts. Grundriss des Familienrechts.* Erster Abschnitt. Deduction der Ehe, in: *Grundlage des Naturrechts nach Prinzipien der Wissenschftslehre, Fichtes Werke*, Bd. 3, S. 310.

（5）Ibid., S. 312.

（6）Ibid., S. 325.

（7）スピノザの「神即自然」の考えは、『エティカ』第一部、定理二九、備考、に述べられる。そこでは「能産的自然」(natura naturans) が「神」と名づけられ、それに対して「所産的自然」(natura naturata) は、„id omne, quod ex necessitate Dei naturae sive uniuscuiusque Dei attributorum sequitur"（「神の自然本性の必然性から、ないしその諸属性から、生じる一切のもの」）と捉えられる。原典の引用は下記の版に拠った。*Benedicti de Spinoza Opera quae supersunt omnia.* Vol. I. Editio Stereotypa. Lipsiae MDCCCXLIII, p. 211.

なお、このスピノザの版は西田幾多郎から田辺元へ、田辺元から唐木順三へ、唐木順三から辻村公一へ、辻村公一から筆者へ、それぞれ署名を付して委譲され、現在は筆者の書架にある。大事に保存するばかりでは「死蔵」となって、書物のレゾン・デートルに鑑みて本末転倒となるのだが、さりとて「手垢まみれ」の使い方も大いに躊躇われていた。今回は本書の表題「ドイツ観念論と京都学派」に鑑みて、敢えてこの手元本から引用したが、普段はフランス語訳付きの版、Spinoza, Ethique. Texte latin soigneusement revu. Traduction Nouvelle, Notice et Notes par Ch Appuhn を用いている。この版は実に頑丈な表装で、出版年不記載。表紙のシミに加えて売価が「5フラン75」とあるから、相当の年代ものだが、ラテン語とフランス語の親近性もあって、訳は滑らかのように思われ、私としては信頼を置いている。

（8）I. Kant, *Idee zu einer allgemeinen Geschichte in weltbürgerlicher Absicht,* (1784), *Akademie Textausgabe*, Bd. VIII, S. 27.

（9）Vgl. ders., *Kritik der Urteilskraft*（以下、*K. U.* と略記）, §83.

（10）Ibid., §75.

（11）Ibid., §28.

（12）M. Heidegger, *Frage nach dem Ding, HGA*, Bd. 41, S. 78.

（13）I. Kant, *K. U.* Einleitung, IV.

(14) F. Schiller, *Philosophische Briefe über die ästhetische Erziehung des Menschen* (1795), S. 570-655. *Schiller Werke 2, Gedichte - Erzählungen. Zur Philosophie und Geschichte.* Übersetzungen-Bearbeitungen. Sonderausgabe DIE TEMPEL-KLASSIKER, Printed in Italy (keine Jahresangabe).

(15) Ibid., S. 655. 前後の文章を挙げると、こうなっている。「それゆえこの美的に輝く仮象の国で、平等が実現し、夢想家はこれが本質的に実現するのを見たいと熱望する」。

(16) 拙稿、「総説・自然の中の反自然――「共生の中の反共生」という深層へ」、『共同研究　共生――そのエトス、パトス、ロゴス』、こぶし書房、二〇二〇年、九三―一一八頁、および *Anti-Nature in Nature Itself*, in: *European Journal of Japanese Philosophy*, Number 5, Tokyo 2020, pp. 145-162で、自然そのものに内在する「反自然」の要素について、若干の考察を試みた。これらの考察は筆者において、まだ問題考察の「端緒」の域に止まっている。その端緒は、筆者自身の拙著『共生のパトス――コンパシオーンの現象学』、同上の「続編」の端緒でもある。本書もこの「続編」のいわば外堀めぐりでもあることを、告白しておかなければならない。

(17) シェリングの *Bruno oder über das göttliche und natürliche Princip der Dinge*, *Sämtliche Werke*, Bd. IV, S. 244、およびヘーゲルの *Einleitung über das Wesen der philosophischen Kritik überhaupt und ihr Verhältnis zum gegenwärtigen Zustand der Philosophie insbesondere*, *Werke*, Bd. 2, S. 182, で「逆立ちした世界」という表現が哲学の世界の表現として出てくる。もっともヘーゲルは『精神現象学』の「力と悟性」の節で、「超感性的世界」のことを同じく「逆立ちした世界」と評しているから (Hegel, *Phänomenologie des Geistes*, *Werke*, Bd. 3, S. 128)、それぞれのレトリックのコンテキストには注意する必要がある。

(18) 拙編著、『京都学派の思想――種々の像と思想のポテンシャル』、人文書院、二〇〇四年。

(19) 西谷啓治、「芭蕉に於ける〈狂〉」、『西谷啓治著作集』、創文社、一九九〇年、第二十巻、一三九頁。

(20) 同上。

(21) 『パイドロス』、244a8-l249d4, 265b2, などの個所を、目下の連関に即してこのように略述しても、大過は無いであろう。

(22) 西谷啓治、「芭蕉に於ける〈狂〉」、同上、一四九頁。

第4章　自然哲学と「絶対自我」

1　日本語の「我」（自我、私）

第3章でも触れたが、言葉が基本的であるほど「翻訳」の問題も広く深くなる。どの言葉も何らかの仕方で翻訳可能であり、また翻訳されているが、どういう次元で、どういう経験レベルで、翻訳されているかは、いつも問いとなって残る。ヨーロッパ言語の範囲内ですら、次のような問題を指摘することができる。すなわちインド・ゲルマン語では動詞は時制変化をする。その時制は英語とドイツ語では共通し、フランス語ではすでに少し異なるが、古典ギリシア語と現代ヨーロッパ言語との違いほどは、大きな差はない。しかし、その現代ヨーロッパ言語の間でも、たとえば「ビー動詞」すなわち「である」は、ドイツ語では„sein"、フランス語では《être》、英語では"be"で、それぞれの変化はきわめて不規則となり、相互の共通性は消えてしまう。それらに含蓄された意味世界も、ストレートには通約出来ない。たとえばドイツ語の„sein"の現在完了形„gewesen"は、„Wesen"すなわち「本質」という語を含んでいて、「本質」という語に含まれる固有の時間性を示唆する。しかしこのことは、英語やフランス語にはそのまま訳せない。そのことは、哲学思考にも作用する。„Wesen"すなわち「本質」は、ヘーゲルの『論理学』第二部の「Wesen（本質）論」の表題に含まれ、ヘーゲルはそこで、「本質」を「無時間的に過ぎ去った有」と規定し、有が動詞„sein"の現在完了形である„gewesen"で、保存されていることを述べる。(1) この言語連関は、他のヨーロッパ言語に説明抜きで訳すことが出来ない。ヘーゲル論理学は、数学的な論理計算をおこなう分析哲学の論理のように一対一対応という仕方で他のヨーロッパ言語に翻訳することが出来ないのである。それはヴィトゲンシュタインの言葉を借りるなら、「言語ゲーム」の性格を帯びている。言語表現は普遍的な文法に拠っているのではなくて、ちょうどゲームそのものがその中でゲーム規則をつくり出すように、折々の言語規則のもとで成立している。ヘーゲルの『大論理学』も、ドイツ語という場所で成立した言語ゲームという性格を帯びる。もちろんそれは何らかの仕方で「翻訳」可能であるし、可能でなければならない。ただ、そのこと自体が、時には生産的な、時には歪曲的な変異を絶えず伴う一つの言語ゲームになる、ということを意味する。

本章では、ドイツ観念論の自然哲学を概観するにあたって、そこでのキーワードの一つ「絶対自我」（das absolute Ich）という考えから、出発したい。その場合、この自然哲学を京都学派の自然思想との対話を念頭において考察するために、「言語ゲーム」的な翻訳事情を念頭におく必要もある。まず最初に日本語の「自我」について、簡単な注を先行させせよう。

この語に含まれる「自」については、すでに第3章で触れたから、くり返さない。それに、この文字を省いた「我」の文字だけでも、ドイツ語の自我（Ich）の訳語となるから、この省略は特に問題がないだろう。ただ、問題は無いが、この語の脈絡をドイツ語に訳すときには、それほど簡単でない問題が生じる。すなわち、日本語の日常会話では「私」とか「君」とか「我々」とかの主語を用いないままに、話が進行する。「昨日、日本食レストランに行ったよ」と言うとき、文言だけをとれば、そこに行った人は発話の脈絡次第で「私」、「彼／彼女」、「彼ら」等々、いずれでもあり得る。ほぼ同じことが、古代ギリシア語でも成り立つ。そこではやはり、一人称、二人称、三人称の主語は敢えて語られないまま、動詞の変化形そのものの中で表現されているからである。ただし日本語の場合は、さらに続きがある。すなわち一人称も二人称も、ずいぶん色々の表現がある。ドイツ語では一人称「私」は„Ich"だけであり、二人称の「君／あなた」は„Du/Sie"だけであり、英語であれば一人称は"I"、二人称は"you"（古い言い回しでは"thou"）があるだけである。しかし日本語では、「私」（わたし）は少し改まった言い方であり、上役や年長の人に対しては「わたくし」がある。友達のあいだでは、男なら「俺」、「僕」「わし」、女性なら「わたし」、「あたし」、ちょっとコケットな言い方なら「あたい」となる。男性言語と女性言語の違いは縮小しつつあるが、それでも若い女性が「俺」とか「僕」とかと言うことは、かなり特別の自意識の表現と見られるだろう。

「我」に関する表現は、男性・女性の違いという場面だけでなく、社会的連関でも、簡単ではない。自分を大きく見せる「俺様」、少しへりくだった「あっし」、そして元々は「俺」の複数形「俺ら」が訛った一人称の「おいら」、「おら」、自尊心をこめた、現代では少し滑稽にひびく「吾輩」、文学的な表現連関での「我《われ》」、高貴な身分での自称「朕」、等々。どの呼称も社会的な関係を含意している。だから、「我」のいろいろの呼称は、この関係から定まる。映画やドラマでこれらの表現が用いられるとき、日本人観客は瞬時にそのニュアンスを理解するが、「私」にあたる語を原則的に一つしか持たない外国人の場合には、そうはいかない。ヨーロッパ言語での「我」（英語では"I"、フランス語では《je》、ドイツ語では„Ich"）は、そういった社会関係の制約を含まないからである。だから日本語に相当熟達した欧米人でも、これらの多様な一人称単数の語を耳にするときは、一瞬、脳裏の単語表をめくることになる。

このことは裏を返すなら、「私」（我）が哲学のテキストで哲学的内容を帯びて用いられるとき、上記の種々の日本語のどの一人称単数を用いても適さない、ということである。だから少し人工的な「自我」という語が、作られた。ドイツ観念論で言う „absolutes Ich“ は、「絶対自我」と訳されるが、それはドイツ語の原語には無い無機的・人工的なひびきの語となる。

上に述べたことは、テキストをドイツ語だけで、ないし日本語だけで読む限りは問題とならない。しかし両者を共に視野に入れた場合は、このことを想起するのは無益ではないと思われる。

2　フィヒテの「知識学」と「絶対自我」

フィヒテの最初の著作『すべての啓示の批判の試み』（一七九二年）は、カント哲学に忠実だったあまり、しばらくの間は一般読者からカントの著作とみなされた。そこでは神の啓示はわれわれの内なる道徳法則という事実に基づいて、信ずるに値するとみなされた。しかしフィヒテはカントの模倣者には止まらなかった。彼の考えはむしろ、カントの認識論の限界を突破するものだった。この突破が「知識学」という形で生じた。そして決定的な着手点が「絶対自我」だった。

しかし、叙述を急ぎすぎないようにしよう。知識学の基本的な考えを、すこし砕いて述べなければならない。フィヒテの最初の知識学は一七九四年に出た。原題は『全知識学の基礎』（*Grundlage der gesammten Wissenschaftslehre*）で、gesammt の語は古い正書法なので‘m’が二回、用いられている。「哲学文庫」（Philosophische Bibliothek）版では、現代表記で‘m’が一回となっている。それは余談として、そこで言われる「基礎」を概説するなら、知識学は三つの原則から成り立っている。第一原則は、自我の自己定立である。「自我は自分自身を定立する」。そしてこの自分自身による赤裸な定立のゆえに、自我は有る。そして逆も成り立つ。すなわち自我は有り、その赤裸な有のゆえに自らの有を定立する」(2)。

この難解な第一原則は多くの読者にとって、先へ進む上での最初のつまずきの石でもある。しかし、一度そこを通過したら、知識学の基本部分を理解したことにもなる。だからわれわれもしばらくこの原則に立ち止まって考えることにしよう。まず「定立」(setzen) という語は、ドイツ観念論の固有の術語である。それは意識の野で何かを思い浮かべる意識地平（自己意識）を開示する、という意識作用のことである。この地平において、私の前の庭先に立つ檜が檜として意識され、知られ、認識される。それはそもそも何かについて知り、対象として認識する上での最初の条件である。この自己意識の地平を開く働きそのものが、ないしこの地平の主体が、「絶対自我」である。それによって開かれる意識地平は個人的・経験的な意識地平ではなくて、有ると言えるもの全てがそこで対象として――フィヒテの用語で言えば非-我として――浮上するための普遍的な地平である。

第一原則の意味は、形式論理学の同一律と比較するときに、より良く理解されるだろう。同一律は「AはAである」と定式化される。そこで言われていることは、「もしAが存在するなら、AはAである」ということであって、そのAが存在するということは前提していない。Aの「有」は意味されていない。カントの命題を援用するなら、「有り」(Sein) は実在的述語ではなくて、事物の単なる挙示 (Position) である」(3)。「一万円は一万円である」という命題は、一万円が元に目の前に有るということを意味していない。そうではなくて、もし一万円が有るなら、その一万円は一万円だというだけである。

もう一度、第一原則を反復しよう。「自我は自分自身を定立する。そしてこの自分自身による赤裸な定立のゆえに、自我は有る。そして逆も成り立つ。すなわち自我は有り、その赤裸な有のゆえに自らの有を定立する」。

自我が有るということは、自我の実在をあらわす（リアルな）述語である。自我が自我によって、実在的な意識地平として定立されている、ということである。この自らの有の定立は、「事行」（Tathandlung）と言われる。この語はドイツ語では、犯罪行為を含んだ意図的に敢行した行為に対して用いられる。他方で知識学では、この語は自己意識がそれによって成立する行為のことである。そこでは、私は私が有るがゆえに有ると、言わなければならない。この自己意識の地平で初めて「AはAである」という同一律も、語ることができる。知識学は形式論理学を基づけるものであって、その逆ではない。

事行は知識学の第一原則であり、自我の自己定立であるが、しかしまだ知識学の第一歩に過ぎない。次の一歩は、自我が他者との「ぶつかり」（Anstoß）を経験するときに始まる。他者とのぶつかりは、自我にとって不可避である。ここでの他者は、あれこれ経験的に出会われる特定の対象のことではなく、そもそも自我が自己を定立して自らの自己意識の地平を確立した時、そのことと一つにおいて自己でないものとしてこの自己意識上に浮上するもの、私の中で「定立」される非-我としての他者である。しかし知識学の厳密な意味での定立は、すなわち事行としての定立は、自我に関してのみ言われ得る。まさにそれゆえに、この自我に対して非-我は端的に「反対定立される」（entgegen-gesetzt）。フィヒテの表現を用いるなら、「自我の他には何ものも定立されない。そして自我はただ端的に定立される。これに応じて、自我に対してのみ端的に反対定立がなされ得る。しかし自我に対して反対定立されるものは、＝非-我である」[4]。この非-我の反対定立が第二原則であり、これによって意識の地平は他者一般に対して開かれる。例を出して説明するなら、私の前にある庭先の檜は私によって檜として「定立」され、つまりは意識され、認識される。しかし檜の存在自体は私という存在から導出（演繹）されるのでない。非-我は他者存在一般である。第一原則が端的に無制約な命題であるなら、第二原則は形式において無制約だが、内容において制約されている。

自我と非-我とは相互限定という関係にある。この関係は、第三原則として定式化されなければならない。すなわち、「自我は自我の内に、自我に対して可分的な非-我を反対定立する」と。(5)

フィヒテは、いかなる哲学もこの第三原則の認識を越え出ないこと、この認識にどんな根本的な哲学も戻ってくることを、信じた。知識学の根本意図は、この三つの原則の展開を学の「体系」として展開することだった。フィヒテは、カントが『プロレゴメナ』で構想された将来の形而上学を、このようにして実現できると考えた。

詩人ハイネは、フィヒテとナポレオンが互いに似ていると言った。たしかに両者は従来のものが大きく壊れたあとに登場した。ナポレオンはフランス革命のあとに、そしてフィヒテはカントが認識論の「コペルニクス的転回」を遂げて伝統的な形而上学を転覆させた後に、それぞれ登場した。両者ともに偉大な「自我」を提示し、意志の無制約性を挙示し、そして両者ともに没落したと、ハイネは見た。(6)

カントのコペルニクス的転回についても、念のために注を付しておこう。カントは学問の模範像としての数学と自然科学の「革命」を、すなわち認識が対象の方を向くのではなくて、対象がわれわれの認識の方に向くという転回を語り、これをコペルニクス的転回になぞらえた。(7)

次に、フィヒテの第三原則を反復しておこう。「自我は自我の内に、自我に対して可分的な非-我を反対定立する」。絶対自我の他者は、非-我である。外界の事物である自然は、フィヒテにとって非-我である。しかしわれわれには、「自然」と「非-我」とが同一であるようには見えない。実際この違いは、次に述べるようにフィヒテとシェリングの違いをそのまま予示するものとなる。

この問題との連関で、フィヒテが一七九四年の『知識学の概念について』の第二版を一七九八年に出したときに、ある目立たない訂正をしたことを、指摘しておきたい。第一版はフィヒテが『全知識学の基礎』を一七九四年に始める前に出た。そこでのある一節はこうなっていた。「知識学によって、その有とその諸規定に従ってわれわれから独立していると見られるべき自然は、そしてそれに従って自然が観察されるべきであり観察されなければならない自然は、必然的なものとして与えられている」。しかしこの一節で出てくる「自然」は、編者が欄外に注記するように、第一版では「非-我」となっていた。この目立たない訂正の背後には、間違いなくシェリングの哲学への顧慮が働いている。シェリングは一七九八年に二三歳の若さでイェーナ大学に召命された。その前年の一七九七年に、彼は『自然の哲学の諸構想』を発表し、この一七九八年に別の論文『世界霊について――一般的な有機体構造を説明するためのより高次の物理学の仮説』を、発表した。これらの諸発表から既に、自然哲学の企てがシェリングの重要な関心事だったことが、読み取れる。自然を主なテーマとして取り上げることは、人間の道徳的行為において自然を克服することとは別の視座である。フィヒテはこの後者の見解を、一七九八年の『知識学の諸原理に従った人倫の体系』で、表明した。

「非-我」という語を「自然」に置き換えたフィヒテの訂正は、シェリングに近づこうというフィヒテの振る舞いでは、決してなかった。むしろ反対で、フィヒテの訂正は、まさしく非-我が「自然」の本来の名前だということ、そして自然哲学は知識学に吸収されるべしというフィヒテの考えを、新たに示すものである。

3　シェリングの自然哲学

歴史は繰り返すと言われる。かつてカントは、若きフィヒテが自分の道を延長してくれると思った。しかしフィヒテは知的直観の考えによってカントを超えた。そこでカントは一七九九年に『一般向き文学新聞』(*Allgemeine Literatur-Zeitung*)で、フィヒテの知識学を、まったく維持し難いものと宣言した。(9) フィヒテはかつてシェリングの論考『哲学一般のある形式の可能性について』に、自らの哲学の弁護者となり得る自我哲学を見た。しかしシェリングがこれと並んで自然哲学を講義し始めたことを、フィヒテは不審に思った。なぜなら、もし「自然哲学」が独立の部門として成立し得るなら、自我の自己定立は人間の唯一の根源的な事行ではなくなり、フィヒテの「自我哲学」の位置は根底から問いに付されることになるからである。

「非-我」と「自然」の決定的な違いは、どこにあるだろうか。次のように言っても差し支えないだろう。「非-我」は自我に対して反対定立されるが、「自然」は自我と等根源的な存在であると。自我が自らを自己意識の地平として「定立」するなら、庭の檜は「非-我」として浮上する。しかし檜が「自然」存在として認識されるなら、自らも自然である自我は、檜を自分と等根源的な存在と見ることとなる。

フィヒテはシェリングがイエーナに赴任した一年後の一七九九年に、「無神論」の嫌疑を受けてイェーナ大学に居られなくなり、ベルリンに去った。彼はそこで『シェリングの同一哲学についての叙述のために』(一八〇〇年)を著して、シェリング批判を始めた。それと並んで彼とシェリングとの間で書簡往復が始まったが、それは早くも一八〇二年一月二五日に終わった。この日に草されたシェリングのフィヒテ宛て書簡が、両者の間の最後の書簡となったのである。しかし論争そのものは、そのあともつづいた。『改良されたフィヒテの教説に対する自然哲学の本当の関係の叙述』(一八〇六年)で、シェリングはフィヒテにおいて「自然」が「死せる自然」として見られていると批判したが、(10) それはフィヒテ哲学そのものの死を主張することに等しかった。しかしそれは単なる悪感情からではなくて、シェリングにおける深い「自然」感情から来るものだった。

すでに最初期の、ラテン語で記され一七九二年の論考『創世記Ⅲでの人間の原罪の起源を批判的かつ哲学的に説明する試み』（*Antiquissimi de prima malorum humanorum origine philosophematis Genes. III. explicandi tentamen criticum et philosophicum*）で、シェリングは「自然の王国」を黄金時代として考察した。西洋の伝統の中では、黄金時代はいつも最古の理想化された始まりの時代とされている。その見方からすれば、自然は自我に服する領域ではなくて、歴史がそこから始まる根源領域でなければならない。シェリングの一七九九年の論考『自然の哲学の諸構想』では、自然は自我と区別された領域ではなくて、自我と「等根源的な」領域として提示される。絶対者が「主観性」という側面で現れるなら、それは「自我」となるが、「客観性」という側面であれば、それは「自然」となる。自然の体系と精神の体系は根底では同一である。自然は「可視的な精神」であり、精神は「不可視の自然」とされる。われわれの内なる精神と自然とは「絶対的な同一性」を形成する[11]。ここからシェリングの「同一哲学」が成立する。上に引用した個所の直前で、「生ける自然」という表現が出てきて、それはフィヒテの「死せる自然」への批判を含意している。

この論考『自然の哲学の諸構想』の第二版は、一八〇三年に出た。シェリングはそこで、小さな訂正をおこなった。それは上に挙げたフィヒテの小さな訂正と比較可能なもので、目立たないが含蓄がある。フィヒテはシェリングの自然哲学非難を意識して、「非-我」を「自然」に置き換えたのだが、今度はシェリングが「反省」という語を「思弁」という語に置き換えた。シェリングは明らかにヘーゲルを意識していた。この指摘をしたのは、ケルン大学で私が客員教授を務めた頃の先輩同僚でもあったクラウス・デュージングである[12]。

ヘーゲルは一八〇一年に『フィヒテとシェリングの哲学体系の差異』を発表した。彼はそこで、フィヒテの哲学を「反省哲学」として鋭く批判した。ヘーゲルにとって「反省」とは、「哲学することの道具」ではあったが、それが自己内で独立した思考作用となると、対立するものを硬直した仕方で固定する思考となる。反省作用は絶対者に関係づけられることを通して否定され、理性に高められなければならない。この哲学的に高められた反省作用が「自然」だとされる。[13] シェリングはこの『差異書』でのヘーゲルの考えを顧慮して、「反省」という語を「思弁」に替えたと思われる。

しかし自然を「思弁的に」把握するということは、何を意味するのだろうか。もう一度、庭の檜を引き合いに出してみよう。視覚を通して見えるものは、柏の色や形といった多様な感性的データだけである。この多様なデータの統一が「檜」という存在として成立するのは、それが悟性によって総合され、「これは檜だ」という判断となる場合である。その場合、この判断は悟性概念としてのカテゴリーが基礎となっている。それによって檜は檜として認識される。しかしこの悟性認識においては、檜は客観的対象であり、認識する悟性によって表象されている。檜を思弁的に把握するということは、それを自然的事物を表象という仕方で認識主観に対置するのではなくて、それをその本質ないし本性において「概念把握」するということである。

しかしまた叙述を急ぎすぎたかもしれない。シェリングの考えに戻ろう。精神と自然との「同一性」は、シェリングの最終の立場ではなかった。「同一性」の考えでは、悪をなす能力としての人間的自由の本質は説明されないからである。悪の由来は、実在する神の内にではなくて、この神の実在の暗き根拠に、それ自身は神ではないが「神の内なる」自然に、求められなければならない。これが、シェリングが一八〇九年の「自由論」で、最終的には「無底」と名づけた考えの伏線である。[14] この暗い「無底的な」神の内なる自然という考えによって、シェリングはドイツ神秘主義の、とりわけヤコブ・ベーメの考えを、思弁的な仕方で取り入れた。ただしシェリングは上記の自由論で、一度もベーメの名前を挙げることはしなかった。[15]

4　ヘーゲルの自然哲学

上記の一八〇六年の論考で、シェリングは「ヘーゲルによる際立ったフィヒテ批判」を褒めた。しかしその翌年、ヘーゲルの『精神現象学』が刊行され、そこでヘーゲルはごく短い、しかし的を得た「知的直観」批判を、おこなった。ヘーゲルは表明的に「知的直観」という術語を挙げたわけではなく、またフィヒテとシェリングを名指ししたのではなかった。しかし叙述の意味は火の目を見るよりも明らかだった。彼はこう述べる。『精神現象学』においては「長い道のりを通り抜けて作業すること」が必要であり、「学の基礎づけを――あたかもピストルで弾を撃つような仕方で絶対知から直接にわけもなく始める感激として(16)」おこなう道を、斥けている。

今度はシェリングが打撃を受けた。そしてシェリングとヘーゲルの仲は断絶した。フィヒテとシェリングとヘーゲルは、しばしば「ドイツ観念論」という共通項を持つ三者とされるが――そして本書でもわかりやすくするために、その言い方を用いているが――、しかしこの三者が激しい論争をおこなって決別に至ったということ、そして三者とも「ドイツ観念論」という語は用いなかったことを、忘れてはならない。一八〇〇年から一八〇七年という期間は、この三者の戦いのエポックでもある。三者による巨人の戦いは、なおも別テーマ「絶対知」に関してさらに立ち入った仕方で展開されるが、それについては、第11章で述べることとする。

ヘーゲルの「自然哲学」に向くこととしよう。ヘーゲルは『エンツィクロペディー』で、この自然哲学を展開した。それは「自然の概念」という節から始まる。ヘーゲルの言う「概念」は、事典に出てくるような言葉の定義ではない。ヘーゲルにおける概念とは、思惟において把握され、個別の事物に具体化された、普遍的本質のことであり、具体的普遍と言われるものである。もし庭の檜のうちに檜の普遍的本質を見るなら、そしてそのような本質の具現として概念把握するなら、その檜は檜の具体的普遍として、檜の「概念」である。その檜は自然の理念（Idee）の具体的普遍者である。

もしこの「理念」が、ヘーゲルがいわゆる「大論理学」、すなわち『論理の学』（*Wissenschaft der Logik*）で言うような「論理的なもの」にとどまらず、その論理的規定の十全を待って、リアルな実在へと移行するなら、ないし時間と空間において現象するなら、それが自然界の「自然」である。庭の檜の内にこのような自然の理念具体的普遍者を見るなら、そこで洞察されているのは、もはや単なる外界の自然物ではなくて、ヘーゲル的な意味での精神である。「自然は自己から疎外された精神である」(17)。

この見解は、差し当たってはシェリングが自然を「可視的な精神」とみなす見解と、似ている。「疎外された」という言い方は、否定的な表現ではあるが、運動全体という観点ではその必然的な部分であって、単に否定的ではない。確かにヘーゲルはそこで「自然の無力」を語るのだが、そしてそれはシェリングの言う生ける自然という見方とは異なるが、ヘーゲルにおいては、そのように自己疎外となった自然は、自己に戻ろうとする自然でもある。だからヘーゲルは「石は叫び、精神へと自らを引き上げる」と記す(18)。ヘーゲルにおいても、ないし、まさにヘーゲルにおいて、自然の本質は彼の言う意味での精神である。

5　自然哲学と自然科学の新たな関係へ

たしかにドイツ観念論の哲学者たちは、テクノロジーに刻印され形成される今日という時代を知ってはいなかった。

カントは当時の宇宙物理学においても知られてはいたし、シェリングとヘーゲルは当時の物理学や化学や医学に関して相当の知識をもっていたが、これらの哲学者たちの自然認識が今日の水準からして初歩的であることは、当然である。彼らが知っていたのは一八世紀後半から一九世紀にかけての自然科学であり、テクノロジーと融合した現代の自然科学ではない。たしかにヘーゲルはその自然哲学の終わりで、こう告白していた。「自然哲学の困難は、まさに、物質的なものが概念の統一に対して頑強に抵抗すること（widerspensig）だ（…）」[19]。しかし物質的なものに関して次々にあらわれる自然世界の新事実が、絶えず概念の統一を破って新たな理解地平を要求するという、特に二〇世紀以降の科学的状況は、予想していなかった。

しかしながら逆に、ドイツ観念論の哲学者たちが持っていた自然認識のあらゆる時代的制約にかかわらず、ヘーゲルの以下の問いは現代の自然科学の側からは答えられていない。すなわち、「自然とは何か。自然は問題としてありつづけている」と[20]。その観点で、われわれはなおもヘーゲルの次の言葉に耳を傾けることができる。「物理学と自然哲学とはそれゆえ、知覚と思考が異なるといった仕方で区別されるのではない。それは思考の仕方を通してのみ、区別される。両者はともに、自然の思考認識である[21]」。

たしかにヘーゲルは、「自然の無力」を語っていた[22]。そして、自然の中に核融合の技術で解き放たれ得る凄まじいエネルギーが蔵されて、巨大な力となり得ることを、予想していなかった。その力を前にして人間の側が無力と感じ得るという事態をも、想定もしなかった。しかし物理学が結局は自然の個別現象の解明であり、その本質を「思考する」ことはないという彼の洞察は、今日でも妥当するだろう。現代物理学は純粋な没関心的学問である以前に、経済や産業の需要に動機づけられた、予算の多少に制約されつつ技術的に企投する営みであり、自然世界に介入する営みであり、それによって自然は新たに形成ないし変容される。しかしその巨大な進歩は同時に、科学技術がどこに向かって、どこまで進むのかという問いを提起し、その問いは、自然科学とテクノロジーが引き受けることはない。その問いへの答えがそこで与えられない以上は、ヘーゲルの洞察はなおも生きていることとなる。すなわち、自然哲学と自然科学とは「思考の仕方」を通してのみ区別されると。

ヘーゲルに代表されるドイツ観念論の自然哲学は、現代の科学的な自然観の中で場所を得ることが無い。逆に、自然科学は自然界の「意味」とか「目的」とかといった自然哲学的な問いに取り組むこともない。このことは、自然哲学が自然科学によって片づけられ得ないということであり、両者が乖離することである。かつてハイデッガーが述べた、「自然科学は思考しない」というテーゼは、[23]やはり妥当するだろう。自然科学から排除された「意味への問い」、「本質への問い」、「目的への問い」、等々は「思考」を要求する。そしてその思考は、自然哲学の使命である。

6　京都学派の「自然」とドイツ観念論の「自然」の遠近《とおちか》さ

とはいえ、ドイツ観念論の古典的な自然哲学が現代の自然思考の課題を全て満たすということは、当然ながらあり得ない。これは京都学派の自然思考に関しても、同じである。哲学思考は時代を超えた面を持つと同時に、折々の時代が産むものでもある。現代の自然思考の展開は、この講義とは別の枠を要求するから、ここではその必需性の指摘だけにとどめ、そもそも「自然」を思考する上での一つの基本的前提を、最後に記しておきたい。それは、自然を思考するというときに、あたかも「自然」という名前の領域が自明的な所与としてわれわれの前に広がっているわけではない、ということである。最初に「自然」という名称を用いるときに、すでに問題は始まっていた。

第3章で、日本語の「自然」について幾らかのことを述べた。この語はヨーロッパ言語の「ネイチャー」といつでも同義語として訳すことは、出来なかった。そこで、本章の終わりに仏教における「自然」概念について、幾らかのことを、述べておきたい。これは京都学派の内部で「自然」をテーマとする場合にも、またドイツ観念論の「自然哲学」を垣間見る場合にも、直接の背景とはならないが、なお且つ、そもそも「自然」という領域を考える上での、ある根本的な省察を促す。

驚くべきことに、インドのサンスクリット語・パーリ語で記された仏典では、現在の欧米言語や東亜の言語で言う「自然」に一義的に対応する概念が、存在しないという。しかもこのことは、インド仏教研究の世界で特に問題として注目されたり論じられたりしたことはないという。(24) このことは専門的な知識を持たずとも、五〇〇〇巻を数えるサンスクリットの経典のコンピューター検索から、確認することができる。そしてこのことは、仏教とキリスト教の「自然」概念の比較といった間文化的な考察をおこなう場合にも、(25) この概念の存在を自明の前提とする発想を根底から問いに付すものである。後で述べるように、「自然」が仏教の中心概念の位置を占めるようになるのは日本仏教であるが、そのことを考察する上でも、今まで自明だった前提を取り払って理解地平を根本から刷新することが、要請される。

仏教伝播の第二の地域である中国では、仏教が伝来する以前から「自然」という語は存在していた。道家の「自然」(tsû-ran) がそれであり、この語は儒家でも用いられる。老子の語「人は地に法《のっと》り、地は天に法《のっと》り、天は道に法《のっと》り、道は自然に法《のっと》る」(26) は、古くからしばしば引用されてきた。仏教の伝播に伴って、「自然」(tsû-ran) の概念は仏教思想と混淆するようになり、多くの禅僧が、修行によって得た境地を自然風景に託して表現するようになった。

ちなみに言えば、経典の中国語訳の歴史は単純ではなかった。散発的に一世紀ないし二世紀以来なされてきたいわゆる「古訳」につづいて、五世紀のはじめに鳩摩羅什（三四四―四一三、或いは三五〇―四〇九）によって、後秦の政府の指示でおこなわれた大きなプロジェクトの経典訳がある。これは「旧訳」と呼ばれる。そのあと「新訳」が出てくる。それは玄奘三蔵（六〇二―六六四）の功績に帰する。玄奘三蔵はインドに渡って一六年にわたる歳月を経て、大部の経典を中国に持ち帰った。そして唐政府の命で翻訳プロジェクトを始めた。この訳業と共に、中国仏教の開花期が到来する。唐王朝につづく宋の時代（九六〇―一二七九）と明の時代（一三六八―一六四四）が、そうである。しかしそのあと、仏教の全盛時代は過去となり始め、主流は儒教となった。二〇世紀になると、共産党政権のもとで仏教はほとんど消えたように見えたが、日本仏教界の支援もあって若干の存続が図られ、最近は「仏教の中国化[27]」が進められているという。

大乗仏教伝播の第三の地である日本で初めて、「自然」概念は仏教の教義の中心的な位置を占めるようになった。そして仏教に根を持つ文化的・芸術的活動の核心をあらわす語となった。第3章の初めに述べたように、それは親鸞において「じねん」の語となる。親鸞の『末燈鈔』の各所にこれが述べられるが、典型的な個所を挙げておこう。

「自然《じねん》といふは、自《じ》はをのづからといふ、行者のはからひにあらず、然《ねん》といふはしからしむといふことばなり。しか

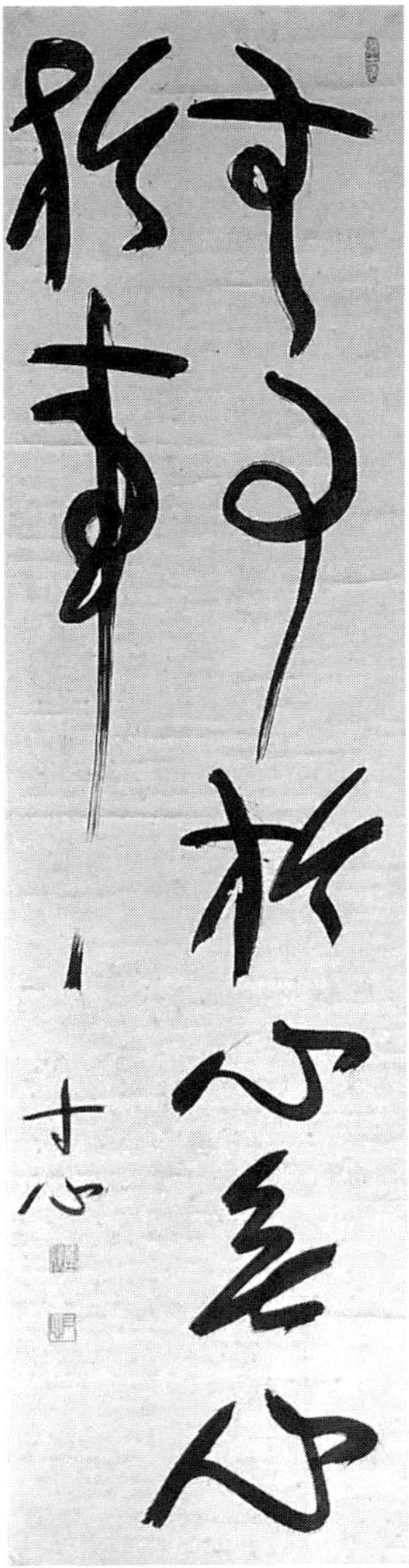

西田幾多郎の墨書「無事於心無心於事」（筆者蔵）

らしむといふは、行者のはからひにあらず、如来のちかひにてあるがゆへに法爾《ほうに》といふ。法爾《ほうに》といふは、この如来の御《おん》ちかひなるがゆへに、しからしむを法爾《ほうに》といふなり[28]」。

第3章で述べたように、京都学派の哲学では「自然哲学」というカテゴリーの著述群は、まとまった形では見当たらない。しかしまた、西洋哲学で言う「自然哲学」の領域ではなくて、いわば哲学思考の土壌のように作用する「自然観」として、仏教的な「自然法爾《じねんほうに》」の経験が哲学的思考の諸処に作用するということは、諸処に見られる。たとえば西田が「心に於て無事　事に於て無心」といった語を自ら墨書するときも、そうである[29]。この語を親鸞が語ったような「自然法爾」という語とほぼ同義に理解しても、西田は異議を唱えないだろう。そしてわれわれは不意に、こういった仏教的な伝統に由来する京都学派の「自然」が、ドイツ観念論で言われる「自然」と遠く隔たると同時に、それとの対比をなす「自由」という概念に近接することに――このことは第3章でも触れたが――改めて気がつく。普通には「自然」と「自由」は「必然性の領域」と「自由の領域」として対照をなすが、しかしながら、――これもここまでの講義からすぐに見て取れるように――シェリングにおいてもヘーゲルにおいても、「自由」は「精神」の領域として「自然」と深く連続する。京都学派の「自然」とドイツ観念論の「自然」との遠さおよび近さは、そのように見るとき、「遠近《とおちか》さ」とも言うべき関係を形成する[30]。

注

（1）G. W. F. Hegel, *Wissenschaft der Logik*, *Werke*, Bd. 6, S. 13.
（2）J. G. Fichte, *Grundlage der gesammten Wissenschaftslehre* (1794), Bd. 1, 1971, S. 69.
（3）I. Kant, *K. r. V.*, A 598, B. 626.

(4) J. G. Fichte, ibid., S. 24.

(5) Ibid., S. 30.

(6) H. Heine, *Zur Geschichte der Religion und Philosophie in Deutschland*“ (1834), in: *Historisch-Kritische Gesamtausgabe der Werke*, Bd. VIII, 94.

(7) I. Kant, ibid.

(8) J. G. Fichte, ibid., S 64.

(9) Vgl. *Einjahrhundert Deutscher Literaturkritik 1750-1850 : Das Grosse Jahrzehnt*. Hg. von O. Fambach, Berlin 1958, S. 184ff.

(10) F. W. J. Schelling, *Darlegung des wahren Verhältnisses der Naturphilosophie zu der verbesserten Fichteschen Lehre, Sämtliche Werke*, Bd. 7, S. 11.

(11) Vgl. Ders., *Ideen zu einer Philosophie der Natur, Sämtliche Werke*, Bd. 2, S. 39, 56, usw.

(12) K. Düsing, *Idealistische Substanzmetaphysik. Probleme der Systementwicklung bei Schelling und Hegel in Jena*, in: *Hegel-Studien*, Beiheft 20, *Hegel in Jena*. Bonn 1980, S. 25-44.

(13) G. W. F. Hegel, *Differenz des Fichteschen und Schellingschen Systems der Philosophie*, Bd. 2, S. 27f.

(14) F. W. J. Schelling, *Philosophische Abhandlung über das Wesen der menschlichen Freiheit, Sämtliche Werke*, Bd. 7, S. 358.

(15) このことについて、そしてそもそも「無底」の思想については、後述の第13章「「無底」――ドイツ観念論と京都学派の邂逅地点」を参照。

(16) G. W. F. Hegel, *Phänomenologie des Geistes, Werke*, Bd. 3, S. 30.

(17) G. W. F. Hegel, *Enzyklopädie der Wissenschaften*, §247, Zusatz.

(18) Ibid.「石は叫び」というヘーゲルの語は、聖書の語を前提している。すなわち『ルカ』福音書一九の四〇で、群衆がイエスを王として讃美する場面が出てくる。するとパリサイ人がイエスに、彼らを叱るようにと要求した。それに対してイエスが答えた。「あなたがたに言うが、もしこの人たちが黙れば、石が叫ぶであろう」。

（19）Ibid., §376, Anm.

（20）Ibid., Einleitung. Zusatz. S. 12.

（21）Ders., *Enzyklopädie*, Zweiter Teil. Die Naturphilosophie. Einleitung. IX, S. 11.

（22）Ibid., §250, S. 34.

（23）M. Heidegger, *Was heißt Denken ?*, in: *Vorträge und Aufsätze*, *HGA*, Bd. 7, S. 133. ただしハイデッガーは、こうも付け加えている。「科学が思考できないということは欠点ではなくて長所である。この長所だけが科学に対して、研究という仕方でそれぞれの対象領域に関わってそこに移住することを可能にする」。

（24）このことについては、インド仏教学者・桂紹隆氏から最初の教示を得た。下記の二種の検索サイトからも、確認することができる。①東京大学の『大正新脩大藏經』テキストデータベース（ＳＡＴ：SAṃgaṇikīkṛtaṃ Taiśotripiṭakaṃ）、②台北の中華電子佛典協會（ＣＢＥＴＡ：Chinese Electric Tripitaka Collection, www.midc.cn/sanskritweb/resour/etext/abhk1.htm）。

（25）前注の桂氏の教示、すなわちサンスクリット仏典には一義的な「自然」概念が出てこないという事実――しかもこれまで仏教研究において特に問題として論究されることがなかったという第二の驚くべき事実――に動機を得て、筆者は「仏教とキリスト教における〈自然〉概念」というテーマの間文化的国際シンポジウムを、二〇二三年一一月六日と七日にテュービンゲン大学ＣＩＩＳ（Center for Interdisciplinary and Intercultural Studies）で、また同年同月九日と一〇日にデュッセルドルフ「恵光ハウス」（EKŌ-Haus der Japanischen Kultur e. V.）で、開催した。資金の助成はＢＤＫ（仏教伝道協会）に仰ぎ、主催は筆者が所属する「日独文化研究所」だった。また、上記二つの研究所の懇切な協力を得た。そこでの諸発表は、下記に収録されている。『仏教とキリスト教の〈自然〉プロシーディング集』。Proceedings vom Symposium „Die ‚Natur' in Buddhismus und Christentum". 発行・編集　公益財団法人日独文化研究所、二〇二四年八月。

（26）原文は「人法地、地法天、天法道、道法自然」。『老子』第二五章の末尾に出てくる。

（27）江藤奈保子「習近平政権が進める「宗教の中国化」とは」（SPF China Observer, 2018/08/11, https://www.spf.org/spf-china-observer/document-detail008.html）を参照した。

（28）『原典校註　真宗聖典』、金子大栄編、法藏館、一九六〇年、『末燈鈔』、六九七頁。なお、本書のドイツ語版ではこの親鸞の核心部分の文章は、浄土真宗本願寺派から出されている *The Collected Works of SHINRAN*. Volume I. The Writings (Jodo Shinhsu Hongwanji-ha. Kyoto. Shin-Buddhism Translation Series) の該当個所、五二〇頁から英訳のまま挙げた。この聖典英訳は全体として優れた水準のものであり、筆者も信頼をおいているが、ただ、当該のきわめて重要な個所の、「如来のちかひにてあるがゆへに法爾《ほうに》といふ」の傍線部分はこの英訳で脱落している。そこで著者の判断で、本書のドイツ語版（Karl Alber 社からの近刊）では、筆者によるその部分の英訳 „Therefore it is signified: *Honi*" を、補った。教団で公認の「聖典」英訳に門外漢が補足するのは越権かもしれないが、本書は教団の文献ではなくて一般学術書なので、訂正を許されると判断した。

(29) この書の一点を筆者は所蔵しているので、図版をここに掲げておく。

(30) この「遠近《とおちか》さ」という見慣れない（辞書には無い）語は、拙著『共生のパトス――コンパシオーン（悲）の現象学』、こぶし書房、二〇一八年、で、特に用語として用いた。詳しくは同書第一章「他者の〈遠近《とおちか》さ Fernnähe〉」に記したが、本書では、京都学派とドイツ観念論の遠さと近さが不可分の一領域を形成する、という意味で用いた。

第5章　〔特講〕デカルト・スピノザ・ライプニッツの「自然」

1　中世と近世の二方向を向く「ヤヌスの首」デカルト

「デカルト哲学は二元論だ」、「デカルトから近代が始まった」、という公式的理解が一人歩きして、一般的な議論の前提のようになっている。その公式的理解は、半分は当たっているが、あとの半分は致命的な盲点を含んでいる。そしてその盲点の部分こそが、デカルト以後の近世哲学史の筋道を見る上で不可欠の視点となる。

まずデカルトの主著『省察』の副題を見てみよう。三木清の和訳（岩波文庫）ではこうである。「神の存在、および人間の霊魂と肉体との区別を論証する、第一哲学についての」と。最初に「神の存在」等の論証が挙げられ、その論証のあとに、「人間の霊魂と肉体との区別」の論証がつづく。この後半部分が、二元論と言われる所以である。しかし早呑みこみの公式見解がここで見過ごしていることは、デカルトがこの部分を含んだ全体を「第一哲学」と称している、ということである。第一哲学という語はもともとアリストテレスが用いたもので、古代ギリシア以来の「形而上学」のことである。形而上学は、一元論的原理としての「神」を主題とする。「神」という一元的原理の論証が、

『省察』の根本関心事であることが、誤解の余地なく明記されている。デカルト哲学は本質的に一元論である。そのことは、彼が『哲学の原理』で描いた「哲学の樹」の形からも、明瞭となる。哲学という名の一本の樹木が、そこに表象されている。樹木の「根」は形而上学であり、「幹」は自然学とされる。そして「枝」は医学・力学・道徳である。地中から生え出る「哲学の樹」は、根も幹も一元的で、これが諸学へと分岐していくのである。

　ではデカルト哲学に二元論というラベルを貼る見方は、どこから出てきたのか。それはデカルトが一元的な原理としての「神」を論証する上で、霊魂と肉体とを峻別したからである。それは論証の過程のことであり、デカルト哲学という樹木の全体が根を二つ持っているということではない。デカルトが『精神指導の規則』第四で、「普遍学」(mathesis universalis) という構想を提示しているということも、想起しておこう。デカルトは霊魂と肉体という二元的な二大領域を、一元的・統一的な普遍学という枠組みの中で説明している。具体的に言えば、機械論的な世界観・自然観という枠組みである。

　デカルトは神の存在を論証する従来の形而上学や神学の議論が、「砂の上か泥の上に立っているだけの宏壮で華麗極まる宮殿」(『方法序説』第一部) だと見た。日本語で言えば「砂上の楼閣」だというわけだ。そこでデカルトは、論証を進める上での「揺ルギナキ基盤」(fundamentum inconcussum) を、ないし「明晰にして判明な」議論の根拠を、求めた。「確実性」を基本とする論を進めるには、どうすればよいか。そこから先の論証プロセスは、よく知られている通りである。すなわち彼は、全てを徹底的に疑っても疑えないものは無いのかと考えた。目の前の物が存在するということはもちろん、自分の身体があるということも、疑いの対象となり得る。しかし、それらを疑っているということ自体は疑うことができない。たとえ悪霊が存在していて、自分が考えることは全て間違うように仕向けてきたとしても、間違いつつ考えているということ自体は、悪霊といえども消すことができない。そこで、「私は考える、ゆえに私は存在する」(Je pense, donc je suis) となる。ちなみにこの語は『方法序説』でのフランス語の表現であって、後世にラテン語で「コギト・エルゴ・スム」の表現となって広がった。しかしデカルト自身は、ラテン語で書いた『省察』でこのままでの表現は使ってはいない。「コギト・エルゴ・スム」はデカルト自身の語ではないのである。ここにも、後世がつくりあげた一般的イメージが一人歩きする現象がある。

ともかく、デカルトがフランス語で述べた「私は考える、ゆえに私は存在する」というテーゼは、哲学の第一原理が「思考すること」にあると、宣言している。身体や物質の存在は、この第一原理から証明された「神」が保証する、という仕方で、いわば間接的に論証される。かくして、「確実性」を基本とする思考から、哲学の二本の枝として、霊魂と物質の二元論が出てきた。繰り返しになるが、この二元論は一元すなわち「神」を論証する上での議論戦略であって、デカルト哲学は本質的に形而上学的一元論である。

ところでデカルトの思考は、近代の思考を代表するもののように思われている。たしかに彼の論証は理性にもとづいた「明晰かつ判明」(claire et distinct) を旨としたから、デカルト哲学をそれ以後の近世・近代哲学の出発点に据えることは、まったくの間違いではない。ただ、その場合でも、デカルト哲学はヤヌス神のごとく、二つの首を持っている。一つは近代を向いているが、それと並んで中世を向く首がある。この二つの首を見ておくことは、今から述べるように、現代の生命論・生命倫理を念頭において哲学史・科学史を位置づけていく上でも、不可欠である。

中世を向いているヤヌスの首は、ラテン語で書かれた著書『省察』の表題に、すでに示されている。ラテン語で書くということ自体が中世的であるが、その上、その表題「省察」の原語「メディタチオーネス」は、中世の修道院で修道士たちが神に祈るときの「瞑想」のラテン語「メディタチオ」の、複数形である。『省察』は単に合理的理性による思考ではなくて、修道院での実存的・宗教的な「瞑想」の行という性格を、持っているのである。ただデカルトは、この瞑想を「神学」でなくて「哲学」として遂行した。それは、「メディタチオ」の瞑想的・行的な性格を消すことではなくて、むしろそれを哲学的思考へと換骨奪胎することだった。だからデカルトは『省察』を発表するにあたって、ガリレオ裁判のような審問にかけられないように、事前にパリ大学の神学部教授たちに原稿を送って、閲覧してもらった。そのとき彼は、学部長と教授たちへの書簡の中でこう記している。三木清の訳を再び借りるなら、こうである。「私はつねに、神についてと霊魂についてと、この二つの問題は、神学によってよりもむしろ哲学によって論證せられねばならぬ諸問題のうち主要なるものであると、思慮いたしました」。

神と霊魂を「哲学」によって論証するというときの「哲学」の意味は、ゆるぎなき地盤に立つ確実で明晰・判明な思考のことであるが、それはあくまで「神」と「霊魂」についてである。その基本的な観点を飛び越える仕方で、第二のもっともらしい理解が一部に広がっている。すなわち、確実で合理的な近代思考は、その頃から展開しはじめた自然科学の影響にちがいないと。しかし科学史をひもとけばすぐにわかるように、自然科学の成立には色々の段階があり、一直線の上昇軌跡を描いて今日のいわゆる自然科学が一挙に成立したわけではない。バターフィールドなどが提唱した一直線型の「一七世紀科学革命」という概念は、その後、トマス・クーンを初めとする科学史家たちから批判された。クーンの理論もいろいろの修正を加えられてはいるが、科学の進歩が一直線の上昇軌跡を描くのではなくて、一定の「パラディグマ」（範型）すなわち一定の理論が妥当する地平を、段階的に上昇する軌跡を描く、という見方は画期だった。そのパラディグマの一例であるデカルトの時代の天文学は、実は中世神学というパラディグマに足を置いた学問であり、近代思想を向く首と中世神学を向く首という、ヤヌスの二つの首を持っていた。このことが、一般に流布する通俗的理解においては無雑作に飛び越えられている。

2　コペルニクスとケプラーの場合

試みに、コペルニクスの地動説を見てみよう。彼の著書の表題は、『天球の回転について』（*De revolutionibus orbium coelestium*）となっている。実際にテキストを手に取りたいなら、岩波文庫版を含めて種々の和訳が刊行されているから、手軽に閲覧できる。六巻にわたる大著なので、全部を見るなら高橋憲一訳の『コペルニクス・天球回転論』（みすず書房、二〇一七年）がある。その場合、「天球」という訳語と「天体」という訳語の二種があるが、筆者は前者を採る。「天球」（orbis coelestium）とは、階層秩序をなす複数の「天」の構造のことである。「天体」と訳すと、個体としての宇宙物体を連想するから、誤解を招く恐れがある。コペルニクスの「天球回転論」は、基本的にプトレマイオスの、そしてキリスト教中世の、宇宙観と同じである。コペルニクスは、宇宙の中心を地球から太陽に置き換えたという点でたしかに画期的だが、階層構造をなす天空という見方では中世的なのである。それでもその枠内で太陽を中心に置くことによって、物の見方が一転する。だから「コペルニクス的転回」という表現は、その限りで正当ではある。なぜなら、今まで天空は常に「上」にあり、地上は常に「下」にあると考えられていたが、地動説では上と下の位置が絶えず転換することになるからだ。

この転回すなわち「レヴォルチオ」が地上社会で生じると、「レヴォルーション」すなわち「革命」となる。ちなみに日本語で「革命」と記すと、もとの意味は陽明学などで言われる「天命革《あらた》まる」である。この思想では、地上の皇帝は天帝の命令によってその位置が正当化される。そしてその天帝の意志が革《あらた》まって別の皇帝が来るべしと命じていると臣下が信じるなら、その説を根拠としてクーデターが正当化される。しかし陽明学を日本で継承した水戸学は、この革命思想だけは除外した。そして天皇は「万世一系」であるべしという天皇思想を、樹立した。

ところで中世を向いたコペルニクスの首をもう少し見ておくなら、彼は望遠鏡で実際の惑星運動を観察して地動説を考えたのではない。望遠鏡の発明は一六〇八年であり、コペルニクスの『天球の回転について』は、それに先立つ半世紀前の一五四三年に刊行されている。地動説は天体の観測に基づいて成立したのではない。――このことも、ときどき早とちりで見過ごされている点である。――では地動説はどうして成立したのだろうか。「コペルニクス的転回」は、実は神学の内部での転回でもあった。コペルニクスは、天動説が神の宇宙創造に鑑みて構図があまりに複雑で、万能の神の創造という事実にそぐわないと考えた。もし複雑さという難点に目をつむるなら、天動説は地上で観察される天体現象をほぼ説明できていた。たとえば惑星の公転運動は実際には楕円をなすから、地上から見ると遅くなったり早くなったりするし、時には逆行のような動きにすら見える。天動説はこのイレギュラーな現象を説明するために、惑星が公転運動のほかに、公転の円周上で小さな周辺回転（Epizyklus）を描くと仮定した。そして地上から観測されるイレギュラー現象の説明のために、この周辺回転の軌道をたくさん設定した。しかしコペルニクスは、もし宇宙の中心が地球でなくて太陽だとするならこういう複雑な惑星運動の説明図は要らなくなり、神の創造にふさわしい単純な円運動から説明できると考えた。彼の地動説は、自然科学的な観察からではなくて、神学的な要請から出てきたのである。彼の天文学は、結果として近代的な世界観を準備したが、彼自身においては、それは神学的な世界観の証明だった。

ではその次に登場するケプラーは、どうだろうか。彼はティコ・ブラーエの後任としてプラハの宮廷で天文に従事する地位にいた。彼の『新天文学』（*Astronomia Nova*）は、一六〇九年に刊行された。この書も現在では翻訳で簡単に入手できる（岸本良彦訳『ケプラー　新天文学』、工作舎、二〇一三年）。ケプラーはその一年前に発明された望遠鏡をも利用し、天文観測家ティコ・ブラーエが集めたデータをも活用して、まず「ケプラーの第一・第二法則」と呼ばれる二つの法則を発見した。しかしケプラーもまた、神が天地を創造したということを信じており、その神学的宇宙観を基本としていた。簡単のために彼の第三法則を、取り上げよう。それはよく知られているように、「公転周期の二乗は、惑星と太陽との間の平均距離の三乗に比例する」という定式で表現される。この法則は『新天文学』より一〇年後の著作『世界の調和』(*Harmonicus mundi*)で、発表された。(この著作も上記の岸本氏の訳で、同じ工作舎から二〇〇九年に和訳が出ている。)しかしこの公式の背後には、もっと大事な神学的思考があった。すなわち彼は、当時知られていた六つの惑星(水星、金星、地球、火星、木星、土星)がなぜ六つなのか、ということを考えた。そしてある閃きを得る。すなわち正多面体は五つしかない(正四面体、正六面体、正八面体、正一二面体、正二〇面体)。それは神の摂理で定まっていると、彼は考えた。この正多面体が天体軌道の環の中間に挿入されて、それらを包む円が惑星の軌道になると考えれば、どうか。彼はこのインスピレーションで恍惚状態となり、その証明計算に夢中になった。そしてコペルニクスの描いた惑星軌道はこの第三法則によって説明できることを、確認した。

現在は惑星は六つでなくて八つ(水星、金星、地球、火星、木星、土星、天王星、海王星)だから、コペルニクスの説明の神学的動機は根底から崩れる。しかし彼が発見し、数学的計算によって確認した三つの法則そのものは、現在でも正しいことが確認されている。それならケプラーにおいて、彼の自己理解とは別に、やはり自然科学的な思考が勝利したと言うべきだろうか。たしかにそう言える面もある。ただし、全面的な勝利ではない。自然科学ではどうしても説明できない問いが、彼の天文学においても残るからだ。すなわち世界の「調和」そのものは、数学的な比例の関係であると同時に、感性で感受される美的性質でもある。実際、彼は天体の諸運動の多重音声の音楽に喩えた。その場合、「調和は、なぜ美しく感じられるのか」という問いは、数学的説明だけで処理することができない。

さらに残る大きな問題は、「自然観」である。ケプラーは「法則」を発見したが、法則というものは、古代・中世の神学的哲学で言う「原理」ではない。法則は実験によって実証されるものであり、絶対的な真理を主張するものではない。「法則」は「仮説」である。法則に合わない現象が出てきたら、別の法則を探さねばならない。ニュートン力学での「落下の法則」に合わない現象がミクロとマクロの世界で観察されたから、量子力学や相対性理論が出てきた。「法則」はいつも仮説である。近代科学は仮説とその検証の作業でもある。ケプラーの「自然法則」(naturae leges)も、ケプラー自身は神の「摂理」そのものと考えていたが、それは科学史的には「仮説」だった。惑星の運動がいったん確認されたなら、それはもはや「神」を必要としないものとなり、「自然法則」は神の法則の位置に坐る。しかしその場合でも、否、その場合に初めて、「法則」によって説明できない暗点が暗点のまま前面に出てくる。すなわち、「なぜ自然法則なのか」という問いである。純宇宙物理学のレベルでも、それは問題となる。われわれが知っている自然法則は太陽系の銀河宇宙に属するわれわれの世界では妥当するが、われわれの銀河宇宙の外部の――それも数知れない別の銀河宇宙という「多元宇宙」(Multiverse)でも妥当するのかどうかは、保証されていない。そこでは別の自然法則が妥当するかもしれない。多元宇宙の仮定は、現代の宇宙物理学においては特に新しい仮定ではなくなっている。そしてそのことを念頭においたとしても、その銀河系外の多数宇宙でやはり「なぜその自然法則なのか」という問いが成立するだろう。それはまたしても、自然科学の問いではない。自然科学は「いかに」という因果関係は追求するが、「なぜ」という根拠には触れないからだ。

太陽系宇宙に属する地球においては、近世という時代は、自然科学の勃興という外からの要因で成立したのではなく、中世世界の内部から、世界観の変化として出てきた。このことをハインリヒ・ロムバッハの大著『実体　体系　構造――機能主義の存在論と近代科学の哲学的背景』(*Substanz System Struktur*)、とりわけその第三章と第四章が、詳述している。ロムバッハは多元宇宙の考えには触れないが、中世神学に通暁する学識を持ち、近代科学の神学的もしくは「唯名論」的背景をこの上なく鮮やかに述べている。この部分の翻訳は、酒井潔訳『実体・体系・構造――機能主義の有論および近代科学の哲学的背景』（創文社、一九九九年（現在は講談社のオンデマンド出版で入手可能））で見ることができる。

「唯名論」（Nominalismus）は中世神学の内部で「普遍論争」をひき起こした思想である。それは簡単に言えば、イデアという「普遍的なもの」と、経験的に観察される「個別的な現象」の、どちらが本当に実在するものか、という論争である。普遍的なものが実在だという立場は、古くはプラトンの「イデア論」に遡り、近代の「観念論」につながる。他方の「唯名論」は、個別的な事物こそが実在するものだと主張する。そこでは普遍的なものは、「名目」（名前、唯名）なのだと考えられた。その見方は近代の経験論につながる。唯名論の歴史ではウイリアム・オッカムという神学者が有名だが、それにつづくニコラウス・クザーヌスが、近代の世界観を準備する上でさらに決定的な道標となる。ロムバッハはクザーヌスの『智慧ある無知』（*Docta ignorantia*）（一四四〇年）を取り上げて、詳細な分析を通して、その見方を詳述した。通常の科学史はしばしばこういった神学思想を飛び越えて理論表層だけの追跡に終始するが、科学の歴史も精神史という深層を母胎とするということが、ロムバッハの叙述において見えてくる。

3　スピノザとライプニッツによるデカルト超克

デカルト哲学が、そしてコペルニクスやケプラーの天文学が、近代を向く首の他に中世神学を向く首を持っていたことを、上に述べた。それでは近世を向くデカルトの首は、どういう視線を持っていただろうか。とりあえずは、それは明晰・判明で確実な理性的思考ということに尽きる。しかしその内実をさらに見ていく必要もある。すなわちデカルトは、自然現象をどこまでも「機械論的」(mechanistic) に、原因と結果のメカニズムとして説明しようとした。古代のアリストテレスは物事の原因に四種があると考え、質料因（このコップは何から出来ているか）、作用因（このコップはどういう作用で出来ているか）、形相因（このコップはコップという形を持つように作られるか）、目的因（このコップはどういう目的のために作られたものか）、の四つを挙げた。しかし近代の自然科学で維持されるのは、このうちの「作用因」すなわち力学的・物理的な原因だけで、この機械論的な世界観をデカルトは採用した。

この世界観のひとつの帰結として、デカルトは『省察』の第六編で、人間を一種の「機械」に見たてた。それは身体を機械論的に、物質的に解明する生物学・生理学の見方の始まりである。もしその場合の「物質」が、身体細胞というレベルにまで究明されるなら、そこに近代的な「生物学」や「医学」の道が開かれる。もしその物質が遺伝子レベルにまで解明されるなら、そこに「分子生物学」に通ずる思考が成立する。

しかしデカルトにつづくスピノザもライプニッツも、デカルトの機械論的な見方に満足しなかった。まずスピノザの『エティカ』に目を向けてみよう。この書の和訳はいろいろあるから、一々列挙する必要はないだろう。この書は第一部が「神について」と題され、根本テーマはデカルトと同じである。しかし神の認識という点で、スピノザはデカルトと大きく異なった見方を提出した。まず彼は、認識能力を三種に分けた。(1)想像 (imaginatio)、(2)理性 (ratio)、(3)直観知 (scientia intuitiva) である。第一の能力である想像力は、認識能力として高い位置にはない。スピノザが知性主義者だと言われる所以でもある。また第二の認識能力である理性は、想像力よりは高次の位置に置かれるが、最終の認識能力ではない。三番目の直観知すなわち「第三種認識」が、神の認識として最高の位置に置かれる。この「直観知」が、後のドイツ観念論で言う「知的直観」に繋がり、フィヒテ、シェリング、ヘーゲルなどに大きく影響する（知的直観については、本書では「知」をテーマとする第10、第11章で、少し詳しく述べたい）。ここでは、カントが直観をどこまでも感性の能力だとし、知性の要素をも兼ねた「知的直観」は人間には無いとして斥けたという指摘も、想起しておこう（カントの『純粋理性批判』B版、B307、を参照）。

ではスピノザはこの第三種認識すなわち知的直観によって、神をどのような存在として直観したのだろうか。そして自然をどのように捉えたのだろうか。二つのキーワードを取り上げよう。一つは「神即自然」（デウス・シヴェ・ナトゥーラ）、もう一つは「知的愛」である。

「神即自然」という見方は、「自然」を単なる被造物ではなくて、神を内在因として持つとみなす直観であり、中世以来の「自然」の見方の継承でもある。中世では、被造物としての自然は「ナトゥーラ・ナトゥラータ」すなわち「産み出された自然」とされ、創造主の神は「ナトゥーラ・ナトゥランス」すなわち「産む働きをする自然」とされた。スピノザもその基本を継承している。それは「自然」を、生命的な「産む働き」という観点で捉えるということでもある。そこに「生命的自然」という見方がある。それはデカルトの「機械としての身体」という考えの対極を、なしている。「自然科学」は、二〇世紀前半までは機械論的な物質科学を主流としてきたが、後半からは生命論的な見方を前面に立てるようになった。それはスピノザからライプニッツへとつづく流れが指していた方向でもある。この両者のあとに出てくるドイツ観念論の哲学は、機械論的な「自然科学」を目的論的な「自然哲学」に吸収しようとする動きだったとも言える。

しかし一九世紀から二〇世紀にかけて、「自然科学」はもはや哲学を必要とせずに前進し始める。この点を踏まえながら、スピノザの第三種認識の直観から出てくるもう一つの洞察を、見てみよう。すなわち、「神に対する人間の愛は、人間に対する神の愛の一部である」という洞察である。神に対する人間の愛は「知的愛」と名づけられた。スピノザにおいて、「知的直観」と「知的愛」は第三種認識の二つの帰結でもある。そしてここから、『エティカ』という表題の意味を見ることができる。「エティカ」は文字通りには、「倫理学」であり、デカルトであれば「省察」と題されるべきだが、スピノザではそれは「倫理学」となる。

なぜ倫理学なのか。『エティカ』は第三種認識で神の直観を果たしたあと、人間の感情に関する感性論を、そして、正義、公平、道徳といった「倫理」の問題を、論じる。そして、デカルトが主張した意志及び意志の自由についての主張は、「全て間違っている」と主張する（『エティカ』第五部「まえがき」を参照）。その場合、スピノザの『エティカ』は今日で言う一分野としての倫理学を述べるのではなくて、どこまでも「神存在」の直観内容の充足という内容を、持っていた。だから、アリストテレスが『形而上学』という主著と並んで著したもう一つの主著『ニコマコス倫理学』に匹敵する大きな視座を、意味していた。デカルトが「哲学の樹」において枝に位置づけた「倫理学」を、スピノザの『エティカ』は「根」に位置づけたのである。それは、『エティカ』が「神」直観を基本とする「第一哲学」に他ならなかった、ということである。

ここからライプニッツに移ることができる。ライプニッツ哲学は巨大なスケールを持ち、前述のデカルトの「普遍学」（mathesis universalis）という理念を受け継いで、数学、物理学、美学、論理学（記号学）、等々にわたる総合的な哲学を展開した。哲学史上の巨人たちの思想と取り組むときはいつもそうだが、ライプニッツの場合も、「群盲、象を撫でる」に似た事態が、しばしば生じる。筆者もライプニッツの巨大な思想に畏敬の念を持つ者であるから、この小節では敢えて全体像は問わないことにする。そして、現代に到る生命科学・生命倫理という流れに関係する限りで、この巨象を撫でてみたい。

二つのキーワードが浮上する。すなわち「モナド」と「予定調和」である。「モナド」は「単子」と訳されるが、ギリシア語の「モナス」すなわち「個」「単一」という意味を含んでいる。無数にあって、物質原理であると同時に精神の原理でもある。だから現代の物理学で言う物質的な「分子」(アトム)ではなくて、むしろ「力」である。力とはなんぞや、という問いが生じるが、ライプニッツの言葉では、それは「活動的な生」(vis activa)であり、生命的な原理である。ただしこの見解は、『モナド論』に先立つ『第一哲学の改善および実体の概念について』(一六九四年)で語られる。哲学史的に厳密を期する読者のために、いちおうこのことを付言しておこう。ともかく、モナドによって宇宙が形成されるのであれば、各々のモナドはそれぞれに宇宙を表現し、宇宙を映す「生きた鏡」をなすこととなる。大乗仏教の華厳思想で言う「インドラの網」、あるいは空海の『即身成仏義』で言われる「重重帝網」の見方に似ている。インドラの網の場合は結び目が宝玉になっていて、一つ一つの宝玉が他の全ての宝玉を映し、重々無尽の宇宙構造を映す曼荼羅となる。

ライプニッツにおいて、モナドが互いに他を映しつつ形成する世界は、機械論と目的論とを総合した構造でもある。だから、こうも言われる。「モナドの表現(representation)と物体の運動とのあいだには、まず実現原因の体系と目的原因の体系とのあいだにあらかじめ定められた、完全な予定調和がある」(『理性に基づく自然と恩恵の原理』(一七一四年)の第三節)。

「実現原因」とは、アリストテレスの用語で言えば「作用因」であり、「目的原因」は「目的因」のことである。だから上の言葉は、機械論的な物質世界と目的論的な生命・精神世界が「調和」して、その調和は最初から「予定」されている、ということを意味している。このような目的論的な生命論を含む宇宙観は、近代の自然科学の原型をなすところの、機械論的な自然観を引き継ぐニュートン力学と、当然ながら衝突する。ニュートンとライプニッツの間で、ないしそれぞれの支持陣営の間で、論争がなされたことは、よく知られている。まずは微積分の第一発見者がどちらであるかをめぐってであり、さらには「真空」の存在をめぐってである。しかしそういった数学・物理学の領域での衝突よりも、さらに根本な対立があった。すなわち、機械論的・物理学的な世界観と、形而上学的・目的論的な世界観との対立である。

ライプニッツ自身は、予定調和に従って物質的な「自然の王国」と精神的な「恩寵の王国」とが調和すると考えた(『理性に基づく自然と恩恵の原理』第一五節)。だからこの二つの王国の並立は二元論とはならず、両者は「予定調和」で連結される、一元論的とも多元論的とも解し得るモナド論となった。

しかし科学史をひもとくまでもなく、ライプニッツ以後は「自然哲学」と「自然科学」は分離し始める。自然科学は自然哲学を必要としなくなり、独走し始める。たしかにライプニッツの後に出てきたカントは、形而上学が自然科学に取って代わられて不要になるとは考えなかった。彼は数学と物理学が学問の模範であることを認めつつ、そのような学問がいかにして成り立つかという「認識能力」の根拠と構造を、究明しようとした。そしてその展開の先に、認識主体である人間にとっての「善」や「悪」、「義務」や「良心」、「自由」、といった問題を考察した。それは自然科学の問題ではなく、哲学の問題だった。しかしそのことは、機械論的・物理学的な世界観と、形而上学的・目的論的な世界観との対立を、止揚するものではなかった。

4　「機械論的世界観」から「生命論的世界観」への近代的展開

機械論的な物質科学はたしかに産業革命の原動力になり、二〇世紀のテクノロジーと手を携えて世界を一変させたが、「善」や「悪」、「義務」や「良心」や「自由」といった実存的な、ないし宗教的な問題は、依然として残された。

世界が「どこへ」向かい、「なぜ」、「何のために」存在するかという問いは、自然科学とテクノロジーの発展からは置き去りとなった。一九世紀の末に登場したニーチェは、「コペルニクス以来、人間は中心からXの内へ転がり出た」（妹エリザベートの編集になる『力への意志』の「序言」、文献的に確かな批判的全集 *Friedrich Nietzsche Sämtliche Werke. Kritische Studienausgabe*, Bd. 12, S. 127では、第一二巻、一二七頁）と記したが、ニーチェが「X」と形容したものは、神が不在となった後に残された、答えのない問いと化した、空虚の場である。

二〇世紀の後半になって、科学技術（テクノロジー）は、物理的な領域だけでなく、「生命領域」の内部にも届くようになった。生命活動の内部メカニズムが技術的・人工的に制御・再生されるようになった。自然界では決して生じてこない植物・動物が、人工的につくり出されるようになった。一九七〇年代あたりから発展し始めた「分子生物学」は、その典型的場面である。この分野での進展が人間の生命世界にまで及ぶ可能性が開かれ、倫理的問題が発生した。たとえば一九九六年にクローン技術によるクローン羊「ドリー」が誕生したことは、もし科学者がそう欲するなら、人間をもクローンによって再生産できるテクノロジーを意味した。それは倫理的にあまりにも重大なことだったから、翌一九九七年にはＷＨＯが、クローン技術を人間に適用しない宣言を採択した。しかし実行可能性が存在するということは、ちょうど核弾頭の存在がいつでもそうであるように、現実化と背中合わせである。点火装置を横に置いた爆薬倉庫の隣に、家を建てるようなものだ。核兵器の使用を威嚇手段に用いるような独裁国家が国連の安全保障理事会の常任理事国になっていることは、周知のとおりだから、ＷＨＯの宣言で安心する人はいない。

本書第Ⅱ部のテーマ「自然」の延長上に浮上するものとして、現代の生命科学や生命倫理が浮上してきたことが分かるが、こういった流れを根本的に振り返ると、それは実は「ヤヌスの首」を持つ近世哲学の内部で、従って中世神学の内部で、すでに潜在的に始まっていたことが見えてくる。ドイツ観念論の「自然」哲学も京都学派の「自然」観も、いわばそのような精神史の流れの中で見ることが出来るであろう。またそのように見ることによって、デカルト・スピノザ・ライプニッツに代表される近世哲学の「自然」も、新たな精神史的脈絡のもとで蘇ってくるであろう。

第Ⅲ部　芸　術

第6章　ロマン主義とカント美学

1　「芸術」——自然の模倣か、芸術意欲による創作か

本章から第三テーマ「芸術」に取りかかる事になる。これまでは「歴史」と「自然」をテーマとしてきた。この二つのテーマは「芸術」というテーマと不可分に結びついている。アリストテレスが芸術を「自然のミメーシス」と定義して以来(1)、自然はいわば芸術の母胎のごとくに理解されてきている。ただしアリストテレスの「ミメーシス」は、単にこれを「模倣」と訳すと——それが通例であっても——それは誤解に近い。「ミメーシス」は単なる模倣以上の、描こうとする「創作意欲」を、含んでいるからである。アリストテレスの叙述を仔細に読めば、そのことは判明してくる。

しかし本章はアリストテレス解釈の場所ではないから、「模倣」か「創作」かという問題に関しては、西田幾多郎がその芸術論「歴史的形成作用としての芸術的創作」（一九四一年）で引用している美学者の一人、アロイス・リーグルを、導入部として参照しておこう。リーグルは京都学派に匹敵する「ウイーン学派」の内部での、主要人物の一人

だった。美学の歴史の道標となる俊才だったが、四〇代で夭折してしまった。この学派の中からは、リーグルの他に、哲学における「ウイーン学団」（Wiener Kreis）、心理学におけるフロイト、法学におけるハンス・ケルゼン、などが輩出した。西田はリーグルについて、こう記している。「リーグルの芸術的意欲の説は、古典美に因はれてゐた従来の芸術論に対して、大きな新しい視野を開いたものと云はざるを得ないであらう(2)」。

ここで言われる「芸術意欲」が、「模倣」か「創造」かという問題の鍵語である。リーグルはそれまでの定説だったゴットフリート・ゼンパーの（というよりはゼンパー学派の）説、すなわちギリシア・ローマで広まった植物紋様（Pflanzenranke）の装飾は実際の植物の波型唐草紋様を模写したものだ、という説に対して、それらの装飾が「芸術意欲」からなされる創作だということを論証した。その場合、リーグルはウイーンの美術館学芸員として、夥しい資料を長年にわたって徹底的に調査することができた。ゼンパー派の論駁となる彼の文言の一部を、引用しよう。「自然界のどんなも範例も、唐草模様の成立に直接的な影響を与えることはないだろう。というのは、それらはその二つの典型的な、とりわけ切れ続きの（intermittierend）形は、自然界ではどこにも見当たらないからだ。この唐草模様は、ギリシアの芸術精神が空想から自由に産み出した産物なのだ(3)」。西田は日本の美学学界でもまだ紹介されていなかったこのリーグルの「芸術意欲」の学説にいち早く着目しつつ、雄渾な論考「歴史的形成作用としての芸術的創作」を執筆した(4)。

リーグルの「芸術意欲」説は彼の第二の主著『後期ローマの芸術産業』（*Die spätrömische Kunstindustrie*. 2 Bände. 1901 und 1923）でさらに展開され、その後いろいろの批判や訂正を招きながらも、美学の歴史に大きなインパクトを与えた。西田の言う、「古典美に因はれてゐた従来の芸術論」というリーグル評価は正当であるが、ただしその「従来の芸術論」にカントやドイツ観念論の「芸術哲学」をも含めてよいかどうかは、本章では問いとなる。答えは保留して、その問いの背景となる近世・近代の芸術哲学の議論状況を一瞥しよう。

2　「新旧論争」

歴史と自然と芸術という三つの不可分のテーマは、ドイツ観念論においては「精神」の働きとして、絶対者の自己現示の場として、捉えられた。他方で過去二世紀のあいだに、「芸術」は劇的に変転してきた。ドイツ観念論の哲学者たちが知っていた芸術の観念は、この過去二世紀の多様に咲き出た芸術現象を、もはや包み得るとは思えない。それなら、彼らの芸術哲学はなおもどのようなアクチュアリティを持ち得るだろうか。

まずは、次のような問いが生じてくる。芸術作品は使い古した器のように「古びる」のだろうかと。そして過去の芸術作品は新たな芸術現象に「凌駕」されるのだろうかと。二四〇〇年前に成立したプラトンのテキストを、その後に出現した多くの哲学潮流と比べて過去の遺物と見ることはできないように、昔の時代の芸術作品は現代芸術の多くの作品と並んで、色褪せることがない。その場合、特に前世紀から芸術概念は繰り返し問題となり、芸術家を自称する人々から絶えず否定ないし解体に晒されてきたが、逆に言うならそれは、芸術作品というものがあらゆる芸術概念の否定をかいくぐってその都度ごとに「芸術作品」として蘇ってきた、ということを示唆する。芸術概念の破壊が新たな芸術概念と連動してきたのであれば、「古い」ドイツ観念論の芸術哲学も「芸術」概念のあらゆる変貌にかかわらず、否、まさにそういった変貌のゆえに、かえって何らかの言うべきものを有していることが予想される。

こういった問題連関を念頭におくなら、まずは「新旧論争」と呼ばれた現象から叙述を始めるのが順当かと思われる。フランスで始まった論争なので、フランス語のタイトルをも挙げておこう。《*La querelle des anciens et des modernes*》。その論争はドイツにも伝播した。問題となっていたのは、当時の新しい芸術・文学と古典ギリシアのそれとのいずれがより優れているか、ということだった。ドイツではヴィンケルマンが、『古代芸術の歴史』（一七六四年）で、古代ギリシアを称揚した。ウィルヘルム・シュレーゲルもギリシア悲劇に関して基本的に同じ見解だった。(5) ゲーテも論争に加わったが、彼は単に古典ギリシアに軍配を挙げるようなことはしていない。新しい文学思潮の先頭に立っているという自負心からも、それはできなかっただろう。(6) ノヴァーリスは、近代の不信心が広がっている中で、詩的かつ無限で妙なる自然は「近代化」に抗うであろうとの見方を持っていた。(7) ノヴァーリスにおける「近代化」という語は、筆者の管見に入った限りでは「近代」という語の最初期の用例で、少なくともハーバマスが指摘したヘーゲルの用例よりも先となる。ハーバマスは、ヘーゲルを「近代についての明確な概念を展開した最初の哲学者」と述べているが、(8) 筆者が見る限りでは、ノヴァーリスがそれ以前に「近代」に言及した。ノヴァーリスはこの近代について否定的態度を示したが、それは、彼が彼なりに近代への明確な見解を持っていたことを示している。

3　芸術考察の三つの領域

このような史的コンテクストを見回す上で、芸術を考察するときに三つの領域があることに、言及しておこう。「美学」、「芸術学」、「芸術哲学」である。後述するようにカントの『判断力批判』は「美学」という学問の礎石を築いたが、「芸術」を論ずることはほとんど無い。この作品の前半の「美的判断力」では、叙述のほとんどは「美」と「崇高」に費やされ、後半の「目的論的判断力」では叙述は「芸術」の問題からさらに離れる。『判断力批判』で基本問題となるのは、「感性論」である。その場合の「感性」という語は、ギリシア語の「アイステーシス」に遡る。今日の美学もやはり本質的には「アイステーシス」の学である。敢えて誇張的に言うなら、どんな現象も感性に関係するという意味では美学の対象になる。これは逆に言えば、芸術は感性論という視座では特権的な位置を持たない、ということである

芸術考察の二つ目の領域は「芸術学」(Kunstwissenschaft)で、これは二〇世紀になってから成立した。マックス・デッソワールが一九〇六年に創立した雑誌『美学と一般芸術学の雑誌』(*Zeitschrift für Ästhetik und allgemeine Kunstwissenschaft*)を、画期的な起点と見ることができる。芸術学は一九世紀の半ばから学問傾向の主流となった実証主義的学問の軌道上にある。そこでは芸術作品は、実証的・心理学的・社会学的な視座で考察される。テオドール・フェヒナーの『美学入門』(*Vorschule der Ästhetik*, 1876)を先駆と見ていいだろう。フェヒナーは、それまでの美学が形而上学的な「上からの美学」だったことを指摘し、「下からの」美学を企てた。彼の実証主義的・心理主義的なコンセプトは、彼のもうひとつの著作『芸術活動の根源について』(Über den Ursprung der künstlerishen Tätigkeit, 1887)と並んで、芸術学の先駆となった。

すぐに気づくであろうが、「美学」でも「芸術学」でも、芸術の「本質」といった形而上学的な問いは浮上しない。特に芸術学では、意味への問いとか本質への問いとかは遠ざけられる。こういう問いは芸術哲学の課題であり、これがドイツ観念論の芸術哲学で展開される。

4　初期ロマン主義

芸術哲学の史的コンテキストを、少し見ておこう。まずはドイツ観念論と同時代の傾向として、初期ロマン主義が

挙げられる。第1章で、フリードリヒ・シュレーゲルが時代の三つの傾向として、フランス革命とゲーテの『ヴィルヘルム・マイスターの徒弟時代』とフィヒテの「知識学」を挙げた、ということを述べた。ロマン主義はフリードリヒにおいて、彼の言う三つの傾向には含まれていない。しかしそれは、彼自身が初期ロマン主義の指導的人物だったことにも由来する。彼の弟ウィルヘルム・シュレーゲルとノヴァーリス（本名はゲオルク・フィリップ・フリードリヒ・フォン・ハルデンベルグ）、ルードウィヒ・ティーク、ウィルヘルム・ハインリヒ・ヴァッケンローダー、等が、この文学運動の主な名前である。彼らは意識的に、シラーとゲーテに代表される古典主義文学から距離をおいた。フリードリヒ・シュレーゲルは上記の三つの傾向を、明らかに彼自身が主導する文学運動の見地から挙げている。なぜなら彼の言う「傾向」という語は、表面的な現象を指し、実質的な「本質」と区別されるからだ。その場合、「傾向」というイロニカルな言い方は、ロマン主義者の鍵語である「イロニー」から理解される。これについては後述したい。

5　ロマン主義のさまざまな領域

文学における初期ロマン主義に、後期ロマン主義がつづくが、その中心はハイデルベルクとベルリンである。ハイデルベルクでは『移住者のための新聞』が発刊され、グリム兄弟（ヤコブ・グリムと、ウィルヘルム・グリム）、ヨハン・ジョセフ・ゲーレスが登場した。ベルリンでのグループには、ハインリヒ・フォン・クライストがいた。

ロマン主義の運動は絵画にも現れる。カスパール・ダーヴィト・フリードリヒとオットー・ルンゲを、その代表格とする。音楽でのロマン主義はもっと時代が下がる。一八二〇年代と三〇年代に、ウェーバー（カール・マリア・フリードリヒ・ウェーバー・エルンスト・フォン・ウェーバー）、フランツ・シューベルト、ローベルト・シューマン、フレデリック・ショパン、フランツ・リストなど、実に綺羅星のような作曲家たちが出現している。

種々の領域でロマン主義運動が展開されるから、そもそもロマン主義の本質、ないし「ロマン的なもの」とは、何なのかが問いとなる。ロマン的なものへの問いのみならず、ロマン主義運動の幅もまたひとつの概念で括られるものなのか、自明的ではない。ハインリヒ・ハイネが一八三五年にロマン主義派（*„Die romantische Schule"*）を著したとき[9]、彼が視野に入れていたのは文学運動だけだった。絵画や音楽における「ロマン的なもの」と文学における「ロマン的なもの」とが、一体、おなじものなのかといった問いは、彼においては生じない。そこで、他のロマン主義的芸術運動にも、眼を配っておこう。

フィヒテはラインホルトの後継者として一七九四年にイェーナに赴任した。「自由人の協会」という学生組織の若者たちが、定期的にフィヒテの家に集まったという[10]。若きヘルダーリンはこのフィヒテのサークルで、巨星フィヒテと会ったが、フィヒテに圧倒されて、このサークルを去ったとされる。この家でシラーを見かけた時、彼はゲーテもそこにいたことに気づかなかったという。ゲーテのサークルは「金曜会」でワイマールにあり、しばしば議論の会合が催されたが、ヘルダーリンは一度もこの会合に招かれなかった。イェーナやワイマールでの華やかな集まりにおいて、ヘルダーリンは陰に隠れていたことになる。ただしこの陰は、すでに先にも触れたように、そして後でも述べるように、ドイツ観念論の陰とも言うべき場所だった。

初期ロマン主義の文学者たちは自分たちのエッセイを、一七九八年にシュレーゲル兄弟が創刊した『アテネウム』（*Athenäum*）誌に載せた。この輪の中心は、シュレーゲル兄弟の兄・ウィルヘルムの妻カロリーネだった。彼女については、後で再述しよう。ともかく、この輪にはノヴァーリスやティークなどの詩人や文学者たちの他に、哲学者シェリングもいた。しかしイェーナの初期ロマン主義者たちは、概して二〇代から三〇代にかけての若く貧しい作家たちだった。彼らはアンシャン・レジームには共感を持たず、むしろそこからの決別を志向していた。だから彼らが、ワイマールの宮廷でゲーテおよびシラーを中心とする古典派に対して批判的だったことは、当然でもあった。イェーナのロマン主義とワイマールの古典主義は、当時のドイツにおける文化的精神状況を表示するシグナルだった。ひとこと蛇足を付け加えるなら、ワイマールでは今日に至るまでゲーテとシラーが市民の誇りとなる二つの明星であって、初期ロマン主義者たちだけでなく近代の思想家ニーチェも、そこでは一般市民の念頭にはまず浮かばない。これは筆者の個人的な印象ではあるが、筆者が接触した限りでの街中の通行人や旧知の友人たちのいずれもがこれに賛同した。この街には、ニーチェの妹が所有していた、そしてニーチェ財団が置かれている「ニーチェ・ハウス」の古い建物があるのだが、街の中心から離れていて、街中で所在を聞いても人は首をかしげるのが常だった。それに対してゲーテ美術館やゲーテとシラーの立像は、街の中心部に位置している。

初期ロマン主義は長くはつづかなかった。一つの原因は、その才能のゆえに輪の中で客人待遇ではあったが一座の注目を集めたシェリングが、一座の中心だったカロリーネと恋仲になったことだった。カロリーネの夫、ウィルヘルム・シュレーゲルとフリートリヒ・シュレーゲルの妻ドロテア、そしてシュレーゲルにとり、カロリーネとシェリングの恋愛関係は当然ながら心休まる話ではなかった。結局、カロリーネとウィルヘルムは別れることとなった。加えて雑誌『アテネウム』は、売れ行き不振で、一八〇〇年に休刊となった。ウィルヘルム・シュレーゲルとティークはイェーナを去り、ノヴァーリスは一八〇一年に夭折した。シェリングとカロリーネはヴュルツブルクに移った。シェリングがそこでの教授職に招かれたからだ。かくして初期ロマン主義のサークルは消滅した。ただ哲学においては、イェーナ市の伝統の輝きはつづいた。ヘーゲルが一八〇一年に来たからだ。ラインハルト、フィヒテ、シェリングとつづいた哲学の名声は、ヘーゲルによって引き継がれた。もっとも一八〇六年にナポレオン軍がイェーナに進軍してヘーゲルの書斎も「略奪」され、[11] イェーナ市の惨状は学問をつづける場所ではなくなったので、ヘーゲルはバンベルクに移って「バンベルク新聞」の編集者となった。しかし彼の『精神現象学』は古典主義とロマン主義の双方を大きく超えて、ドイツの精神史における「ヘーゲルのエポック」の始まりを告げるものとなった。

6　カント美学――「美的判断力」の考察

(1)　カント美学の性格

「ロマン主義」がドイツ観念論の哲学とどのような関係にあるかは、一つの問いである。少なくともハイネは、ロマン主義とシェリングの自然哲学とが親近関係にあるということに、疑問を挟んだ。[12] 伝記的な叙述ではしばしば、ハイネがヘーゲルから強い影響を受けたとされるが、筆者としては、ハイネの作品がヘーゲル哲学の精神を果たしてどこまで吸収し得ているかは、問わねばならないと思っている。

しかしやや広い視点では、哲学／哲学者と文学者／芸術家との交流が親密で、時には合流さえしていたことは、疑いの余地はない。すでに述べたように、ヘルマン・ノールは「ドイツ運動」を語り、それは当時の哲学運動と文学運動の双方を含んだ概念だった。この運動の中に、カントの美学と『判断力批判』での芸術観も数え入れられた。もっともカントの美学と哲学は、単に「ドイツ運動」の波の一つとみなすには収まらない高さと大きさがあるから、少し足をとめて叙述しよう。

カントが彼の「美学」で展開したのは、時々そう誤解されるような「芸術」に関する見解ではなくて、「美的判断力」の考察である。この考察はゴットロープ・バウムガルテンの著作『美学』（*Aesthetica*, 1750-1758）の、単なる延長に止まらない画期的な展開だった。バウムガルテンは「主観的」な趣味判断についての学問を企てていた。しかし『判断力批判』では趣味判断を単に主観的な判断とせず、「超越論的」なレベルでの問題とした。カントの言葉はこうである。「美についての学問は存在しない。批判だけが存在する。美的学問は存在しない、美的芸術（美術）が存在するだけである」（『判断力批判』四四節）。

(2) 天才概念

しかしカントの美的判断力批判は、芸術を論じないとは言っても、芸術考察へのある重要な着手点を提示している。それは、芸術創造の能力としての「天才」の考察である。「美術は天才の技（クンスト）である」（『判断力批判』四六節）は、今日に至るまで議論を呼んできた。なぜなら今日では芸術活動はごく広く多様な意味で用いられるようになり、少数の天才的な人間たちの活動とはみなされなくなっているからだ。カントはこう言う。「天才とは、それによって自然が芸術に規則を与える生来の心性（*ingenium*）である」（『判断力批判』四六節）。ここで天才と関係づけられる自然とは、外界の自然ではなくて、人間の内的本性のことである。このカントの命題には、われわれの第二テーマ「自然」と第三テーマ「芸術」が不可分の関係にあることが、語り出されている。

カントにおける芸術観と自然観の関連についての基本的なテーゼは、『判断力批判』四五節の表題に、表現されている。「美術は、それが同時に自然であるかのように見える限りでひとつの技芸（芸術《クンスト》）である」と。カントにおいても、自然は芸術にとっての基盤にして規矩である。この場合の「自然」は、『純粋理性批判』での自然と区別しなければならない。後者での「自然」は認識対象であり、感性的直観の諸形式においてのみ、つまり時間形式と空間形式においてのみ、表象することができる。諸現象の総和は感性的直観の形式つまり時間的・空間的にのみ、表象することができる。感性的直観において時間的・空間的なものとして表象され、この直感を触発する現象だけが、悟性（Verstand）によって総合され認識される。自然が悟性に向いているのであって、悟性が自然に向いているのではない。この「コペルニクス的転回」は、自然に対して規則を与えるのは悟性だということを、意味している。しかしこのような自然認識は芸術創作に至ることはない。芸術創作は天才を要する。天才は「芸術に規則を与える」能力だからである。

学校あるいは美術アカデミーでは、絵画や彫刻や作曲を所与の芸術規則に従って学ぶ。しかしこの習得プロセスだけでは、芸術創作には不足する。そこでは単なる模倣か、せいぜいは手作業活動にとどまって、創造的な芸術創作とならないからである。だから、規則そのものを与える能力が必要となる。この能力が「天才」である。『判断力批判』四六節の表題は、「美術は天才の技術である」となっている。

カントの「天才」説は、フィヒテとシェリングの「絶対自我」の原理と、次の点で共通している。すなわち両方とも「精神」の活動だという点である。ドイツ観念論のこの根本語は『判断力批判』でも、重要な連関で用いられている。カントは天才という能力を「精神」と呼んだ。精神はカントにとり、悟性と構想力とがそこで合一する能力であり、「美的（エステーティッシュ）理念」がそれによって現示される。（『判断力』四八節）さらに、カントにとって精神は自由の能力でもある（同上）。フィヒテは彼の知識学の最初の予告で、知識学はアルキメデスの梃子と違って、地球を動かす上で牽引力の外部に場所を要するようなものではないと、述べている。知識学は「むしろ、一定の方向に作用するわれわれの精神の自由によって初めて産み出されるはずのものである」[13]。この規定はカントの「天才」規定をさらに押し進めるものである。

カントの天才論はドイツ観念論においてだけでなく、当時の美学と文学論においてさらに敷衍される。その方向での代表は、ジャン・パウルの『美学入門』、とりわけそこでの詩論に見出されること[14]を、付記しておこう。

7　種々のイロニー概念

(1)　ロマン的イロニーとフィヒテ

フィヒテの自我哲学がロマン主義者たちの理論的な支えになったと、先に述べたが、それは説明を要するだろう。なぜなら、シェリングの自然哲学であればロマン主義者の自然感情と容易に調和的となるように見えるが、見たところ禁欲的で厳格な知識学が情緒的と見えるロマン主義に刺激を与えるということは、考えにくいからである。フィヒテにおいて自然は非-我とされ、それはシェリングによって「死せる自然」と評されたではないか。

しかしそのようなフィヒテ・イメージは、ナポレオンのプロシア侵入に対して「ドイツ国民に告ぐ」という情熱的な講義をおこなったフィヒテを見ていない。フィヒテの「自我」は初期ロマン主義者の眼には、経験的自我の制約を「絶対自我」によって突破し、知的直観によって自然の全領域を「定立」する、まさしくロマン的な能力主体と映った。シェリングの自然哲学が「自然」に関する無限性の感情を基礎づけるものだったとすれば、フィヒテの自我哲学は「自我」の無限性の感情を基礎づけるものと映ったであろう。それによってフィヒテの「超越論的」イデアリスムが正当に理解されたか、それともむしろナイーヴな表象へと誤導されたかは、別の問題だ。ともかくもノヴァーリスの熱心な「フィヒテ抜粋」のノートは、彼の「魔術的イデアリスム」を基礎づける試みだった。彼は空想力の詩的ファンタジーへと、フィヒテの理念を変容させた[15]。彼の「魔術的イデアリスム」はフィヒテの「超越論的イデアリスム」から最も遠ざかるものではあったが、しかし哲学的に正当だったかどうかは別としよう。ノヴァーリスは、フィヒテから受け取ったインスピレーションによって彼のロマン的な夢想世界を展開した。彼がゾフィーに恋したとき、彼は二二歳、ゾフィーは一二歳だった。ゾフィーはノヴァーリスと婚約して二年後に、病のために一五歳で死んだ。ノヴァーリスは作品『ハインリヒ・フォン・オフターディンゲン』（通称名『青い花』）を書いて、主人公の夢に青い花を出現させた。それはゾフィー・フォン・キューンを象徴する形姿でもあった。

哲学的な次元でのロマン主義とフィヒテ哲学との重要な繋がりは、「イロニー」概念に見られる。この概念はギリシア語の「アイロネイア」に起源を持ち、もともとは「真摯さ」を意味した。そしてソクラテスの論法として知られる。ソクラテスは議論において相手の弁論を「真摯に」受け取る。それに応じて相手も、その弁論を厳密に検証することを要求される。その結果、初めは雄弁に聞こえたその弁論に含まれる曖昧さや矛盾が、露呈せしめられる。それは「ソクラテス的イロニー」と呼ばれ、ソクラテスがソフィスト達との議論において用いたものである。その意味でのイロニーは、単に相手を揶揄したり揚げ足をとったりする姿勢とは違った、文字どおり「真摯な」議論方法である。ただし相手の議論の欺瞞性を破壊する作用を持つ。既に述べたようにシュレーゲルが時代の三つの傾向として、フランス革命とゲーテのウィルヘルム・マイスターとフィヒテの知識学を挙げ、「傾向」という文字を用いたとき、彼は、「そこですでにイロニーが始まる」と記した(16)。その意味するところは、全てがまだ表面的な「傾向」にとどまっているということだった。自覚的な意味合いでの展開は自分が始める、という自負が込められている。しかし彼自身の叙述がこのイロニーの破壊作用に晒される、ということも指摘しなければならないだろう。シュレーゲル自身は、イロニーを自己破壊の方法としてだけでなく、自己創造の方法とみなした(17)。しかしフィヒテの自我を彼のようにロマン的に誇張して解釈し、外界の全てを自我の表象とみなす立場は、このような表象をなす自我そのものをも「仮象」となすことにつながるだろう。もしそれを貫徹させたら、それはロマン主義的なイデーの自己破壊につながるが、シュレーゲルはそういった徹底性を遂行する思想家タイプではなかった。

(2)　ヘーゲルのイロニー概念

ヘーゲルは『美学講義』で、フィヒテの「自我」概念と、そこから帰結する「イロニー」概念を、批判した。有ると言えるものは全てフィヒテにおいては、自我によって定立されたものである。それが私の自我によって定立されたものであるなら、私はそれを滅ぼすことも出来るはずである。少なくともそのように、ヘーゲルはフィヒテの考えをまとめた。「それによって、すべての即自的・対自的に存在するものは単なる仮象に過ぎなくなる」[18]。もしこのイロニーが芸術家の立場とされるなら、彼の行為もまた仮象に過ぎなくなる。「そうであるなら、この内容〔芸術家としての私が表明する内容〕の外化についても、その内容の実現化一般についても、本当に真摯にとるわけにはいかなくなる」[19]。ここで用いられる「真摯」という語は、上に注釈したような「イロニー」の原義を含意している。その含意は、ヘーゲルの別の個所でも繰り返されている。「イロニー的なものは天才的な個人性として、壮麗なものや偉大なものや卓越したものが自らを滅ぼすということにある。（…）なぜならそこには、単に真摯というだけでなく、高いもの、最上のものに関して、特にどうというものでなくなる、ということがあるからだ」[20]。ヘーゲルの語は、ロマン主義者のイロニーが「イロニー」の原義を満たしておらず、本当の意味でのイロニーになっていない、ということを語る。ただ、ゾルガー（Karl Wilhelm Ferdinand Solger, 1780-1819）にだけ、ヘーゲルはイロニーの真の意味を見出している。「彼の真の思弁的な最も内的な欲求が、彼をして哲学的理念の深みへ降りていくように仕向けている」[21]。ヘーゲルはゾルガーのイロニー概念の捉え方を評して、理念がそれによって初めて捉えられ得る「無限な絶対否定性」の弁証法的契機をイロニーという形式で遂行するものと、みなした。

ドイツ観念論においては、ロマン的イロニーは最終的な思考決定の場ではなかった。それはせいぜいのところ、ヘーゲルが見たように、理念（イデー）の否定性の面という意味を持つだけだった。哲学的思弁というヘーゲルの立場からすれば、イロニーはこの否定性の立場にとどまって、否定の否定という弁証法の動きとならない。

8　京都学派の芸術理解、その1——「芸術」か「芸道」か

以上の叙述は、ドイツ観念論の芸術哲学の前段階をカント美学とロマン主義において見ておくことを、意図している。それならここで直ちに京都学派の芸術理解に筆を進めるのは、比較考察として早すぎると見えるかもしれない。コンテキストがあまりに異なるからである。しかし逆にこの芸術理解をあらかじめ押さえておくということも、立論の進め方として意味がないわけでもない。というのは、「芸術」概念もまた「自然」という語とおなじく、東アジアでは欧米の美学・芸術学と異なった意味伝統を持っており、その部分を押さえておくことは、ドイツ観念論の「芸術理解」を単に内在的に追跡し理解する作業とは、まったく異なってくるからである。

日本中世で世阿弥が「芸道」という語を提示して、これが近世・現代まで続く伝統をなすが、[22]「芸道」と「芸術」は大きく意味合いを異にする。もともとヨーロッパで「芸術」は、「技術」と同義（ギリシア語のテクネー、ドイツ語ではクンスト）だった。一八世紀あたりで産業技術が発達してきたので、それとの区別で「美術」（フランス語でボ・ザール、beaux-arts.「美的な技術」）という語が生まれ、それが長く「芸術」の意味となった。しかも現代芸術は、もはや「美」の追求から決別して、美醜に関わりなく「造形」を追求する営みとなっている。では「芸道」は何の追求だろうか。「道」である。それも、仏道をパラディグマとする修行の「道」である。その分野は世阿弥以来の「能楽」の

他、華道、香道、書道、歌道、等々にわたり、新カント学派のオイゲン・ヘリゲルのロング・セラー『弓と禅』で欧米にも広まった「弓道」をはじめとする、「武道」も、これに加わる。[23] それは西洋的な意味での「芸術」とは言えない。しかし他方で、近代日本では西洋的な意味での「芸術」もまた、一般に広く共有された概念となっている。京都学派の芸術観は、伝統的な「芸道」の伝統に親和感を抱きつつ、他方で哲学者として西洋美学の思考法にも習熟している。その限りで、ドイツ観念論の芸術哲学とも交差するところがある。

以上を受けて、禅者・久松真一の芸術論と京都学派の美学者・植田寿蔵および木村素衛《もともり》の美学を略述しよう。

久松は哲学の領域ではカント哲学を学んだが、早々に「禅」の道に転じた。彼の芸術観を見る上で、二つの基本的な著述がある。一つは『禅と美術』（思文閣、一九七六年）、もう一つは『茶道の哲学』（久松真一著作集　第四巻　茶道の哲学、一九七三年に所収）である。刊行の順序と逆になるが、前者から見ていきたい。というのは久松はこの『禅と美術』で、「中国に於ける唐から宋・元にかけての時代」に発生した、しかし「中国では明・清になつて次第に稀薄になり、却つて、日本に於ける鎌倉・室町・桃山時代に引き継がれた」、「禅芸術」を取り上げるからである。その「七つの性格」およびそれら「七つの性格の禅的根拠」を挙げる。その総合的な叙述によって、ドイツ観念論の芸術哲学との一種の体系的な比較も可能になる。

この「七つの性格」とその「禅的根拠」について述べる前に、久松が「禅芸術」を語るときは久松自身が「禅者」だったということを、知っておく必要がある。久松は自らの「禅経験」に即して種々の禅芸術の諸相を、いわば内から解明していく。禅経験を持たない美学研究者の側からは、それは美術史的・実証的な方法から少しずれた一面的な見方といった批判が、出されるかもしれない。そして、芸術創作は禅の修行といった宗教的な意味合いから離れた遊戯衝動であり、宗教から独立した創作活動だといった見方も、予想される。実際その見方は、一九世紀末の印象主義絵画以降、二〇世紀になってからのヨーロッパ芸術世界の基本でもある。久松自身もそういう予想を念頭においてか、こう述べている。

「芸術はシュピーレン─遊び─であって実践ではなく、インテレッセロース─無関心─であって実質的関心のないものと言われております。（…）ところが禅の方では、禅が働きに現われた場合はそういう無関心な遊びではないのであつて、潑剌とした真剣な働きなのであります。／併し、この働きには「遊戯三昧」と禅で申しますような、一種、インテレッセロースな性格があるのであります。（…）全く、禅の無我性とか無心性というものに依るものであります。禅のこの遊戯性は、より高次な芸術性とも言うべきものであつて、普通の舞台芸術には見られない遊びであります[24]」。

久松が「高次な芸術性」と言うときの具体的な内容は、彼が挙げる禅芸術の七つの性格だと言ってよいであろう。すなわち、①「不均斉」②「簡素」、③「枯高」、④「自然」、⑤「幽玄」、⑥「脱俗」、⑦「静寂」、である[25]。この見方は、久松自身はそう述べてはいないが、鈴木大拙の見方を基本的に踏襲している[26]。この七つの芸術性格は、久松自身においては「七つの禅的根拠」に裏づけられている。すなわち①「無法」（五九頁以下）、②「無雑」（六一頁以下）③「無位」（六三頁以下）、④「無心」（六四頁）、⑤「無底」（六四頁以下）、⑥「無礙」（六五頁以下）、⑦「無動」（六六頁以下）と[27]。

七つの芸術性格と、それを裏づける七つの禅的根拠の列挙の仕方は、ドイツ観念論の芸術哲学を見てきた後では、内的統一性と全体連関という観点で、物足りなさを感じさせないでもない。まず、なぜ「七つ」なのか、という問いを禁じ得ないからである。参考例を挙げるなら、シェリングやヘーゲルといったドイツ観念論の哲学者たちが一定の敬意を表明していたスピノザの『エティカ』は、その第一部が「神」についての八つの「定義」から始まっている。

その「八つ」は寄せ集めの数ではなくて、内的に厳密な連関を有している。しかしそういった概念的レベルは、久松にとっては二次的な意味しか持たなかった。それよりも、「七つの禅的根拠」がいずれも「無」の文字を得ている、ということが彼の眼目だったはずである。七つの禅的根拠は、言うなれば「無」の七つの顔なのである。このことは、ドイツ観念論での芸術が、基本的には「絶対者」の現出の場であったことと、逆接的に呼応する。ヘーゲルの美学講義のある個所を挙げておこう。そこで彼は、「絶対精神の最初の直接的な自己充足としての芸術の根源的な真の立場」を語っている(28)。

しかし以上の指摘はなおも、観想的ないし表象的にとどまる。もっと立ち入った対比は、「思惟」の質そのものの対比でなければならない。ドイツ観念論において芸術が「絶対者」の現成の場と捉えられるとき、思惟はどこまでも「概念的思弁」である。それに対して、もし芸術が「無」という禅的経験の表現であるなら、そこでは「直接経験」が表現される。「畢竟、ここでは描くものが描かれるものであり、描かれるものは描くものに取つて対象的なものではなくして、描くものが描かれるものによつて、描くもの自身を主体的に表現するのであります(29)」。

このことは、久松が禅芸術の中でも特に文化全般の領域にわたるものとして重視する「茶道」において、さらにはっきりあらわれる。彼の『茶道の哲学』では、茶道が「芸道」の一領域であること、「道」という語がいわゆる「芸術」と結びつくことが、強調される。芸術が人間の生き方の「道」としておこなわれるということは、ヨーロッパ芸術では見られなかった。先に見たように、カントにおいては、芸術は「天才」の創造によるものだった。

「芸道」という時の「道」は「仏道」を意味するから、久松において、先に挙げた「禅芸術の七つの性格」がそのまま「茶道」の性格として挙げられる(30)。しかし「芸道」は狭い意味での仏教の繋縛を抜け出て、建築、庭園、書道、歌道、華道、香道、武道、等々にわたる。その代表としての「茶道」を、久松は「禅文化の創造的集大成」とも呼んだ。[31]

こういった「禅」経験からの芸術論との一定の親和性を持ちながら、学術的ないわゆる「美学」を専門とする京都学派内部の学者たちも、もちろん存在した。久松とほぼ同世代の植田寿蔵は、『芸術の論理』の「序」において、「芸術がそれによって成立する根源は何であるか。その根源から、どうして芸術家が成立するか」というフィードラー的な問いを立て、第二章「美術家、美術作品の成立」で、「視覚によつて美術が成立する」という語で叙述を始め、フィードラーが芸術活動の根源と考えた視覚を、フィードラーの名前を出さずに展開している。[32]

木村素衛も、やはりフィードラーの見方に強く影響されている。論集『表現愛』（岩波書店、一九三九年）に所収の論文「一打の鑿」では、こう記される。「芸術家の眼はかくして手をば必然的に要求する。否彼れに在つては手と離れた単なる眼は最初から存在しないのである。眼に於て直ちに手が、手に於てそこに眼が彼れに於ては常に一つのものとしてのみ働く。刻む人に取つては鑿の先端に、描く人に取つては刷毛の先端に、真実の眼が働くのである。作ることは、フィドラも云つたやうに、見ることとの徹底以外の何ものでもない」。[33]そのように述べる限りにおいて木村はフィードラーの祖述者であるが、ただ、彼の中には彼自身が自覚的には展開しなかった「行」という直接経験があった。一打の鑿の意味として、彼は「表現的自覚の行」という語を用いる。[34]そして一打、二打、三打とつづく鑿による制作の行の論理に連関して、木村は、「カントを越えてフィヒテの実践的辨証法こそ芸術制作の弁証法に深く相通ずるものでなければならないだらう」[35]と記す。「実践的辨証法」という語そのものは、彼自身が取り組んだフィヒテの知識学から刺激を得て（フィヒテ自身は「弁証法」を自らの用語とはしなかったが）用いたものであるが、それを「行」と記すときは、すでに久松に通ずる「主体的」見方が、表現されている。さらに木村は、エロスとアガペー（いずれも「愛」）を二契機とする「表現愛」という概念を提出し、これを「絶対愛」と名付けた。「エロスが上述の如く向上的な愛であるのに対し、向下的なアガペが個的なるものに対するその不完全性に拘るところなき絶対的肯定性の故に絶対的愛と名づけられてよいとすれば…」[36]。不完全性に拘るところなき絶対的肯定性という表現は、もはやフィヒテの「当為」の立場ではない。むしろ木村の師匠の西田幾多郎に近い。

西田は木村の別の論文「身体と精神」を激賞し、「木村、コノ論文ハヨイゾ、私は全く君と手を握り合つた様に感じた　加之君一流の才があらはれて居る」と記した[37]。西田が「手を握り合つた様に感じた」という木村の考えは、断片的には木村の言う「行」にも表現される。道を「行」ずる（歩む）ということは、「不完全性に拘るところなき絶対的肯定性」だからである。

こういう見方を単に仏教的とか宗教的とかとみなして哲学的思考と無縁と批評することは、その批評者が自認するほどには哲学的ではない。この点では、ヘーゲルの次の語を念頭におきたい。「(…) そして哲学の内的本質に鑑みるなら、先を行く人（Vorgänger）も後を行く人（Nachgänger）も存在しない[38]」。このヘーゲルの語もまた、「行」すなわち道を「行く」（歩む）ことの、ひとつの的確な表現に他ならない。もちろんそこに再びドイツ観念論と京都学派の「遠さと近さ」があらわれ、その事態を見極めることが、本章での眼目ではある。しかしこれについては、次章で見ていくこととしたい。

注

（1）Aristoteles, *Poetik*, 194 a 21f, 198 b 15f.

（2）『西田幾多郎全集』、「旧版」第十巻、一八一／八二頁、「新版」第九巻、一三六頁。

（3）Alois Riegl, *Stilfragen. Grundlegungen zu einer Geschichte der Ornamentik*, Berlin 1893, S. 127.

(4) リーグルの書の和訳『リーグル美術様式論』、岩崎美術社、一九七〇年、旧版・座右宝刊行会、一九四二年、四一〇頁で、訳者の長広敏雄が、「西田幾太郎博士」がこのリーグルの書を美学者たちに先立って取り上げた旨を、記している。西田の芸術論が、当時の日本の美学界の研究水準に鑑みても先駆的な位置を占めていた、ということが窺われる。

(5) Vgl. dazu F. Schlegel, *Kritische Friedrich-Schlegel-Ausgabe*. Erster Band. „*Studien des Klassischen Altertums*". Dazu vgl. auch R. Jauß, „*Literaturgeschichte als Provokation*", Frankfurt a. M., 1970.

(6) Vgl. Goethe, *Die Antik und Modern*, in: *Goethes Werke. Hamburger Ausgabe*, Bd. XII, S. 172-176.

(7) Vgl. Novalis, *Die Christenheit und Europa*, in: *Novalis: Schriften. Die Werke Friedrich von Hardenberg*. Bd. 3: *Das philosophische Werk*, II, S. 561f.

(8) J. Habermas, *Der philosophische Diskurs der Moderne*, Frankfurt a. M. 1985, S. 13.

(9) Heinrich Heine, *Die romantische Schule*, in: *Historisch-Kritische Gesamtausgabe der Werke*, Bd. 8, S. 121-249.

(10) Vgl. *Das literarische Jena*, 2. Aufl., Jena 1989. (Keine Angabe des Autors/Herausgebers gegeben), S. 36f. イェーナ市で刊行され、著者名も刊行年も記載されていない本なので、疑わしい面もあるが、その保留つきで引用する。

(11) 「私はここで略奪されたので」(da ich hier geplündert bin, …) とヘーゲルは記している (*Briefe von und an Hegel*. Bd. 1, ibid., Bd. I, S. 123.)。

(12) H. Heine, ibid., S. 137.

(13) Fichte, *Über den Begriff der Wissenschaftslehre*, I. 46. Die Hervorhebung durch Ohashi.

(14) Jean Paul, *Vorschule der Ästhetik*, (*Philosophische. Bibiliothek* 425, Hamburg 1990, S. 55ff, 82ff.

(15) Vgl. Novalis, *Fichte-Exzerpte*, in: *Novalis Schriften*, II, 345-359.

(16) F. Schlegel, ibid, Bd. II, S. 336.

(17) F. Schlegel, *Athenäum Fragmente*. Nr. 51, Nr. 121, in: *Kritische Friedrich-Schlegel-Ausgabe*, II: Ders., *Lüzeum Fragmente*, Nr. 42, Nr. 48, Nr. 108. ibid. ニコライ・ハルトマンは、次のことも指摘した。すなわち、シュレーゲルにおけるイロニーは、破壊ではなくて、仮象の美による充実であると (N. Hartmann, „*Die Philosophie des deutschen Idealismus*", I. Teil, 1923, S. 174)。

(18) Hegel, *Vorlesungen über die Ästhetik, Werke*, Bd. 13, S. 94.
(19) Ibid.
(20) Ibid. 傍点は筆者。
(21) Ibid., S. 98.
(22) 芸道については拙著、『芸道の生成——世阿弥と利休』、講談社、二〇二一年を参照。
(23) 「弓道」や「武道」は明治になってからの概念であって、中世以来の「芸道」には属さないという説も散見するが、そんなことはないのであって、世阿弥はほぼ同義の語を（「弓矢の道」「兵法の道」などを）すでに用いている。上記の拙著、『〈芸道〉の生成——世阿弥と利休』、同上、五四—六二頁を参照。
(24) 久松真一『禅と美術』、思文閣、一九七六年、八／九頁。
(25) 同上、二五—三七頁。
(26) 鈴木大拙、『禅と日本文化』、『鈴木大拙全集』第十一巻、岩波書店、一九七〇年、一七—二三頁。大拙の原文は加筆修正されて、この論考の「新版」が（岩本明美訳、鈴木大拙館編、『新　禅と日本文化』能登印刷株式会社）出ている。訳者・岩本氏からの私信では、両方の版で八つの特色は少し順序が変わって、以下の通りとなる。「不均衡、非対称、一角、貧、わび・さび、単純化、孤絶」。
(27) 久松真一、同上、五九—六七頁。
(28) Vgl. Hegel, *Vorlesungen über die Ästhetik I. Werke*, Bd. 13, S. 141.
(29) 久松真一、同上、一二頁。
(30) 久松真一、『茶道の哲学』、『久松真一著作集』第四巻、理想社、一九七三年、六二—六六頁。
(31) 同上、『禅と美術』、同上、一九頁。
(32) 植田寿蔵、『芸術の論理』創文社、一九五五年、三〇頁以下。
(33) 木村素衞、「一打の鑿」、『表現愛』、岩波書店、一九三九年、一二九—一三〇頁。
(34) 同上、一三二頁。
(35) 同上、一四四頁。

(36) 同上、七一頁。
(37) 木村素衛宛、西田幾多郎の昭和一四年三月一九日、書簡。
(38) G. F. W. Hegel. *Differenz des Fichte'schen und Schelling'schen Systems der Philosophie*, *Werke*, Bd. 2, S. 17.

第7章　ヘーゲルの「芸術の過去性」テーゼ

1　カントの「自然美」とヘーゲルの「芸術美」

欧米言語の「芸術」は、言うまでもなくギリシア語の「テクネー」に由来する。周知のように、この語は今日の「テクニック」すなわち「技術」の語源でもある。芸術と技術の区別は、近世になって「技術」（テクネー）が自然科学と結びついて産業の推進力となったことを、時代背景としている。「芸術」すなわち造形制作の働きを意味する用語は、工業的な「技術」と区別される必要性が、大きくなったという時代背景を持っている。カントの『判断力批判』は、この区別が生じる過渡期の作品だ。第6章で述べたように、彼は「自然の技術」を語る一方で、「美術」についても語った。自然の技術とは、物理的に自然界が技術を有しているという意味ではなくて、あたかも技術を有するかのように、あたかも目的論的に働いて自己形成するかのように、われわれが思ってしまう現象のことだった。それは、われわれ自身がどういうわけか目的論的な判断力を有していて、その判断力構造を自然界に投影する時の自然像である。

しかしこの「自然の技術」と見えるものは、美的な技術すなわち「美術」と、区別される。その場合、カントはこうも言う。「技術が美的と言われ得るのは、それが技術であってしかも自然のごとくに見えるということを分かっている場合だけである」(1)。前章で、「芸術は自然の模倣か、創造的制作か」という問いの連関で、西田も評価したリーグルの「芸術意欲」を引用したが、カントの見方からすれば、芸術意欲が産出するものもまた「自然」の如くに見えるものでなければならない。規準となるのは「自然」である。芸術美の規準は自然美ということになる。その見方を延長するなら、「芸術」はそれが「技術」と区別されるためには、ことさらに自らを「美的芸術」(美術)として自覚しなければならない。かくして一八世紀のフランスで、「ボザール」(beaux-arts, 美術)という語が生まれた。これはかつてガダマーが指摘したことでもある。

この連関で想起しておきたいのは、カントの時代には「エステーティシュ」(感性的、審美的)がギリシア語の「アイステーシス」(感性)に遡って理解されると同時に、今日と同じく「美的」という意味も持つようになった、ということである。そこでヘーゲルの芸術講義において、「エスティーク」すなわち「美学」という語は、「美術の哲学」と表示された(2)。現在の日本語で「エステ」は「エスティーク」の略で、「全身美容」のことだそうだが、語源はカントの時代のドイツ語用法に遡るのである。

カントにおいてもヘーゲルにおいても、芸術は「美術」と捉えられていた。このことは、われわれにとってはつまずきの石でもある。なぜなら近代芸術はもはや「美」を追求するものではなくなって、「造形」を目指すようになっているからである。強力なもの、過剰なもの、グロテスクなもの、場合によっては醜悪なものも、造形的な作品においては受け入れられる。リーグルはそういった現代芸術の諸現象が噴出し始める直前の一九〇五年に、没したが、彼が立てた「芸術意欲」の説は、美ではなくて造形そのものへ向かう現代芸術の方向を、予言していた。現代では

「美」は「デザイン」の領域に移された。もっとも、「関心を抜きにした好みの対象を美的と言う」と述べたカントの見方からすれば（『判断力批判』五節）、大衆の関心を惹くように作成されたデザインの美は商業的関心の対象として「快いもの」(das Angenehme）ではあっても、「美」ではないという審美的判定となるだろう。ここから先の議論は美学のテーマとして重要ではあるが、本章はドイツ観念論の芸術哲学を主とするので、問題の指摘だけに止めておこう。

「美」を芸術で追求されるものとしたカントとヘーゲルであるが、両者には大きな立場の違いもある。それは、カントにおいて美学の中心テーマが「自然美」であったのに対して、ヘーゲルのそれは「芸術美」だったということである。自然美はヘーゲルの美学講義では、主題としては除外される。ヘーゲルにとり肝要なのは精神の働きの所産である芸術美だった。この見解はもちろんカントにおいても、除外されたわけではない。彼において芸術は「天才」の所産だからである。天才は精神に他ならない。ただしカントにおいて天才とは、自然の所与である。そしてその自然には、精神よりも基本的な位置が与えられる。

ちなみに芸術美と自然美との区別は、立ち入って考察するなら、境界が曖昧となる。たとえばスポーツや舞踊や礼儀作法で鍛えられて美しい人体は、「鍛えられた自然美」とも言うべきで、半ばは自然美、半ばは芸術美ということになるだろう。もし人体の「自然」が、東アジア的ないし仏教的な意味で「あるがままの在り方」と理解されるなら、「自然美」の概念はさらに深い意味となる。これは、前章で述べた「芸道」を視野に入れるときに、さらに問題となってくるだろう。

2　シェリングの芸術哲学、その1――美的直観

今回はシェリングから考察を始めよう。その前にフィヒテについて一言するなら、すでに述べたように、彼は自然を「非-我」として把握した。しかし芸術について彼が語ることは、ほとんど無い。謹厳居士フィヒテの面目と言うべきか。それに対してシェリングは、重要な芸術哲学考察を遺した。シェリングの三部から成る大部の著書『超越論的観念論の体系』では、第一部の理論部門で「知」が、第二部の実践論部門で「自由」が論じられたあと、第三部で「芸術」が考察される。この構成は明らかにカントの三つの批判書の構成を再現し、カントにおいては最終的に成功しなかった「体系」を、構成しようとしたものと言える。しかしシェリングにおいても、この体系企投は成功しなかった。その後の六年間の著作、すなわちイェーナ時代の『ブルーノ、あるいは事物の神的な原理と自然的な原理』（一八〇二年）、ヴュルツブルク時代の講義『芸術の哲学について』（一八〇二―一八〇五年）、ミュンヘンでの芸術講演（一八〇六年）が、シェリングが芸術に取り組んだ時期だった。この取り組みが単に個別に芸術を主題とするのではなくて、体系企投の一環だったことは、念頭に置いておく必要がある。

シェリングの根本的な立場は、知的直観だった。しかし『超越論的観念論の体系』では、知的直観の上位に「美的直観」が置かれた(3)。後者はシェリングによれば、知的直観の内容を感性化し客観化するものである。絶対者の啓示は、客観的な形態で現われなければならない。このことは、シェリングにとって芸術において生じる事柄だった。しかしこの見方は、芸術論として問題となる。なぜなら絶対者の啓示の場所を定める最終の基準が哲学的思惟なのか、それとも芸術作品なのか、という問いを残すからである。シェリングにおいて、そもそも芸術は哲学に対してどのような

関係にあるのだろうか。

この問いに対するシェリングの答えは、シェリングが上記の約七年間のあいだだけ芸術に関わったということに、示唆される。この事実は二重に理解され得る。まずは芸術が、絶対者を「知」において確保しようとした哲学的営為の中では最終的な場所ではなかったという、ネガティヴな意味である。しかしまたポジティヴな意味も、見出される。すなわち、芸術が哲学の規準から放免されて、芸術それ自体として考察される、という可能性である。この二重性は、次に述べるようにヘーゲルの芸術哲学でさらにはっきりしてくる。

3　ヘーゲルの芸術哲学——「芸術の過去性」テーゼとその射程

(1)　ヘーゲルの芸術観「真理の美的仮象」

まず概観を述べるなら、ヘーゲルの『美学講義』での考察は、カントの「美的判断力」におけるような主観的な能力の吟味には限定されない。芸術は、精神が産み出すものとして主題化されるが、ヘーゲルが述べる精神は主観の領域と客観の領域を併せる絶対精神でもあり、精神が芸術現象を把握する場所は「思考」である。だから芸術への通路も、シェリングの場合のような「美的直観」ではない。このヘーゲルの見解では、芸術は哲学の下位に置かれる。この見解が先鋭化されると、よく知られたテーゼになる。すなわち「芸術の過去性」テーゼである。しかしこの中心的テーゼを十分な視座のもとで考察するためにも、幾つかのことを取り出しておかなければならない。

ヘーゲルは、芸術がこれまで取り組んできた感性的な美が、外面的なものにとどまって精神的な品位に届かないということを指摘した。この見方は、もちろんプラトンに遡る。プラトンにおいては周知のように、時空の現象は真に存在するものではなくて、「イデア」の仮象にすぎないとされる。真実在はイデアである。芸術はイデアの仮象を模倣して描くものであり、それも仮象がどう「存在」するかでなくて、仮象がどう「見える」かを描くとされる。だから芸術的表現は真理の仮象のそのまた仮象ということになり、青年の魂の教育に有害とされる。芸術家たちはプラトンが描く理想国家からは追放されなければならない。(4) ただしプラトンによる芸術家追放論は、少し立ち入って理解しておかなければならない。というのは、諸芸術の中で音楽にだけはポジティヴかつ教育的な意味が付与されるからである。別の対話篇、たとえば『パイドン』や『法律』や『イオン』などで語られる踊り子などの神的な狂気も、言うなれば芸術に携わる者の狂気と言える。問題は「芸術」という語で何を理解するかによる。そしてそれは、今日でもまさしく尽きない問いである。

ところで「仮象」というドイツ語「シャイン」は、特にヘーゲルにおいて意識的に二義的である。それは、「輝き」(シャイネン)という意味も含んでいるからである。何かが輝いて美しいというとき、この何かの本体はその輝きによって姿をあらわすとともに、本体を隠す面がある。化粧というものがそういう二義性を持っている。化粧(コスメティック)という語の語源はギリシア語のコスモスであるが、それは単なる物理的な宇宙でなくて、調和的な美を保つ天界という意味である。化粧は、素顔をあらわすと共に隠す。同様に太陽光の輝きは太陽の所在をあらわすとともに、太陽を直視できないものとして隠す。美はその二重の意味でのシャイン、すなわち輝きにして仮象である。そこでヘーゲルは、美を「理念(イデー)の感性的な輝き＝仮象」と規定した。(5) 以下、引用の一々を注記する煩雑を避けて、ヘーゲルの『美学講義』の巻数と頁数を本文中で挙げるという仕方で、叙述を進めよう。

真なるものは西洋形而上学では一貫して、時空を超えて永遠に妥当するものとして理解されてきた。だからそれは人によって異なったり気分的であったりする感性にでなくて、普遍妥当な思惟によって概念把握されるべきものとされてきた。しかしながら、もし真なるものが単に超時間的で超空間的であるなら、それは時空の中に生きている人間にとり、縁もゆかりも無いものとなり、そもそも考えることすら出来ないものとなる。真なるものは、時空を超えて妥当するものであると同時に、時空において現象するものでなければならない。そうであれば、真理の仮象＝輝きとしての美は、真理認識に関してもポジティヴな意味を持つものでなければならない。

芸術は真なるものの仮象＝輝きだという規定は、ヘーゲルにおける美術・芸術の最高の哲学的規定である。しかしこの規定は、芸術の側からは問題を含むものでもある。なぜなら芸術は、ここで哲学の尺度において見られ、芸術それ自身の側から捉えられたとは言い難いからである。芸術を「真なるものの仮象＝輝き」と捉えるのは、哲学から見た芸術であっても、果たして芸術それ自身の自己理解であり得るのかが、問題となる。ヘーゲルの芸術規定では、芸術は哲学の下位に置かれるのか、そして芸術それ自体に即した見方が芸術から奪われるのか。この問いを念頭におきながら、もう少しヘーゲルの見方を検討していこう。

(2) ヘーゲルの「芸術の過去性」テーゼ

芸術に関するヘーゲルのもう一つの重要な、そして今日でもいろいろ議論される見解は、芸術がその内容に関しても形式に関しても、「精神にその真実の関心を意識化せしめる絶対的な在り方ではない、ということであり、「芸術がその最高の規定において、われわれにとり、ある過去的なもの」（一三、二五頁）だという見解である。

このテーゼは、芸術美を精神の産物として捉える見方と表裏をなしている。一方では「芸術に対して宗教や哲学とおなじ使命が割り当てられている。すなわち、神的なものを意識にもたらすという使命である」（一三、二一頁）。しかし他方で、芸術はこの神的なものを特定の形でしか能くしない。すなわち、神的なものの感性的＝美的表現である。

まさにこのゆえに、ヘーゲルにおいて芸術は神的なものの最高の表現形式と認められないのである。芸術がその最高の規定において「過ぎ去ったもの」と見る見方は、神的なものを「現在」において実現するのは「哲学」だという見解を、含意している。

芸術の過去性というヘーゲルのテーゼをもって、芸術がヘーゲル哲学においては終焉にもたらされたと取る解釈が、かなり広まっている。そして、ヘーゲルの死後も芸術は存続し、さらに多様な形態で発展しているではないかという議論がなされる。しかし上記のヘーゲルの叙述からは、芸術が存続することを止めたとみなす結論は出てこない。ヘーゲルが述べることとは、芸術が真理の所在としては過去となった、ということである。そのテーゼはネガティヴとポジティヴの二様に解することができる。ネガティヴには、芸術が真理の所在としては哲学に座を譲ったということである。しかしポジティヴには、芸術がもはや哲学の尺度に即してではなくて、それ自身の尺度において、「芸術のための芸術」という観点で、自らの使命を展開するということを意味する。この解釈はヘーゲル自身が敢えて述べるものではないが、しかしヘーゲル自身の叙述から帰結するものでもある。すなわちヘーゲルは、芸術が人を満足させること（Wohlgefallen）、楽しませること（Unterhalten）、有難い気持ちにさせること（Ergötzen）といった、今日でも客間の装飾とか寺院の付属物とかといった在り方に言われ得る見方を斥け、そういう見方は「芸術がそれ自身の内で自らの規定および最終目的を担うものとならず、その概念がある別のものに置かれ、手段として奉仕することになる」（一三、七七頁）と述べるからである。ヘーゲルは一世紀半後に近代の芸術家たちが主張した「芸術のための芸術」という見方を、より深く掘り下げた仕方で先取りしていたのである。

(3) ヘーゲルの「芸術史」理解

「真理の場所」としての芸術という捉え方は、それだけを見るとあまりに観念論的ないし抽象的で、どこまで具体的な芸術現象に即して述べられ得るのかという疑念を、招くかもしれない。しかし実際には、ヘーゲル美学は建築論、彫刻論、絵画論、音楽論、ポエジー論、等々を詳細に論ずるものであって、単なる抽象的観念論ではない。以下、簡単のためにズールカンプ版の巻数と頁数を付すだけにして、それらの要点をかいつまんで記しておこう。(6)

芸術は精神の自己表現だという見方がヘーゲルの芸術論の基軸であるが、その芸術の最初の課題は「それ自身では客体的なもの、自然という地盤、外面的な精神の外面的な環境を形成して、内面性を持たないものに意味と形式を形成し入れること」（一四、二六七頁）である。そしてその課題を最初に担うのが「建築」とされる。建築はそれ自体で自立的（selbständig）であり、住宅であれ神殿であれ、最初は人あるいは神が住まうための外面的な囲い（Umschließung）である。しかしやがて芸術的な形ないし美への欲求が生じ、目的や必要性を自らの内に持つものとなる。その見方の中でヘーゲルは、たとえばゴシックの本質について述べる。二〇世紀になってゴシックの成立史や背景の神学思想についての研究が格段に進むから、ヘーゲルのゴシック論はそういった建築史の観点ではもはや維持し難いと言う他はないが、ただ、彼は建築を「記号」と捉え（一四、二七二頁以下）、「諸々の精神にとっての声なき言語」（一四、二七三頁）と見た。こういった見方は一九七〇年代以降のポスト・モダニズム建築の見方を先取りしている。またヘーゲルは建築を「象徴的な芸術形式」と捉えたが、これは「古典的な芸術形式」や「ロマン的な芸術形式」へと発展するものとされた。そういった発展史的な見方そのものは、その具体的・個別的な場面で史的・実証的研究によって補充されなければならないとしても、基本的にはヘーゲルにおいて確立されていた。象徴的芸術形式から古典的、ロマン的な芸術形式への発展の必然性は、簡単に言えば、「精神」がその発展を通してよりはっきりとその内面性において表現にもたらされるプロセス、ということである。それは精神の自己表現という規定から帰結する。

この発展史的形式を順を追って忠実に祖述することは、ここでは略してもよいだろう。それよりも、その三番目に位置する「ロマン的な芸術形式」に目を止めたい。すなわち「騎士道」(das Ritterturn)である(一四、一六九頁以下)。これを騎士の生き方と文化とが「芸術」の一形式に数えられるということは、近代の美学・芸術学の視座を超える。これを逸脱と見るか、超脱と見るかで、評価は分かれる。いずれであっても、その見解は「芸術」というものをどう見るか、という問いを含んでいる。ヘーゲルにとって肝要なのは、騎士道の主内容が、「宗教的な内面性の原理が世俗の精神的生命性の内へ必然的に入り込む」(一四、一七二頁)ということであり、「この世俗の精神的生命性という領域で今やロマン的芸術が立場を獲得する」(同上)ということである。この視座で、騎士道が必然的に没落するということも考察される。この着目をここで特に取り上げる理由は、そこで「芸術の過去性」の見方が先取りされると共に、新渡戸稲造の『武士道』の叙述が想起されるからである。ヘーゲルが説く騎士道の「名誉」と「忠義」は、(一四、一七一頁)、新渡戸が挙げる武士道の徳としても出てくるし、騎士道の「愛」は武士道の「仁」にあたる。ただし文化史的な観点からその呼応関係を見るなら、騎士道においては、騎士と主君はいわば「契約」関係にあり、個と個の関係のような面が強いが、武士道の場合は家臣が主君に無条件に仕えるという倫理主義的な面がある。文化史的に言えば、ヘーゲルの見る騎士道はロマン的芸術として芸術史において消えていくが、武士道の場合は近代日本の資本主義でも、たとえば会社への忠誠心とか、マンガの主人公の犠牲的ヒロイズムなどにその痕跡を見ることができる。ヨーロッパと日本の「伝統」の存続スタイルの違いを、そこに見ることもできる。(7)

ヘーゲル美学にもどろう。そこでの彫刻論、絵画論、音楽論は、それぞれに現代では忘却された視点を提供する。忘却という事態が、忘却する側の問題なのか、忘却される側の問題なのか、ということは一つの問いであるが、いずれにしても、問題は芸術の本質を形成する「精神」という視点である。「精神」という視点から、ヘーゲルは芸術の諸分野のランクづけをおこなっている。芸術分野にランクづけをするなどということは、一方では、芸術を芸術として見ないで精神の方から見る観念論的倒錯と言えそうだ。ただし他方で、その倒錯という事態そのものが、芸術の「本質」への問いを放棄するというもう一つの倒錯に対する、絶対観念論の側からの問い返しとなる。過去に対して現在が優越するという進歩史観は、それ自体がひとつの倒錯であり、近代世界の側は単に裁く側の位置に立っているわけではない。むしろ現在と過去は、相互に照らしあう照応関係にある。そこでヘーゲルの考えを、もう少し立ち入って押さえておこう。

　ヘーゲルにおいて音楽は、精神の内面性の表現として建築、彫刻、絵画、等よりも上位に置かれる。その比較の要点を言うなら、建築は音楽と比べて、重い質料を重力の法則に従って扱うから、精神的内容を表現できないものとされる（一五、一三二頁）。彫刻もまた重い質料を保持するが、建築のように無機的な囲いと荷重および支えの法則に従って造形を成すのではなくて、精神の塑性に適合した古典的な美へと質料を転化させる（一五、一三二頁）。絵画は質料の仮象＝輝きを（すなわち色彩を）、感覚的手段として選ぶが、色彩は「生ける現実においてではなく、空間的な形と形態を取り巻いて存在する」（一五、一三三頁）。その点で音楽はより高次に位置する。なぜならそこでは、「一つの空間次元でなくて空間性全体が滅却せしめられ、全き仕方で内面性と外面性の両方にわたる主観性の内へ戻る、ということが生じる」からである（一五、一三三頁）。

　建築、彫刻、絵画、音楽、等々の芸術分野の考察は、ヘーゲルの数度にわたる美学講義で、実際の芸術現象に即して補足・修正されていく。そのことは、ヘーゲルの考察が単に上からの原則の演繹ではなくて、絶えず経験的現実に即して展開されるということであり、芸術現象の歴史性をヘーゲルが顧慮していた、ということでもある。彼は芸術現象の歴史的変遷への注意は、怠っていなかった。ヘーゲルの芸術哲学は「芸術史」という歴史性格を帯びていた。

この芸術史は、ヘーゲルによれば三つの段階を経る。第一段階は「象徴的形式」で、エジプトの建築を代表とする。第二段階は「古典的形式」で、ギリシア彫刻を頂点とする。そして第三段階は「ロマン的形式」で、ヘーゲル自身がそこに属するゲルマン世界の絵画、音楽、劇場、等である。このロマン的形式の芸術で肝要なのは、精神の自由と無限性とが表現されている、ということであり、そこでの内面性がギリシア芸術にはまだ欠けているとされる。ギリシア芸術は美術としての頂点を実現するが、「美」は結局は理念の感性的・美的な仮象として外面的であり、精神の内面性を表現しないとされる。この内面性を表現するのは、ヘーゲルの見方ではロマン的芸術となる。ただしそこでの内面性表現もヘーゲルにとっては、なおも主観的である。かつてカントが述べたこと、すなわち概念なき感性は盲目だというテーゼが[8]、ここに蘇る。ロマン的形式の芸術は、まだ概念の形式を得ない。精神は神的なものを思惟において把握しなければならない。まさしくこの規定において、ヘーゲルは芸術を「過去的」と評し、概念の形式を得るのは哲学だと述べるのである。

(4)　現代芸術におけるヘーゲル芸術観の呪縛力

今日の芸術状況は簡単にまとめるには、すでに十分すぎるほど多様で混沌としているが、それでもヘーゲル美学から敢えて三つの観点を出した上で、若干の考察を試みてみたい。

第一の観点は、芸術を「精神の外化」と見ることである。精神をどう規定するかによって、この観点は現代芸術に与するか否かが決まる。これが現代芸術に与する見方となるのは、現代芸術において過去の精神的伝統の取り込みや新たな表現が試みられる場合である。建築においては、建築というものが本質的に土地や気候と結びつくから、多くの例が見出される。前世紀の三〇年代に流行した「インターナショナル様式」や七〇年代の初めまで流行した「モダニズム」は、その内部でこういったローカルな要素を反映させつつ成功していた。例は多数にのぼるから、私の主観的な観察を挙げるだけでも、全体は尽くさずとも外れることもないだろう。スペインのアントニー・ガウディ（一八五二―一九二六）、フランスのル・コルビュジエ（一八八七―一九二六）、スウェーデンのエリク・ギュナール・アスプルンド（一八八五―一九四〇）、イタリアのカルロ・スカルパ（一九〇六―一九七八）、日本の安藤忠雄（一九四一―）、等々である。ドイツ人の名前を補うなら、彫刻の分野のほうが都合がよいだろう。エルンスト・バルラッハ（一八七〇―一九三八）、ヨゼフ・ボイス（一九二一―一九八六）、アンセルム・キーファー（一九四五―）などである。いずれの作家の作品も、伝統に培われた精神の外化と呼んで、外れることはない。

他方で現代芸術の流れの中には、明らかに精神といった高尚なものへの反逆、伝統の縛りの否定、本能的なものの自己主張、破壊衝動への賛意、反秩序、といった姿勢を打ち出す傾向もある。その背景に、特権的な知性ないし精神性の表現としての芸術に対する反感、一般大衆の世俗的な日常生活そのものの自己主張、といった心理も作用しているであろう。芸術を精神の外化と見るヘーゲルの見方は、精神をこのような一般世俗の作用原理と見るときにも、成立する。その場合は、芸術はもはやカントが考えたような「天才」の創造という限定を、超えたものとなる。キッチュな工芸品、ストリート・アーチストたちの演技、ボディ・ペインティングを延長したさまざまな身体アート、などは、古典的な芸術観念からすれば「反芸術を標榜する芸術」となる。「ヒップ・ポップ」「ラップ・ポップ」といった音楽は古典的な音楽概念からすれば基本的な「メロディー」とか「構成」とかを不要のものとするが、今日では大衆人気においてクラシック音楽を遥かに超える。ただし、それらの「反芸術」は一旦「成功」を収めると直ちに「芸術」として認定されるから、反芸術家たちはまたそれへのアンチを手探らねばならなくなる。そういう現象の最初にしてよく知られた例を、マルセル・デュシャンの『泉』に見ることは、異論を呼ばないだろう。便器に「泉」と書いて展覧会に出品し、非難を主とするセンセーションを起こしたこの「作品」から、二〇世紀の「反芸術」の波が始まった。

上述のように、ヘーゲルは芸術の三つの根本形式を挙げた。今日では「形式」という語の代わりに「様式」という語を用いる方が、一般的だろう。ロマネスク、ゴシック、バロック、ルネサンス、ロココ、古典主義、といった美術史上の様式がつづいた後、二〇世紀以降は個別の芸術領域で種々の実験の波が続いたが、それらは「何何イズム」（インプレッショニズム、フォーヴィズム、キュビスム、コンストラクショニズム、エクスプレッショニズム、ミニマリズム、モダニズム、ポスト・モダニズム、等々）と称して、個別的主張に終わり、かつての「様式」のように、時代の文化現象のエポック全体を総合的に表現するものではなくなった。現代のこの傾向は、個々の芸術家たちがそれぞれ自らの自己主張と自己目的とを持つことと、結びつくように思われる。それによって芸術現象の個別化と多様化が生じる。

すでにヘーゲルの生前から、ヘーゲルへの異議申し立てはなされていた。初期ロマン派の指導者、フリートリヒ・シュレーゲルはヘーゲルの絶対者の哲学に対して、こう書いていた。「哲学が終焉するところで、ポエジーが始まるはずだ」と(9)。この語が意味するのは、絶対者を捉え得るのは哲学でなくてロマン的ポエジーだという主張である。絶対者とは哲学における神の名称であり、論理的・思弁的に把握されるべきものだったが、シュレーゲルは、「われわれはどこにも神を見ることはないが、しかし至るところに神的なものを見る(10)」と言う。

このロマン的な感情は基本的にはカントのよく知られた感懐の語にも表現されている。「二つのものが、いつも新たな、そして増大する驚嘆と畏敬の念で心を満たす。星を散りばめた頭上の天空と、私の中の道徳法則だ」（『判断力批判』結語）。しかし哲学と芸術の関係への問いは、これによって終わることはない。むしろ、ここで初めて問いが始まる。それへの着手点を、われわれはシェリングに見ることができる。

4　シェリングの芸術哲学、その2――「異教的なもの」としての芸術

ヘーゲルが一八三一年に没した後、シェリングがベルリンでのヘーゲルの教授席を継いだ。そこで彼は「積極哲学」を講じた。それは彼が「消極哲学」ないし「理性哲学」と評するヘーゲル哲学に、対抗するものだった。理性哲学とは、概念的な次元に終始してリアルな現実世界に触れることのない哲学だとされた。それに対してシェリングの「積極哲学」は、この現実世界の成り立ちを、差し当たっては「神話の哲学」という形で語ろうとするものだった。神話において、「ポエジー」という形で、道徳的・宇宙論的・哲学的・宗教的な真理が啓示されていると、シェリングは考えた。彼にとり、ポエジーは諸事実が哲学において把握され抽象化される以前に、その神秘的な深層を啓示するものだった。彼は、神話の哲学が歴史の哲学にとってだけでなく「芸術の哲学にとっても欠かすことのできない基盤を形成する」(11)ということを確信していた。

しかし芸術理解においてポエジーを強調することは、シェリングにとってヘーゲルの論理主義的な芸術理解との違いを示す唯一の点ではなかった。彼がそれ以前の一八〇二年から一八〇六年のあいだに芸術哲学において表明していた見解は、根本ではヘーゲルの見解と本質的には異なっていなかった。すなわち、芸術は絶対者が自らを啓示する現前の場所だった。その絶対者は神の哲学的名称だから、その芸術理解は根本ではキリスト教的な見方に刻印されていた。しかし、いまシェリングはこう述べる。「しかし芸術はどこにあっても芸術であり、その本性からして根本的には世界的であり異教的である。そしてそれゆえ、キリスト教においても単にその特別な部分を成すのではなくて、キ

リスト教における異教との関連をなす普遍的なもの（das Universelle）である」[12]。この言葉は、哲学の最深部にも関係する。シェリングの眼では、哲学は単にキリスト教だけに刻印されるのではなくて、異教という要素が本質的だということを意味する。異教の存在意義はすでに一八〇九年の「自由論」で、漏らされていたことでもある。そこではこう述べられていた。「異教は、歴史的に見れば、キリスト教と等しく根源的である。そして、単により高いものの根底であり基底であるにすぎないとしても、しかもいかなる他のものからも導出されないのである」[13]。

シェリングは芸術の中に、キリスト教から見て「異教的」な要素を、それも普遍的なものとして、見ていた。この見解は、非キリスト教的な、その限りでは「異教的」な京都学派とドイツ観念論との、芸術観をめぐる対話のひとつの着手点となるであろう。

5　京都学派の芸術理解、その2——西田幾多郎の場合

これまでに見てきた、ヘーゲルにおける精神の自己表現としての芸術観と、シェリングにおける芸術の普遍的要素としての「異教的なもの」という芸術観を顧慮しつつ、前章につづいて京都学派の芸術思想をさらに少し見ておこう。前章では、久松真一における「禅芸術」の七つの性格が、いずれも「無」の顔とも言うべきものだったことを指摘した。それはまさしく、キリスト教に刻印された世界創造思想との比較で、そしてその軌道上での芸術観から見て、「異教的」と言うほかないものだった。久松と並んで取り上げた二人の美学者、植田寿蔵と木村素衛は、アカデミックな学者として近代西洋の学問スタイルで著述していたが、それでも「行」というような観点が、非主題的ながら含まれていた。では彼らの師匠にあたる西田幾多郎においてはどうだっただろうか。

西田の初期の芸術哲学エッセイ「真善美の合一点」（一九二三年）と、その後につづく芸術論とは、なおもヘーゲル的ないし西洋形而上学的な見方に強く刻印されていた。それに対して西田本来の見方は、後期の「歴史的形成作用としての芸術的創作」（一九四一年）に示される。そこでの西田の芸術論のある特色を、まず最初に指摘しておきたい。(14)それは勝義の芸術を「詩」に見るということである。「唯詩のみが真に自由の芸術である。我々の歴史的世界に於ての事物そのものが、芸術的直観的に詩となるのである」(15)。

どの芸術分野をもって勝義の芸術と見るかで、それぞれの芸術論の特色が端的にあらわれる。「線画」に最も本質的な美術を見るところに、カントの形式主義的美学の本領があらわれる(16)。ヘーゲル美学の体系的性格は、芸術的形式を象徴的、古典的、ロマン的の三つに分けて、これを歴史的発展とした上で、それぞれに建築と彫刻と絵画・音楽・詩（ポエジー）を配当したところに、あらわれる。ポエジーはその体系の頂点に位置する。「異教的なもの」を芸術創作のエレメントとしたシェリングにおいても、詩（ポエジー）は最高の位置を占める。

西田も、詩のみが真に自由の芸術であると見たから、ヘーゲルやシェリングと深く共通するところがある。しかし、西田がそう述べる個所の前に、こういう文章がある。「…すべて芸術とは身体的方向に身体を越え、技術の底に技術を越える所に成立するのであるが、造形美術とか、音楽とかと云ふものは、真に徹底的に歴史的身体的に身体の底に身体を越えると云ふに至らない(17)」。

西田の言う、「身体的方向に身体を越え、技術の底に技術を越える」という見方は、西田の言う「芸術的直観」と連動する。西田は初期の『芸術と道徳』での芸術論でも「芸術的直観」の語を用いたが、それはほぼシェリングの「審美的直観」を援用したものだった。しかし、今はその意味は大きな転回を見せて、「我々の眼が世界の眼となること(18)」とされる。これは唐の時代の禅僧・長沙の語「尽十方世界は沙門の一隻眼」をも念頭においての表現と思われるが、[19] ここでは芸術的創造という場面で、西田のよく知られた論理定式「矛盾的自己同一」を用いて、こう言われる。「矛盾的自己同一の立場に於て我々のポイエシスが即世界のポイエシスと考へられる所に、芸術的直観の対象として芸術的作品と云ふものが成立するのである。それはもはや私の作品ではなくして天の作品である[20]」。

ヘーゲルは前章で引用したように、芸術的直観が「絶対精神の最初の直接的な自己充足」だということを語った（前章の注（28）を参照）。しかしその絶対精神の論理と、西田の語る芸術的直観の「矛盾的自己同一」の論理は、同じではない。

両者の違いはいろいろに表現され得るであろうし、やや立ち入っては「知」をテーマとする後の章で述べるが、ここでは後者が芸術家の「身体」経験に即して語られている、というところに着目したい。ヘーゲルの「絶対精神」の立場では、実践に関わる自我と絶対精神との同一性はどこまでも「思弁」において成立し論証される。その「思弁」は叡智的・精神的であって、身体的直接経験の直接性を止揚したところに開かれる。他方で西田の言う、芸術家の身体の底に開かれる世界身体という経験において、叡智的思弁は「身体化」されて直接経験に転化していなければならない。

西田において身体的方向に身体を越えた世界身体の経験が語られ、これが芸術家の身体と世界身体との「矛盾的自己同一」として捉えられるとき、そこでの「身体経験」が肝要のものとなる。もっとも矛盾的自己同一の論理は、ここでは「援用」されているに過ぎない。ここではヘーゲルの論理との比較の準備はまだ整えられない。しかしシェリングの言う「異教的なもの」としての芸術要素の一例として、西田の語りを数えてもよいであろう。シェリングはこの——キリスト教から見ての——異教的要素について、何らの規定も加えていない。しかし彼が「芸道」という、彼自身も予想なかったであろう世界身体経験を聞いたなら、これを積極的な意義における「異教的なもの」としての芸術要素と、みなすであろう。[21]そしてその異教的な要素は今日の世界では、もはや秘教的・秘匿的ではなくなっている。「ドイツ観念論と京都学派」の第三テーマ「芸術」は、今日世界でなおも問題でありつづけている。

注

（1）I. Kant. *K. U.*, §45.
（2）G. W. F. Hegel. *Vorlesungen über die Ästhetik*, *Werke*, Bd. 13. S. 13.
（3）F. W. J. Schelling. *System des transzendentalen Idealismus*, *Sämtliche Werke*, Bd. 3, S. 625
（4）Platon, *Politeia*, 597e-603c.
（5）G. W. F. Hegel. *Vorlesungen über die Ästhetik I.*, *Werke* Bd. 13. S. 151.
（6）芸術の諸分野にわたってのヘーゲル美学の鳥瞰は、拙著、『阪大講義プロトコル　美のゆくえ――カント、ヘーゲル、アドルノ、ハイデッガー』、燈影舎、二〇〇七年、七二―一一一頁に、少し詳しく述べた。ここではその記述の要点だけを記す形となる。
（7）新渡戸稲造、『武士道』、矢内原忠雄訳、岩波書店、一九三八年。新渡戸が説く武士道とヘーゲルが説く「騎士道」の比較について、前注に挙げた拙著の八五―八八頁でもう少し詳しく述べたが、本章では必要な限りでの言及にとどめた。
（8）I. Kant. *K. r. V.*, A. 51, B. 75.
（9）F. W. J. Schelling. ibid., S. 261.
（10）F. Schlegel. *Athenäum Fragmente*, in: *Kritische Friedrich-Schlegel-Ausgabe*, Bd. II, 260.
（11）F. W. J. *Schelling, Philosophie der Mythologie*, *Sämtliche Werke*, Bd. 11, 241.
（12）Ders., ibid., S. 241.
（13）西谷啓治はこの「異教」（Heidenthum）の語が「自由論」の初版では記されながら、その後の「自由論」の版で編者（シェリングの次男）によって「聖遺物」（Heiligthum）という語に変更されていることを、一九二七年の和訳で指摘した。ドイツの「自由論」のその後の諸版でこの変更がずっと踏襲され、もとの「異教」の語に戻されたのは、七五年後のこととなった。この経緯については、本書の最終章での注（5）、およびこれと連関する本文に記したので、委細はそこに譲る。

（14）以下の叙述は、拙著、『西田哲学の世界——あるいは場所論的転回』、筑摩書房、一九九五年で西田の芸術論を扱った部分（一二二—一二七頁）を、要約したものである。

（15）西田幾多郎、「歴史的形成作用としての芸術的創作」、「旧版」十、二四六頁、「新版」九、二八六頁。

（16）I. Kant, *K. U.*, Bd. V, S. 224. 和訳すれば下記となる。「絵画、彫刻、否、全ての造形芸術において、それらが美術である限り、線画が本質的なものである」。

（17）西田、「旧版」同上、「新版」同上。

（18）西田、「旧版」同上、「新版」同上。

（19）中国の禅僧の伝書『景徳伝燈録』巻十「南嶽第三世　南泉願嗣　長沙岑」で、長沙の語「尽十方世界是沙門眼」云々が記されている（『普慧大蔵経刊行会版本　景徳伝燈録』、宋・釈道原編纂、真善美出版社、中華民国五六年、一七一頁）。中華民国で使用されていた漢字は旧漢字であるが、ここでの引用においては当用漢字に改めた。

（20）西田、同上、「旧版」十、二三〇頁、「新版」九、二七四頁。

（21）前章注（22）を参照。

第Ⅳ部　法

第8章　カント、フィヒテ、ヘーゲル、そして西谷啓治

1　ドイツ語の「法《レヒト》」と日本語の「法」

第三テーマ「芸術」についての前章の折りに、「芸術哲学」はフィヒテには無いがシェリングでは重要な部分をなすことを、指摘した。さて第四テーマ「法」については、その逆の事態が生じる。フィヒテでは「法哲学」は重要な部分をなすが、シェリングではそれに該当する部分はまとまった形では無い。この両者に比べてヘーゲルは、芸術哲学も法哲学もそれぞれ彼の体系的な哲学の中で、不可欠の部分を形成する。フィヒテ、シェリング、ヘーゲルの三者の哲学の特徴は、こういうところにも現れる。

京都学派の場合は、「芸術哲学」というまとまった形での展開は無かったが、芸術思想と言うべき思索は深い仕方で現れ、シェリングおよびヘーゲルの芸術哲学と相互に照らし合う内容を具えていた。これから述べるように「法」に関しても、「法哲学」という表記は用いられないが、「社会」あるいは「国家」に関する思索はいろいろあり、ドイツ観念論と切り結ぶ切点が色々に現れる。

「法」の意味について、あらかじめ注意を向けておこう。まず、ドイツ語での「法《レヒト》」(Recht)と「法律《ゲゼッツ》」(Gesetz)とは、基本的に次元を異にしている。前者すなわち「法」は「正義」とか「権利」とかとかといった道徳的な価値をもあらわし、人為に先立つ大きな「自然法」という考えに、結びついている。それに対して後者すなわち「法律」は、行政府が秩序維持のために定めた人為的なルールであり、大体において「実定法」である。もちろん自然法と実定法は細部においては重複しあう。たとえば物理学の「法則」もドイツ語では„Gesetz“であるが、それは人為ではない。英語訳にも目を移すと、ドイツ語と英語では、「法」は必ずしも一対一の対応関係にはならない。辞書を見ても、「法」(Recht)の英訳は“justice”,“due”,“law”などが挙げられ、三つ目の“law”になると、ほぼドイツ語での「法律」と同じである。しかしドイツ語の「法学」(Rechtswissenschaft)は英語では“jurisprudence”となるから、一対一対応の関係は薄い。

「法」の概念はプラトンにまで遡るなら「ノモス」だが、その複数形を表題とする対話篇『法律』(ノモイ)では、「勇気」や「徳」、「教育」や「芸術」、あるいは「神」にも議論が及ぶから、人為的ルールとしての「法律」の域を越えて、「道徳」や「宗教」にも及び、従って「正義」や「権利」といった領域にも及ぶ。この対話篇は単なる法律論ではなくて、まさに「法哲学」である。

日本語でも、「法」という語は単に法律用語に限定されず、宗教的な意味を持っている。仏教の伝来とともに“dharma”すなわち真理、教法・説法、存在、等を意味する語が、「法」の文字で訳された。この語は道教でも用いられる。『老子道徳経』第二十五章に出てくる有名な語「人法地、地法天、天法道、道法自然」は、日本語に訳すときは伝統的に「人は地に法《のっと》り、地は天に法《のっと》り、天は道に法《のっと》り、道は自然に法《のっと》る」と読む。文法的には、「人法(人の法)は地であり、地法(地の法)は天であり、天法(天の法)は道であり、道法(道の法)は自然である」という読み方も可能だ。いずれの読み方であっても、「法」は「本来の在り方」といった意味となる。

日本語ではこういった語義が語感となって、「法律」の一般的な理解にも染みこんできているから、京都学派の「法思想」をドイツ観念論の「法哲学」と付き合わせるときも、そういった言葉の含蓄の違いを念頭に置くことは無益ではないだろう。「法」という日本語と„Recht"というドイツ語を一対一対応で訳すだけで、大抵は済むと思うが、言葉の深層に踏み込むときは、その一対一対応だけでは思想の外形を鳥瞰する上空飛行に終わるからである。

2　ドイツ観念論の法哲学

(1)　時代背景、その1

以上のことを念頭におきながら、まずはドイツ観念論の「法」思想の思想史的背景を見ていくことにしよう。そこには、古典近世の完成であるとともに近代の始まりでもあるような思想史の局面が、現れてくる。

古典近世すなわちルネサンスから産業革命の進行までという時代は、大まかに言えば、「神」という名の絶対者の理念がなおも社会全体で共有され、絶対王政の政治体制と理念的に連動し、個人の生活や社会の道徳といったレベルでもこれを意味付ける精神的地盤となり得ていた時代だった。しかしいわゆる近代すなわち産業社会・市民社会になると、科学の進歩と並行して啓蒙思想が広がり、ドイツの詩人ヘルダーリンの言葉を借りるなら「神々が去った」時代(1)、ないしニーチェの言葉を借りるなら「神が殺された」時代(2)、という感情が人々の心性に浸み込んでいくようになる。もちろん神信仰はなおも多くの人々によって――特にキリスト教ヨーロッパと米国においては――維持されるが、他方で神の存在の自明性とそれへの信仰とが、一般意識の中で揺らいできているということも、否定し難い事実となる。

そこでは神の座が空虚のままに残り、多くの人がその場所を埋め得る擬似的絶対者を、探すようになる。科学信仰と結びついた合理主義、啓蒙思想、唯物論、といった諸方向が、哲学の世界においても前面に出てくる。

ドイツ観念論で「絶対者」の哲学的企投が為されたということは、人間の心性と社会通念の基盤となる「神」観を哲学において「確保」しようとする試みと、理解することもできる。それは古典近世の完成であるとともに、古典近世を脱して近代が始まるという思想史の一局面でもある。二〇世紀になると、形而上学の復権の動きと、反・形而上学の二つの流れが併存するようになる。これに呼応してドイツ観念論は、新しい思想営為の沃土として受け取られる一方、古色蒼然とした過去の壮大な遺物とみなされる、といった平行現象が見られる。

(2) 時代背景、その2

ヘーゲルの当時のドイツの市民社会は、まだ産業においてイギリスやフランスにおけるような革命的な変化は生じていなかった。これについては、今日もなお一読の価値があるブリュフォードの著『十八世紀のドイツ』が、参考になる。[3] ヘーゲルが『法哲学綱要』(以下『法哲学』と略記)で述べる家族、市民倫理、国家の憲法、等はまだ前近代的である。しかしまさしくそれゆえに、近代市民社会のいわば生成形態がヘーゲルによって視野に収められている。

たとえばヘーゲルはこう述べる。「一般的精神の存在エレメントは、芸術では直観と形象であり、宗教では感情と表象であり、哲学では純粋で自由な思想である。それは世界史においては内面性と外面性との全範囲における精神的現実である。それはある法廷であり、(…)」[4] ヘーゲルはこの文章で始まる節の前節の終わりで、この一般的精神を「世界法廷」と名づけた。そしてそこで、一般的精神が諸々の民族精神に対して法を執行すると述べる。この考えはキリスト教の「最後の審判」思想を原型とし、「終末論的」歴史観を表現している。

ドイツ観念論の法哲学全般の全体像を最初に鳥瞰しておこう。ドイツ観念論の三人の哲学者たちが見解を同じくせず、共通分母のごとき「ドイツ観念論」という語を三人のいずれも用いなかったということは、すでに述べた。当初はシェリングとヘーゲルがフィヒテに対する共同戦線を張った。しかし子細に見るなら、ヘーゲルとシェリングの間の隔たりもすでに早くから見ることできる。そしてある意味ではヘーゲルは、シェリングよりもフィヒテに近いところがあった。このことは法哲学という観点でも言える。シェリングは法哲学と国家論に主題的に関わることがなかったが、フィヒテは法哲学を展開したからである。序章で触れたように、シェリングの後期の哲学では政治的な見解を拾い出すこともできるが、しかしそれは主題的な考究ではなかった。少なくとも彼における芸術や宗教との取り組みに比べるなら、法哲学的な考察は実質を成さない。

これに対してフィヒテは、芸術哲学においてはシェリングに比するべきものを持たなかったが、法哲学においては、彼の知識学に拠って立つ著作を残している。やがて時代の骨格を形成する「市民社会」の構造への注目はまだなされないが、しかしカントの倫理学をさらに敷衍・展開した彼の仕事は、重要な歩みとなる。法哲学と倫理学は、カントにおいてもそうだったが、同一の硬貨の二面だということが、フィヒテの哲学でさらに明瞭になる。その意味でカントとフィヒテをひとつの連関で考察することが、要請される。

3　カントの法哲学——汝なすべし

(1)　『人倫の形而上学』

カントには狭義の「法哲学」を表題にもつ著作はない。しかし上に述べてきたように、「法」の概念を「法律」と峻別して、人為的ルールとしての「法律」以前の、「正義」や「権利」といった領域の一名称として、さらには「道徳」や「宗教」にも及ぶ大きな自然の世界の理法（「道は自然に法《のっと》る」）という次元で取るなら、カント哲学にもその意味での「法哲学」が含まれる。実際、一七九七年の『人倫の形而上学』の第一部は、「法論（Rechtslehre）の形而上学的な原初の原理」と題されている。この法論は断片的には一七八四年の「世界市民的見地における一般史の構想」ですでに断片的に見られるが、よりまとまった形ではこの大著『人倫の形而上学』で述べられる。

カントのもともとの計画では『人倫の形而上学』は、カント自身が「序言」で述べるように、『実践理性批判』に直接につづくはずだった。遅れた理由は、とカントはつづける、法の概念が実践の上に立てられ、法の体系の区分が諸例の経験的な多様性を顧慮して成されなければならなかった、ということにあった。そこで著作の二つの部に「形而上学的な原初の諸根拠」という表題が付された。第一部の表題は「法論の形而上学的な原初の原理」、第二部の表題は「徳論の形而上学的な原初的な諸根拠」である。「原初的な諸根拠」という表現は、一七八六年の著書『自然科学の形而上学的な諸根拠』に、対応している。この著書の表題が含意するところのものは、非・経験的な、形而上学的な諸原理に考察が限定される、ということである。カントは超越論的哲学者として、経験的な諸事実の海原に乗り出すことなく禁欲を守っている。

カントの倫理学を今日の倫理学の内部で位置づける上で、われわれの時代の倫理学は大きく分けて三つの流れに分けられる、ということを念頭に置くとよいであろう。すなわち、メタ倫理学、応用倫理学、規範的倫理学、の三つである。メタ倫理学はこれまでしばしば言語分析の思考に刻印されてきた。つまり意味論的・統文的な言い回しの「良い」、「正しい」、といった言い方が反省され、検討されてきた。応用倫理学は経験的な分野であり、たとえば生物倫理、環境倫理などが議論されてきた。規範的倫理学は哲学的に倫理というものを基礎づけて行動の諸規範の反省を試みる倫理学である。カントの倫理学は規範的倫理学の基礎的な範型と言うことができる。

(2)『人倫の形而上学の基礎づけ』

カントは『人倫の形而上学』に先立って，この倫理学説への基本的な入門書として『人倫の形而上学の基礎づけ』（一七八五年）を刊行していた。この二つの著作は表題が類似していても，内容の重複は含まない。一七八五年の入門書の出発点は「常識的な人間理性」であり，それは『純粋理性批判』で基礎づけられるような純粋に理論的な能力のことではない。「常識的な」と訳した„gemein"の語は，「平俗な」というニュアンスを伴う「共通の」という意味である。平俗的で一般に共通の常識において，道徳と人倫は人間の世俗生活の中に埋め込まれており，社会の構成員の共通理解がそこで形成されている。カントはこの常識的ないし共通の人間理性に経験的に含まれている法則を，取り出そうと試みた。常識的な人間理性によって獲得された主観的な「格率」は，客観的な道徳法則へと高められ，一般化されなければならない。この法則が，カント倫理学の中核概念「定言的命法」である。「汝の格率が同時に普遍的な道徳法則となるように，行動せよ」と。しかし道徳法則は，まずはその存在が見出されなければならない。それが『人倫の形而上学の基礎づけ』の課題だった。

(3)「自由」という原理

「汝なすべし」という定言的命法は，カントにおける「自由」の表現でもあったということを，まず押さえておく必要がある。命法と自由とはイメージの上ですぐに結びつかないかもしれないが，「定言的命法」とは，行為の主体が他律的でなく自律的に自らに課する命法であるから，命法の主体は自由でなければならない。正にその場合の自由は、経験的に「何々からの自由」という意味ではなくて、それ自身に基づけられた「純粋理性概念」であり、「超越論的自由」でなければならない(5)。

カントの定言的命法は、フランス革命に先立って語り出された。中央集権国家の体制整備という点で遥かに遅れていたドイツは、哲学思想においては先進国フランスに先行していた。フランス革命において自由が社会的コンテキストにおいて宣言されたとするなら、ドイツ観念論では社会的自由の根底にあるべき道徳的原理として、自由が究明された。道徳的原理という観点では、自由は、「義務」の概念と表裏一体となる。カントにおける義務は、「汝なすべし」の定言的命法である。それは外的な状況と無関係に、無条件に妥当すべき理性概念としての義務である。そのような義務概念に従った行動は、行動者自身の内に根拠を持ち、従って自由を意味する。

先に、この倫理学は法哲学を兼ねるということ、そしてそのことがフィヒテに引き継がれることを、第4章で指摘した。（第4章第2節）。しかし以下でフィヒテの法哲学に移る前に、同じく第3章で指摘したこと、すなわちフィヒテの女性観・結婚観が当時の社会通念を代弁するような男性優位観に刻印されていることに比べて、カントのそれが両性の「平等」という、ほぼ現代の基準に合致する見方を述べていることを、指摘した。次の一節を引用するだけで、その追加的論拠となるだろう。「同じ諸理由から、婚姻を結んだ者たちの関係は、所有の平等性の関係である。それも、その者たちが交互に他を所有するという意味でも、（…）また財産を所有するという意味でも、そうである(6)」。

4　フィヒテの法哲学——自然法とその帰結

(1)　相互承認論のアポリア

フィヒテの一七九六年の著『知識学の諸原理に基づいた自然法の基礎』は、カントの『人倫の形而上学』の前年に出た。このことは、フィヒテがその法哲学においてカントから独立していたということを、意味する。実際、彼の法哲学の基盤はカントにおけるような「道徳的」自我ではなくて、「絶対的」自我だった。自我に関する二つの見方の相違を見る上で、この『基礎』書での「第三教則」が理解の助けとなる。フィヒテはそこで、有限な理性的存在者の相互承認を問題としている。第三教則はこう述べる。「有限な理性的存在者は、次の場合以外は、自分の外になおも別の有限な理性的存在者を想定することは出来ない。次の場合とは、自分以外の理性的存在者と、法的関係と人が名づける関係の中に立つ、という場合である[7]」。

「相互承認」は「自由」という概念にとってのアポリアでもある。もし自由というものが、外部からの強制や制約から解放された状態を意味するのであれば、一方の自由要求は他方の自由要求を制限することになる。しかしカントにおいて道徳律は普遍的な法であるから、どちらも他方の自由要求を前提し、承認しなければならない。法則にまで高められた道徳は、倫理すなわち人と人との間の領域の法となる。そこでは一方の人格は他方の人格の「手段」ではなくて「目的」とされなければならない。カントにおいて、人格は「目的の王国」を形成しなければならない。そこではどの人格も「尊敬」の感情をもって他の人格に対しあうのでなければならない。しかしこのような「目的の王国」が、直ちに外界の社会的体制となるわけではない。カントにおいてそれはまだ、人間同士の内面的・人倫的な関係にとどまっていたからだ。

フィヒテにおいては、事情は異なる。彼の著作の表題「自然法の基礎」がすでに、自然法によって統御された領域すなわち社会を、問題としている。フィヒテによって意味される相互承認は、単なる内面的な道徳感情ではない。フィヒテはイタリックでこう記している。「私は私の外部の自由な存在者をあらゆる場合において、そのような自由な存在者として承認し、言い換えると私の自由を彼の自由の可能性という概念によって制限しなければならない」[8]。

私の自由を彼の自由の可能性という概念によって制限するという上記の表現で、「彼の自由」を「彼／彼女の自由」とすれば、相互承認は男性と女性のあいだでも成立するのだが、フィヒテはそこまでは考えなかった。すでに見たように、フィヒテにとって男性と女性は平等の関係にはなかった。ただしこの点を除けば、フィヒテは相互承認を、カントのような個人的道徳性のレベルでなくて、「社会」における自由の相互制限として構想した。制限というときの語 „Schranke“ は、『知識学』で理論的に規定されていた。すなわち自我は、一方で非‐我を自我によって制限されたものとして定立するが、他方で自分自身も非‐我によって制限されているものとして定立する[9]。それは、自我が非‐我を対‐象として定立することにより、自らに制限を課すということである。それゆえフィヒテが考える自我の自己定立は、自我が非‐我に対して定立する制限を立てることでもある[10]。だから「制限」という概念は、自我が事実上、非‐我に対面しているということから来ている。それは、この非‐我が自分によって定立されたものであるということには、左右されない。「これと共に、制限という概念には、現実性および否定のほかに、分割性が含まれる」[11]。かくして自我も非‐我も「分割的」（theilbar）として、定立されることとなる。

自我も非‐我も分割的として定立されるということは、単に理論的な事態ではない。それは無数の非‐我によって形成されている社会的関係を、指し示す事態である。フィヒテはこう述べる。何かを制限するということは「この何かの現実性を、否定によって、全面的にではなく部分的にのみ止揚することである」[12]。

全面的にではなく、部分的にのみ止揚するということは、ヘーゲル弁証法の「限定的な否定」（bestimmten Negation）と同じである。ただしフィヒテは基本的には「弁証法」を語らない。そうではなくて「制限すること」を語る。それも、論理学の形としてでなくて知識学の形式として、である。

（2）「無神論論争」

ところでフィヒテの自然法の考えは、フィヒテに思いも寄らなかった二つの出来事を引き寄せた。すなわち無神論論争と、イェーナからの退去だ。この出来事は近代性と前近代性とが併存する当時の移行期性格を、物語る。

無神論論争は、最初は外面的なきっかけで始まった。フィヒテが編集する雑誌『哲学ジャーナル』にイェーナのカール・フォルベルクの論文を掲載するにあたり、フィヒテはフォルベルクの論文に、自らの論文「神的な世界政府へのわれわれの信仰の根拠について」（一七九八年）を補った。この二つの論文は、無神論ではないかという嫌疑を受けた。フィヒテの考えの核心部をなす語を、引用しよう。

「かの生ける、作用する道徳的秩序はそれ自体が神である」[13]。

フィヒテ自身はこの見解を、はっきりと無神論から区別している。しかしそれは彼を攻撃する側を説得する作用にはならなかった。その意味で彼の見解は、かつてアテネでソクラテスに向けられた攻撃に対する、ソクラテスの弁明にも似ている。政治的な動機に動かされた議論においては、哲学的ないしロジカルな論は決定的な要素にはならない。そこで支配するのは、世俗的な力関係である。加えてフィヒテのテーゼ「生ける、作用する道徳的秩序はそれ自体が神である」は、たとえ神概念そのものの否定ではなくとも、人格神の否定と捉えられざるを得ない。フィヒテ自身は道徳的な世界秩序を、超感性的な自由に基づく秩序として説いたのであり、これを裏づける信仰告白として「二人の卓越した詩人たち」すなわちゲーテとシラーの語を、援用した。(14) しかしワイマール政府は、フィヒテとフォルベルクを処罰すべしというドレスデンの宗教庁の方針を支持した。フィヒテはこの処罰に服することを拒み、ベルリンへ去った。

(3)「閉じられた商業国家」の構想

フィヒテの法哲学は、近代性と前近代性の両方を示している。近代的という面から言えば、フィヒテは「自由」を道徳的な世界秩序の原理となし、この秩序が国家の行政を基礎づけるべしと考えた。しかしこの近代的な自由概念は、フィヒテにおいて最終的には神すなわち絶対者に帰せられ、神は「道徳的な立法者」とされた。(15) 彼の法哲学は神信仰を前提して動いており、世俗化を根本動向とする近代から見れば「前近代的」だった。

フィヒテ哲学のこの二面性は、一八〇〇年の著『閉じられた商業国家』で、もっと具体的に示される。フィヒテは一方で、「近代的な諸国家が形成される」仕方を考察する。(16) 彼は旅行や取り引きで相互に諸国民が知り合うという、見たところ利点を有する世界交易システムに対して、警告を発する。「しかし私の見るところ、われわれは一切であらんとし、至るところを我が家にしようとする志向について、正当でなかったし、全面的にそうでなかった。そしてどこにも家の落ち着きを得ていない(17)」。

フィヒテのこの批判は、まさしく今日のグローバル化した世界について当てはまるだろう。そこでは交通手段とメディアの発達のおかげで、われわれは至るところで自分の家に居るような情報環境を志向し、しかもどこにも家に居る落ち着きを得ていない。しかし他方で、フィヒテが局地の通貨のために世界通貨の廃止を主張し、「閉じられた商業国家」を国家の理想として提示するとき、それは現代世界の現実に鑑みて非現実的ないし前近代的と言う他なくなる。現代の諸国家はグローバルな物流と情報網の中で、相互依存と競合対立の関係を築き、この網の中でのみ存立し得ているからである。

「プロローグ」でも述べたことだが、ヘーゲルの弟子でもあるカール・ローゼンクランツは一八六〇年にケーニヒスベルクで、今日ではすっかり忘却されたある講演をおこなった。それは「日本および日本人」と題されていた。彼はフィヒテの言う閉じられた商業国家という理想が、前近代の日本で実現していたと述べる(18)。しかし彼はこの国家システムの中に矛盾を見た。すなわち、この注目すべき国家・日本は「そこにある宝を欲して押し寄せる諸国家を防ぎ、支那の悲しい実例を見て、諸国家との交易に反対している。これらの諸国家は、日本にとり自らの秩序と安らぎ、安寧と安楽とをまずは疑いなく破壊するからである(19)」。しかしながら、とローゼンクランツはつづける。「人類はやはりもともとそれ自体で一つである。人類は諸民族の孤立を許さない(20)」。ローゼンクランツは、フィヒテが構想した閉じられた商業国家が封建国家として世界史の新たな体系ではもはや維持されないことを、見たのである。

5　ヘーゲルの法哲学、その1――「欲望/需要の体系」としての市民社会

ヘーゲルの法哲学について、皮切りの考察に着手することにしよう。ヘーゲルはその『法哲学綱要』で、市民社会が世界史の新たな段階を意味することを見ていた。「ちなみに市民社会の創造は、近代世界に属する。この近代世界は理念のあらゆる諸規定に初めてその権利（正当性）を与える(21)」。

この文言はヘーゲルが市民社会に対して抱いた期待を表現するが、彼にとってその市民社会とはどう本質のもので

あるかが問いとなる。ヘーゲルはこの問いへの答えを、よく知られた次の語で形容した。「需要の体系」（das System der Bedürfnisse）と。[22] ドイツ語の「需要」„Bedürfnis“は「欲望」とも訳し得る。だから「需要の体系」は、日本のヘーゲル文献では一般に「欲望の体系」と訳される。現代の消費社会は誰もが見るように、魅力的な商品を広告によって宣伝し、消費者の欲望を刺激し肥大させて、商品の売り上げにつなげる社会として、「欲望の体系」である。ただしヘーゲルは、そういう大衆の社会心理的な欲望を語ったのではない。そうではなくて、まずは具体的な経済概念としての「需要」を念頭においていた。最近、八〇〇頁を大きく越えるクラウス・フィーヴェークの画期的なヘーゲル伝記『ヘーゲル。自由の哲学者。伝記』（Klaus Vieweg, *Hegel. Der Philosoph der Freiheit. Biographie*）の、該当部分の叙述を借りるなら、こうである。「ヘーゲルはアダム・スミスにおいて需要（Bedürfnisse）の体系に関する本質的な諸規定を見出している。すなわち、産業における分業、あらゆる面における作業者の依存、労働の抽象的な一般性を、国民の富として承認すること[23]」。

ヘーゲルはこの「需要の体系」としての市民社会を、生成論的に考察する。すなわち、市民社会の前段階は「家族の解体」である。家族は結婚して子供をつくり、近代社会に限らず家族一般に妥当する倫理的精神、つまり愛で、結合している。しかし新社会での家族は一夫一婦で形成され、「子供たちが自由な人格へと教育されて、成人となって一人前として認められ、法的人格として、自らの自由な財産を持ったり、自らの家族をつくったりすることによって、解体する[24]」。

子供が成人に達することのネガティヴな側面は家族の解体である。ただし、そのポジティヴな側面がもちろん決定的である。すなわち家族の数が増えることであり、自立した個人が相互に関わり合い、より大きな関係形式を、つまりは市民社会を、形成することである。ヘーゲルは、この市民社会では結婚が従来と異なる仕方で形成されると述べる。これまでは両親が、結婚する本人たちに尋ねることなく結婚相手を決めていた。「それに対して近代の社会では、主観的な出発点、すなわち恋愛が、唯一の重要な出発点とみなされる。誰もがその時が来るまで待つのだ、ただ一人の特定の人にだけ愛を贈るのだと、人は考えている[25]」。日本であれば江戸後期にあたるヘーゲルの時代の絶対専制主義国家、プロシアで、結婚に関してはすでに恋愛結婚が「唯一の重要な出発点」となっていた。

もちろんヘーゲルも時代の子である。すでにフィヒテについては見てきたが、たとえば女性に関するヘーゲルの考えも、現代から見れば一向に近代的ではなかった。「女性たちが政府の頂点に立てば、国家は危機に瀕する。なぜなら女性たちは、普遍性を持つ要求に準じてではなくて、偶然的な好みや意見に従って、行動するからだ[26]」。もしヘーゲルが現代に生き返って、一九六〇年から二〇二二年までに世界各国の政府の長に選出された女性の数が一一〇人にのぼること[27]、そしてそれらの国家にはドイツも含まれて、そこでは女性首相の下で繁栄を享受していたことを見たなら、彼は自分の『法哲学綱要』のいくつかの節を全面的に書き直すことを不可避と見るだろう。

しかし時代的制約の部分をヘーゲルの法哲学の本質的部分に置き換えてしまったら、「盥《たらい》の水と一緒に赤児を捨てる」ことになる。その赤児とは、近代社会の本質性格、すなわち「需要の体系」である。ヘーゲルはこの語を、差し当たっては市民社会の三つの契機の一つとして挙げた。あとの二つは司法（Rechtspflege）と警察及び組合（Korporation）である。しかし最重要の契機はもちろん、「需要の体系」である。ヘーゲルはこの市民社会において、誰もが自己目的であって同時に他者に関係づけられ、媒介しあっている、ということを見た。彼は社会の分裂の可能性に導くようなネガティヴに作用する特殊の需要をも見るが、それらは「国家」において止揚されると考えた。「直接的な人倫の展開が市民社会の分裂をくぐって、それらの真の根拠として示される国家に発展するということが、国家概念の学問的証明である[28]」。

今日の視点で見るなら、ここにはプラトンの対話篇『国家』やホッブスの『リヴァイアサン』と同じ問題が生じる。すなわち、近代国家は単数ではなくて複数だという問題である。国家間の関係は単純でないどころか、しばしば個人間の葛藤を無限に複雑化させ拡大させたものとなる。ヘーゲルはもちろん二〇世紀に二度の世界大戦が起こったこと、国家群の対立がそこに至ったということは、知らない。ヘーゲルがこの後世の出来事を知らないままに今日の世界に問いとして提起するのは、「世界史の理念」である。それは「世界精神」[29]によって動かされていると、ヘーゲルは考えた。そしてこの世界精神が、「世界法廷としての世界史」において正義の裁きを成すと見た。[30]この世界精神とは何なのか、どこに実在するのか、という問いは、本書の問いでもある。すなわち「絶対者」はどこに見出されるのか、あるいはもう見出されないのか、である。この問いの展開は、最終的には宗教哲学的な考察に結びつくであろうが、それは第Ⅵ部まで持ち越される。

6　ラートブルッフ「五分間の法哲学」

ヘーゲルの法哲学は、近代の市民社会と国家の哲学的な根拠づけを「絶対者」に求めようとしていた。それに対して近代市民社会の法律は、欧米の諸国家においてそれぞれ歴史と内容を異にしつつも「近代法」として展開し始め、表面的には、そういった形而上学的な思考からの訣別がなされた風に見える。しかし、単純にそうとも言えないところがある。この点で筆者が法哲学の専門でないままに少し親しんだグスターフ・ラートブルッフ（Gustav Radbruch, 1878-1948）を、援用しよう。ラートブルッフは二〇世紀のドイツ法哲学を代表し、ナチス政権下で大学の教職から追放され、戦後に大学に復職した学者だ。一九四五年に彼は、「五分間の法哲学」という、一種の声明文とも取れる短文を発表した。(31) 筆者の目には、ナチス国家の犯罪的な「法律」(Gesetz) をも念頭において、「法」(Recht) の本質を剔抉する、実に見事な短文だ。「最初の一分間」では、「法」というものが単なる「命令」と違って普遍的に妥当するものだということが述べられ、「二番目の一分間」では、法が民族（国家）を利するもの（逆ではない）と規定され、「三番目の一分間」では、法が「正義」への意志だとする。「四番目の一分間」では、悪法が存在するならそこから法的性格を剝奪せねばならないと述べられる。そして「五番目の一分間」では、そのような法の原則が「自然法」であり、最終の解決は個人の良心に語りかける「神の声」に委ねるべしと説かれる。

ラートブルッフの言う最終判定の「神の声」は、ヘーゲルの言い方では「絶対法廷」となる。「良心」についてのラートブルッフの語りは、カントを想起させる。そして彼の言う「自然法」は、国家の基礎づけを結婚および家族から始めるヘーゲル法哲学の基礎の部分と、本質的に重なっている。カントからヘーゲルへと展開される法哲学の心髄が、二〇世紀のラートブルッフの法哲学で維持されているのである。

7　京都学派の法思想、その1——西谷啓治「国家の無我性」という考え

その「心髄」は、キリスト教的な神観である。それはイスラームや仏教、そしてニーチェ以来のニヒリズム、等々の精神的現実に直面するとき、いろいろの吟味と転釈を要する。そのための対話の相手の一人として、最後に京都学派の「法」思想を眇見しよう。その思想の核心には、自我の根底を「自己の無」ないし「無我」に見るという「無」の思想がある。それは神観を心髄とするドイツ観念論の「絶対自我」あるいは「絶対者」の思想と、あたかも地軸を共有しながら対極をなす地球の南北の両極のような位置にある。

哲学においては西田幾多郎に始まるこの「無我という在り方の無」の見方は、まずは個人の内面的・宗教的な境地として種々の表現にもたらされたが、それが社会や国家の骨格をなす「法」に、どのように結びつくかという疑問が、当然ながら生じる。次章で述べることだが、その疑問は京都学派の内部でも、たとえば田辺元による西田批判という形で、提出された。果たして「国家」の根底というレベルと、無我というような「宗教的内面性」の視座とが結びつくのか、またいかにして結びつくのか、それが問題である。西田は「学問といふものは、それ自身が精神を有つたもの」[32]と述べ、「我々が真に日本的法律といふものを組織するには、深く歴史哲学の根柢に入つて、そこから独特の法の概念が生み出されなければならない」とした。[33]

この立場を、田辺の国家論とは別の仕方で展開したのが、西谷啓治の『世界観と国家観』（一九四一年）である。京都学派の法哲学の章を西田や田辺の著作でなくて西谷の著作から始めるというのは、年代順の上で少し逆のように思われるかもしれないが、ひとつの時代運動の本質動向を見るという場合には、年代順を逆さにして出来事を遡及するときにかえって事柄がよく見えているということもある。そこで、このまま叙述をすすめることとする。

西谷の『世界観と国家観』を「法哲学」と称するべきか、むしろ「歴史哲学」に数えるべきかも、問題かもしれないが、その区分けにこだわることはそれほど有意味ではない。その点で西谷の著作の性質はヘーゲルの「法哲学」に通ずる。ヘーゲルの場合も歴史哲学と法哲学の区分けは可能だが、同時に、「法」と「歴史」が相互に融合しあうことを確認させるからだ。ここでは、西谷がこの著書を草していたとき、太平洋戦争の足音がひたひたと迫るのっぴきならない歴史世界の情勢があった、ということを指摘しておくだけで十分であろう。「著書の表題は、世界観が先で国家観が後になっている。それは当時の時局を支配する超国家主義に対しての、逆の見方をあらわしている」と、西谷啓治が晩年に筆者の訪問の際に漏らしたコメントを、付記しておきたい。

当時の世界情勢を示す西谷のナチス批判の文章をも、挙げておこう。「ナチスに於ても、全体性としての国家に対する個人の犠牲心が根本倫理として強調されてゐる。併しこの倫理の更に根本には、単に自然的生命主義からの人種理論があるのみで、人をして生死と生死世界とを超脱した所に立脚せしめる〈世界〉直観も〈世界〉観もない。即ち宗教性を缺いてゐる(34)」。

西谷において、一方では科学と哲学、他方では伝統的宗教と科学との乖離という、ヨーロッパ近代の精神状況が、まずはそのまま日本でも成立しているものとして引き受けられる。しかしそれを「世界的な世界史の地平」のなかで、ないしそのような地平として、解決する方向が模索される。「ここに、吾々がわが国の伝統的精神を益々深く究むべきことと、西洋の学問を益々深く研究すべきこととを、ともに義務とせねばならぬ所以がある(35)」。

西谷の思想展開は、「国家と宗教」という問題を軸に、神話、倫理、といった方向へ伸びていく。世界観と国家観という問題視座の中で西谷が提起する洞察は、次の語に凝縮する。「絶対他力のはたらきに回向されて生ずる無我の主体性のみが、倫理的実践の主体性を否定即肯定的に生かし、かくしてまたそれ自身を現実生活に活動せしめ得る(36)」。戦後の一九四六年にこの著作の趣旨を記した「後語」では、この著が「最後に、国家の自己中心的な有り方への自己否定に於て国家に内在して来る世界性の地平、或は国家的な無我性といふ如き立場に到達したのである」と、記されている(37)。

「無我」という立場が哲学の立場として成立するというような事態は、カントでもドイツ観念論でも、とりあえずは考えられない。哲学的意識は、どこまでも「私は考える」というときの考える意識、ないし自己意識である。その自己意識は、「自我は自我である」と宣言する主体である。カント的に言えば、それは「叡智としての思考する主体である自我が、自分自身を思考された客体として認識する(38)」という事態であり、フィヒテの「知識学」の言い方を採用するなら、それは「自我の自己定立」であり、ヘーゲル的に言えば、「真なるものを実体としてだけでなく主体として捉え、表現すること」[39]である。いずれにしても、人間的主体の本性が、そこで問題になっている。

しかし先の問いを反復するなら、無我は個人の内面的・宗教的な境地として種々の表現にもたらされたが、それが社会や国家の骨格をなす「法」に、どのように結びつくかという疑問が、当然ながら残る。たとえばヘーゲルは、「愛」という個人の情感が結婚と家族形成の結合原理であることを述べた後に、こう記していた。「しかし愛は情感である。言い換えると自然的なものの形式における人倫性である。国家には愛はもはや無い」[40]。ヘーゲルは国家のおこなう政治が無情だと言うのではなくて、国家では理性的な「法」が基軸になると考えたのである。自然的で直接的な情愛を結合要素とする家族に対して、国家は理性的な法体制で組織化され、その組織力学が国家の骨格を形成すると、ヘーゲルは見ていた。他方で西谷は、国家的な無我性の顕揚が単に個人的な内面の在り方でなくて、「日本の使命」だと考えた[41]。それは戦後の新憲法の模索期にあって一つの理念を提示する、という意味もあった。ただ、その後の現実の現代史を知るわれわれから見れば、国家の無我性を頑強に阻む「国家の底なしの我性」をも、直視せざるを得ない。その「我性」は仏教的には、「無明」（煩悩、迷い）の根の深さという問題にも通ずるだろう。そして法哲学的には、国家がリヴァイアサンとしての怪物的自我性格を法人格の内に秘めることを、直視する必要に、迫られる。

『大乗起信論』では、「忽然念起、名為無明」（忽然として念の起こることを、名づけて無明となす）と述べられる[42]。その無明が「薫習」（薫りが乗り移ること）によって真如清浄の「空」（śūnyatā）を覆い、妄境界を現出させる。しかしまた真如の空の「薫習」が無明を滅するとも言う。それは仏教思想としては深い意味を持つが、しかし底なしの我性を持つ国家群の葛藤という現実世界では、国家的規模の無明がそのような仕方で滅して解決されるということは、もちろん期待できない。ただ、もし解決されたならそれはどのような状態を意味するか、という洞察において、依然として揺るぎないものがある。ヘーゲルの言う「絶対法廷」やラートブルッフの言うような「神の声」が、キリスト教を基調とする思想世界においては一つの方向となるであろう。他方で仏教思想を一つの滋養源とする京都学派の、「無我」を出発点とする法思想では、具体的な組織論の観点からどうなるだろうか。「ドイツ観念論と京都学派の法思想」というテーマは、このような本質的な問いを惹起する。

注

（1）ヘルダーリン、『パンと葡萄酒』、第九節に出てくる表現。

（2）F. Nietzsche, *Fröhliche Wissenschaft*, Drittes Buch. §125.: „Wohin ist Gott? Rief er, ich/will es euch sagen! Wir haben ihn getödtet, -ihr und ich!" (*Friedrich Nietzsche Sämtliche Werke. Kritische Studienausgabe*, Bd. 3, S. 480/481.)

（3）Walter Horace Bruford, *Germany in the eighteenth century. The social background of the literary revival*, 1935. 3. Aufl. 1952. Die deutsche Übersetzung: *Die gesellschaftlichen Grundlagen der Goethezeit*, 1936.

（4）G. W. F. Hegel, *Vorlesungen über die Philosophie des Rechts*, *Werke*, Bd. 7, §341, S. 503.

（5）I. Kant, *Metaphysik der Sitten*, Einleitung. IV, *Kants Werke*, VI, S. 221.

（6）Ibid., I. Theil, 2. Hauptstück, §26., ibid. S. 278.

（7）J. G. Fichte, *Grundlage des Naturrechts nach Principien der Wissenschaftslehre*, *Fichtes Werke*, ibid., 3, S. 41

（8）Ibid., S. 52.

（9）Ders. *Grundlage der gesammten Wissenschaftslehre*, *Fichtes Werke*, Bd. 1, S. 125.

（10）Ibid., S. 257f.

（11）Ibid., S. 108.

（12）Ibid., S. 108.

（13）J. G. Fichte, *Ueber den Grund unseres Glaubens*, *Nachdruck*, *Fichtes Werke*, Bd. 5, S. 186.

（14）Ibid., S. 188

（15）Ders., *Versuch einer Kritik aller Offenbarung,* Erste Auflage 1792; Zweite, vermehrte und verbesserte Auflage, 1793. Fichtes Werke, Bd. 5, S. 115.

（16）Ders., *Der geschlossene Handelsstaat,* Fichtes Werke, Bd. 3, S. 451.

（17）Ibid., S. 512.

（18）「プロローグ」での注（24）と（25）を参照。

（19）Karl Rosenkranz, *Japan und die Japaner,* in: *Neue Studien.* Erster Band: *Studien zur Culturgeschichte,* Leipzig, 1875, S. 357.

（20）Ders., ibid., S. 357.

（21）G. W. Hegel, *Grundlinien der Philosophie des Rechts,* §182, Zusatz. *Werke,* Bd. 7, S. 339.

（22）Ibid., §188, S. 346.

（23）Klaus Vieweg, *Hegel. Der Philosoph der Freiheit. Biographie,* 2. und 3. Auflage, München 2019, S. 506. Taschenbuch-ausgabe 2023. このフィーヴェークの著書は現今の哲学関係の出版物としては異例の売れ行きである。売れ行きが良いから内容も良いという等式は成り立たないが、ヘーゲルの人生行路に関するありとあらゆる資料を徹底的に調べ上げ、加えてヘーゲル哲学の内実にも懇切な案内を兼ねている、瞠目に値する書と思う。

（24）G. W. F. Hegel, ibid., §177, S. 330.

（25）Ders., ibid., §162, Zusatz, S. 313.

（26）Ders., ibid., §166, Zusatz, S. 320.

（27）一九六〇年から二〇二三年の間に女性で政府首脳選出もしくは任命された人物の一覧表として、下記がある。「https://ja.wikipedia.org/wiki/選出もしくは任命された女性の政府首脳の一覧」。

（28）G. W. F. Hegel, ibid., §256, S. 397.

（29）Ders., ibid., §340, S. 503.

（30）Ders., ibid.

(31) Gustav Radbruch, *Fünf Minuten Rechtsphilosophie*, in: *Gustav Radbruch Gesamtausgabe*, Bd. 3: *Rechtsphilosophie III*, bearbeitet von Winfried Hassemer, Heidelberg, 1990, S. 78-79.

(32) 西田幾多郎、「日本文化の問題　附録・学問的方法」、「旧版」十二、三八八頁、「新版」九、八九頁。なお、この「附録」はロルフ・エルバーフェルトの独訳で、*Polylog. Zeitschrift für interkulturelles Philosophieren*, 2004, Nr. 10/11, S. 67-72に掲載され、同じくエルバーフェルトの著 *Dekoloniales Philosophieren*, Göttingen, 2021, S. 28-29でも、取り上げられている。

(33) 同上、「旧版」同上、三八九頁、「新版」同上、九〇頁。

(34) 西谷啓治『世界観と国家観』（一九四一年）、著作集、第四巻、創文社、一九八七年、三六〇頁。

(35) 同上、三六五頁。

(36) 同上、三七九頁。

(37) 同上、三八一頁。

(38) I. Kant, *K. r. V.*, B. 155:

(39) G. W. F. Hegel, *Phänomenologie des Geistes*, *Werke*, Bd. 3, S. 23.

(40) Ders., *Grundlinie der Philosophie des Rechts*, *Werke*, Bd. 7, S. 158, S. 307

(41) 西谷、同上、三八四頁。

(42) 『大乗起信論』、『佛典講座22』、大蔵出版、一九七三年、一八二頁。

第9章　国家と社会の弁証法

1　ヘーゲルの法哲学、その2

(1)「ドイツはもはや国家ではない」

第8章で着手したヘーゲルの大部の講義『法哲学綱要』の考察を、続行しよう。

ヘーゲルが国家と社会を哲学的テーマというよりは政治論のテーマとして論じたのは、彼の若きベルン時代とフランクフルト時代だった。そこにはヘーゲルが思弁的哲学者となる前の、若き政治論者ヘーゲルがいる。当時のドイツがどういう状態にあったかを、ヘーゲル自身が初期論考「ドイツ憲法論」(*Die Verfassung Deutschlands*)で述べている。すなわちテキストの冒頭で、ヘーゲルはこう記す。「ドイツはもはや国家ではない」[1]と。このテーゼは、イギリスやフランスに比べて中央集権国家体制が遅れ、小国分立状態にあったドイツ帝国の現状を指している。

フランス革命の波及を恐れてアンシャン・レジームを維持しようとするヨーロッパ諸国が、数次にわたる対仏戦争をおこなっていた。しかし結果はフランス共和国軍の圧倒的優勢に終わり、ドイツは「最も美しい諸邦(Länder)と数百万の民」をもぎ取られ、重い負債を背負うことになり、人々は、その現状以外には方策はないのかと問わざるを得なくなった(2)。それが、ヘーゲルの「ドイツ憲法論」執筆の時代背景である。

もちろん若きヘーゲルが着目した本来の問題は、その次にあった。すなわち、ドイツが政治的に遅れた状態に置かれざるを得なかったこととドイツの「憲法」とが、なぜあれほど正確に符号しているのか、ということである。そこで彼は、「ドイツ憲法論」で、憲法の内容をなすべき「軍隊」、「財政」、「領土」、「法的組織」、「代議制度」、等々について論じた。

しかし「ドイツ憲法論」において基本をなす問題は、「国家の概念」だった。ヘーゲルが考えていた「国家」は、「共同の防衛力と国家権力」を持つ組織である(3)。もちろんヘーゲルは、単に「社会」を跳び越えて「国家」を考えたのではない。彼はフランス革命によって自己主張の意識を自覚的に持ち始めた「市民」という存在に、本質的に重要な意味を見出していた。古代ヨーロッパ諸国家との比較において市民社会が持つ「長所」として、ヘーゲルは司法と行政の個別的な事柄に関しては国民が自由な活動の余地を持つことを挙げている(4)。しかしながらヘーゲルの法哲学では、国民が形成する活動の場としての「社会」の比重は、あまり大きくはなかった。表面的には、「ドイツ憲法論」のなかで「社会」(die Gesellschaft)という語が用いられることは、稀だった。その稀な個所のひとつは、こう記される。「ある社会の本質が持つ諸制度は最高の国家権力から発動すべきであるとか、この最高の国家権力が社会を統御し、命令し、監視し、指導すべきである、(…)、とかというのは根本的な偏見である(5)」。この含蓄の多い、しかし未展開に終わった見解は、現代世界でまさにこの「根本的な偏見」を国是とする独裁専政主義国家が存在することを、想起させる。

ヘーゲルにおいて、このように社会が国家権力の統制のもとで自由な空間を持つべきことはいちおう認識されていた。しかしそれは、中心的な主題として論じられることはなかった。「市民社会」は重要なテーマではあったが、これの裏づけとなる現実はまだ未展開だった。当時のドイツ帝国の「小国分立」という状態の中では、ドイツが「もはや国家ではない」という現実に対して、「国家」概念の確立の方が哲学的に喫緊になっていた。「経済」も国家財政という次元でのみ論じられるから、マルクスの『資本論』の場合のように、社会の下部構造という位置づけはなかった。

(2)「家族・市民社会・国家」の三段階論

ところで、かつて古代ギリシアのプラトンがそうであったように、ヘーゲルも最初は政治に志を向けていたが、やがて哲学的思弁において巨大な才能を開花させる。一八〇七年に『精神現象学』を、そして一八一二年に『大論理学』を世に出したあと、ヘーゲルは一八二一年に『法哲学綱要』を刊行し、「家族・市民社会・国家」の弁証法を展開した。その時代背景がまたしても、プロイセンという「国家」が「憲法」の制定をめぐって大きく揺れた時期でもあったことを、注記しておきたい。なぜ揺れたかと言えば、それはプロイセンの国家体制そのものに起因することだった。プロイセンは君主国家であるから、君主が憲法を宣言するが、そのことは、君主もまた憲法に服することを意味するのか、それとも君主は憲法を超えた存在なのか、という難問を惹起することとなる。ヘーゲル哲学が大きく開花する中期の『法哲学綱要』と、ごく初期の「ドイツ憲法論」とは、ヘーゲル哲学の展開局面としては大きく異なるが、そこで引き受けられた時代構造は、深く共通していたのである。ただし、『法哲学綱要』のヘーゲルはもはや政治論の論客ではなくて、思弁的哲学者である。

この著作はヘーゲルの『精神現象学』、『大論理学』、『エンツィクロペディー』と並ぶ「主著」に数えられる。そこでは「家族・市民社会・国家」という三段階の展開プロセスが、考察された。その展開プロセスが「個別・特種・一般」という三一的な弁証法の論理を骨格とすることを、指摘しておきたい。これによって、「ドイツ憲法論」では萌芽的にとどまった「国家」と「社会」の区別が、論理的な位置づけを得る。すなわち「家族」は人倫の個人的段階であり、これが特種としての「市民社会」の構成要素とされ、「国家」という一般者へ止揚される。

京都学派との比較の準備を兼ねて、「家族」という個人的段階と「国家」という全体的段階の中間に置かれた「社会」のヘーゲル弁証法を、見ておこう。「社会」は一方で、個人が形成する「家族」という共同体を基本的要素として持っている。この家族共同体は、子供が独立して別の家族を形成することによって解体する。その家族が多数成立することによって、市民社会が形成される。だから構造論的には、「家族」は「市民社会」へと移行する。(6)

哲学者・ヘーゲルは、ここで市民社会を、これまで見てきたように、「欲望／需要の体系」として考察する。ここでの「欲望」というドイツ語 Bedürfnis は前章でも述べたように、自然的・心理的な「欲望」でなくて、経済概念としては「需要」という語であり、精神的な需要という要素も含まれる。それはヘーゲルが「社会的需要」という語を用いるときもそうである。社会的需要とは「直接的で自然的な需要（欲求）と精神的な需要との結合(7)」であるから、その場合の需要は単に物理的ではなくて、精神的な欲求・欲望をも兼ねるのである。われわれは、経済を動かす「需要」が人間の「欲求」でもあるという、考えてみれば当たり前の事実に、不意に気づかされる。そしてそう気づくとき、社会経済の考察は哲学的な次元を根底に持つということにも、思い至る。

市民社会の規定は、個人を原理とする「家族」という契機と、労働および欲望を媒体とした「社会」という契機の両方を含み、両者の根底ないし根拠として、「国家」が浮上する。時間的展開の順序としてはそうであるが、しかし事柄としては「国家」が第一であると、ヘーゲルは述べる。「国家の内部で初めて家族は市民社会へと自己形成するのであり、両方の契機へと分岐するのは、国家の理念である(8)」。

(3)　「現実的なもの」と「理性的なもの」

社会が弁証法的には国家の理念に止揚されるというとき、それは歴史において自己実現する世界精神の弁証法として、自己肯定的・理性的でなければならない。そこでヘーゲルは「国家学」（Staatswissenschaft）が、「国家をそれ自身の内で理性的なものとして概念把握し、叙述する試みに他ならない」[9]と言う。この語はそれだけでヘーゲルの法哲学の根本意図を物語るものであるが、これをさらに端的で基本的な哲学的主張ないし洞察として、表現する語がある。それは今日に至るまで種々に議論されるヘーゲルの次のテーゼである。

「理性的なものは現実的であり、現実的なものは理性的である」[10]。

一般に誰もが感じ、また経験してきたことは、歴史世界においてはいずれの時代でも理性と現実が調和するよりは、むしろ不条理と葛藤に満ちている、ということだろう。実際、世界史を振り返るとき、ある国家が永続的に理想状態にあったというためしはない。一時的に平和と幸福を享受する時代があった（とみなされた）としても、それは程なく外部からの侵略に晒され、ないし内部から崩壊が始まり、最悪の場合には崩壊した。哲学者が考える「人倫の法則」に国家の指導者が耳を傾ける限りは、戦争は起こらないと仮定してもよい。しかしカント自身が『永遠平和のために』（一七九五年）で、こう記している。「王たちが哲学するか、あるいは哲学者たちが王となるということは、期待できない。のみならず願望されてもいない。なぜなら権力の所有は理性の自由な判断を台無しにするものだからである」[11]。戦争は国家間でのみ生ずるのではなくて、国家内部の構成組織あるいは人間同士でも生じる。現にカントは、さらに後年に『諸学部の争い』（一七九八年）を刊行している。

しかしヘーゲルは、現実が理性的であり、理性的なものは現実的だと言う。そのテーゼは、カントが凝視したような歴史世界の現実を直視するなら、現実的でも理性的でもないように見える。ただしこの有名なテーゼについては、一八二一年のヘーゲル『法哲学』の刊行に先立つ一八一九／二〇年の同じ主題の講義で、重要な聴講ノートが作成されていた。これがある米国の大学図書館で発見され、一九八三年にD・ヘンリッヒによって編纂され出版された。その聴講ノートでは上記のテーゼは、こうなっている。

「理性的なものは現実的と成り、現実的なものは理性的と成る」(12)。

一八二一年に著書として刊行されたヴァージョンでは、理性的なものと現実的なものとの直接的な一体性が、いわば有無を言わさない仕方で宣言されている。しかしそれに先立つ一八一九／二〇年の講義では、そういった一体性が「成る」ものとして述べられている。そうなると、事柄は最初の単純な様相を脱して、考察を必要とすることになる。編者のヘンリッヒはこれについて、「これは状態でなくて、生じる出来事を、きわめて強く強調するものである…」と述べている(13)。聴講ノートではヘーゲルは、この個所に先立って、「時間において内的な精神の内部にあるものは、確かに且つ必然的に生じる」(14)とも記している。

もちろん、この聴講ノートによってヘーゲルのテーゼが補完され擁護されたと言うわけにもいかない。というのは、ヘーゲル自身はこの一八一九／二〇年での言い方を一八二一年に刊行の著書では採用せずに、理性的なものと現実的なものとの端的な同一性を述べる表現にしたからであり、そこでの同一性は、ヘーゲル自身が確信を持って提出したものだからである。

ここには原理的に、キリスト教の終末論的な世界観が表現されていると見ることができる。聖書には、「神の国」ないし「主の日」がいつ到来するかは、はっきりと書かれない。「主の日は盗人が夜来るように来る」(テサロニケ人への第一の手紙、五・二)。しかしまた、それが「確かに且つ必然的に」到来するという信仰だけは、はっきりしている。だから上の語の直前には「なぜなら、あなたがた自身がよく知っている通り」と、記される。基本的には同じことが、ヘーゲルにおいて「理性的なもの」と「現実的なもの」との相互関係において表現されている。現実的なものがいつ理性的に「成る」かは未決定だとしても、その同一性が根本で成立しているということが、確信されているのである。両者についての上記二様の表現は、本質的におなじなのである。

ちなみに言えば、ヘーゲルが『法哲学』で述べるこのような終末論的な世界史観は、ヘーゲル哲学の「観念論的」な性格を「唯物論的」に逆転させたと言われるマルクスの「史的唯物論」においても、実は堅持されている。一八四八年に布告された「共産党宣言」が二五年後の一八七二年に再版されたとき、マルクスとエンゲルスは「序言」(Vorreden) にこう記した。「同様に、共産主義者たちが諸々の対立党に対して取った立場についての注記は、大筋においては今日でも正しいが、その詳細においては今日ではもう時代おくれになっている。それは、政治的状況がすでに全面的に形を変えてしまっており、歴史的発展がそこで数え上げられた党のほとんどを形成してしまったからである」(15)。「時代おくれ」(veraltet) という自己批判は他の個所でも使われる。個々の記述はすでに時代おくれだが、「根本においては今日でもなお正しい」という主張である。そこでも、「理性的なもの」と「現実的なもの」の同一性は「生成の出来事」として実現することが、含意されている。

ヘーゲル弁証法が「論理」においては成立しても、「現実」には成立しないと考えたアドルノは、ヘーゲル弁証法が「否定の否定」という肯定的論理によって論理と現実との「同一性」を弁証するものとみなした。そして彼自身の見方は、ヘーゲルのテーゼをもじって言うなら「理性的なものは現実的とならない、現実的なものは理性的とならない」となる。そこで彼は、現実と論理との「非同一性」を主張する「否定的弁証法」を提示した(16)。

マルクスやアドルノの考えをここで追跡することはしない。ただ、彼らの考えもヘーゲル弁証法との対峙を経て初めて成立した、という指摘はしておこう。そして、ドイツ観念論の内部から出てきた一つの問いを、挙げておきたい。

それはシェリングが一八三六年におこなった講演への導入部で立てた問いである。

「一体なぜ理性なのか、なぜ非理性ではないのか?」[17]

この問いは、理性的なものと現実的なものとの関わりを考察するものではない。すでに述べたように、シェリングには「法哲学」に該当する著作は無い。ここに挙げた彼の問いは、理性そのものの根拠ないし正当性を問いに付すものである。しかしながらこの問いは、「法」の理念に関係づけることができる。すなわち、「法」それ自身はその根底に関して、理性的なのか否か、という問いである。

この問いは、実定法の場合には割に簡単である。一国の法体制が他国の法体制と一致しないというケースは、しばしばある。スパイの行動は、スパイを派遣した国の法律では合法的だが、派遣先の他国で情報収集をして故国に送り渡すことは非合法で犯罪とされる。実定法はそれが属している特定の社会体制・国家体制に依存するものであり、その体制それ自体は実定的だから、実定法もその制約に服している。「実定法は根底において合法的ないし正当化可能か」という問いは、敵対する国家からは「否」という答えを得ることになる。では「実定法」でなくて「自然法」ではどうか。しかし「自然」が根底において理性的だという保証は、与えられていない。「自然」の世界は「理性以前」だという見方を採用したとしても、答えは同じとなる。自然は理性的な法則性を持ち、その自然法則は理性性の一表現であり、物理現象を宇宙大のマクロサイズからナノサイズのミクロな世界までをも貫通するものだとしよう。しかし現代の宇宙物理学は、この銀河系宇宙を一つの事例とする「多元宇宙」の存在を想定している。銀河系宇宙の物理法則が唯一であるという保証は、現代の宇宙物理学は与えない。仮に多元宇宙をも包む高次の自然法則が考えられる場合でも、「なぜそのような法則性なのか、なぜ非法則性ではないのか?」という問いが出てくる。純論理的に考えるなら、「偶有性」というカテゴリーは単に「必然性と偶然性」という二項の内の一項であるのではなくて、一般的論理性に解消できない事実性そのものの在り方と見ることもできる。その時、シェリングの上述の問いはそのような意味での「偶有性」のテーゼとなる。一枚の木の葉が「いかに」ひらひらと舞い落ちるかという因果性は、極小の細部に至るまで物理法則によって説明されるが、しかしなぜ「この」一枚の木の葉に「その」物理的因果性が現じたのか、なぜ「この私」が「この世界」に居るのかという、「この」の偶有性（Kontingenz）そのものは、説明できない。それは「無底」である。

世界の根底的な合理性を問いに付すということは、普通には「非合理主義」という烙印を押される思想である。しかし合理主義と非合理主義とを単純な対立図式で対比させるのは、論理的にも問題がある。なぜなら、一方で「非合理主義」が主張され得るためには、主張のロゴス性が要求され、「非合理主義はそれ自体は合理的である」という自己矛盾を招く。そして他方で合理主義が自らを合理的に基礎づけ得ると主張するとき、その主著は論理的には「論点先取」の疑いを招く。結論とすべき合理性を、議論の出発点で前提するからである。シェリングの「一体なぜ理性なのか、なぜ非理性ではないのか？」という問いは、合理主義と非合理主義の双方の根底に口を開ける問題領域へと導く。それが「無底」の考えである。その考えについては第13章で少し丁寧に扱うが、そのことへの準備として、次に京都学派の法思想をみておきたい。

2　京都学派の法思想、その2

(1) 京都学派における「国家と社会の弁証法」と、その歴史的背景

「ドイツはもはや国家ではない」と述べた青年ヘーゲルの語は、中央集権国家の形成という課題を背負った明治日

本であれば、「日本はまだ国家ではない」という語になっただろう。この違いは、ヘーゲルの時代と京都学派の時代位相の違いでもある。日本では、ペリー提督来航の一二年後、一八六四年に英米仏和の四国艦隊が長州軍を砲撃によって易々と破る、という事態となった。そこで朝廷方の公家も、幕府と薩長の武士たちも、すでに近代化を遂げていた欧米の諸国家との国力差を認識せざるを得なかった。軍事力と憲法とを擁する「近代国家」の建設が、維新政府の焦眉の課題となった。そこで憲法が発布され、陸海軍が建設された。

海軍はゼロから出発して三〇年あまりを経たばかりの一九〇五年に、当時世界最強とされていたバルチック艦隊を殲滅するまでに成長した。日本は欧米列強に伍する近代国家となった。しかしそこから日本は、欧米列強と同じく植民地政策をアジア大陸に広げ、やがて太平洋戦争という無謀な暴走へ突き進み、無条件降伏という破局に至った。京都学派は、その哲学的営為のなかで国家の理念を宗教哲学的に捉える作業をも遂行していた。それは当時の極右的な天皇イデオロギーと国家主義に傾いた日本という「国家」との、いわば「体制内反体制」というスタイルの危険な緊張関係のなかで、極秘会合を重ねていく作業でもあった。

この危険な緊張関係の大きなベクトル形成要素として、「皇道主義」を掲げる「原理日本」という極右思想のグループを、特記することができる。蓑田胸喜をリーダーとする原理日本グループは、思想統制を図る陸軍および貴族院の支えを得て、東京帝国大学や京都帝国大学でリベラルな刊行書の発禁処分、大学人追放、といった政治的攻勢において成功を収め、京都学派をも弾圧の対象にし始めていた。西田自身は蓑田を「狂犬のごときもの」[18]と評して、相手にしない態度を貫いたが、実直な田辺は蓑田胸喜の挑発を受けて、それに応える一文「蓑田氏及び松田氏の批判に答ふ」を、こともあろうに蓑田一派の機関誌『原理日本』に載せた[19]。左翼と右翼とのあいだにあって、且つ西田哲学とのせめぎあいの中で、田辺にとっては「国家存在の論理」（Logik der Staatsräson）が哲学的急務になっていて、その使命感からこういった挑発に乗ってしまったのである。

ヘーゲル哲学と京都学派の哲学との上述のようなそれぞれの歴史的状況を、視野に入れておくことは、理解の上で無駄ではない。さらに立ち入ってその特徴を摑んでおくなら、ヘーゲルはヨーロッパ世界の内部で、しかし京都学派はヨーロッパ世界の外部にあって、この「国是」（Staatsräson）の確立という課題に直面した。ヘーゲルは「マルクス以前」の哲学者であるが、京都学派の哲学者たちは「マルクス以後」である。昭和に入ってから思想勢力としても政治勢力としても地歩を固めてきたマルクス主義との哲学上の対決は、京都学派の課題のひとつとなった。

ヘーゲルはキリスト教ヨーロッパ世界を中心とする世界史の物語を語ったが、京都学派は、そういったキリスト教ヨーロッパをもひとつの相対的な世界とみなし、諸々の世界の複合体として世界史を捉えた。日本は非ヨーロッパ圏のなかで初めて近代化を遂行した国としてアジアのなかで指導的な位置を持つ国家、世界性を有する国家、という認識がこの学派のなかで共有された[20]。京都学派が理念づけを試みた「大東亜共栄圏」の構想は、京都学派のもうひとつの理念、すなわち「諸々の世界の（複合体としての）世界」という考えと必ずしも一致するものではなかったから、戦後に批判の対象となった。現代の時点ではこの構想は、中国の「一帯一路」構想などとも比較可能であり、問題性においても驚くほど共通するところがある。

西田と田辺に代表される京都学派の「国家と社会の弁証法」の時代背景は、昭和に入ってから日本をめぐる国内・国際情勢が緊迫し始める時でもある。西田の「私の立場から見たヘーゲル辯證法[21]」と田辺の主なヘーゲル諸論文が発表されたのは、共に一九三一年であるが、その年は満州事変勃発の年でもあった。その半年後の一九三二年三月に、清朝最後の皇帝、宣統帝溥儀を傀儡政権の元首とする「国家」、すなわち「満州国」が、成立した。西田・田辺の論文の内容は、この満州国家をめぐる動きと直接に関係するわけではないが、無関係の関係とも言うべき事態もある。

なぜなら、満州という人工国家を建設しようとした当時の日本は、「近代国家」としてはまだ熟しておらず、マルクス主義の影響下にある社会運動が反体制的な思想潮流として台頭し、西田も田辺もこのマルクス主義との対峙を意識していたからである。それは、宗教哲学的な色彩を強くしていた西田哲学においても、論理的・倫理的な性格を持っていた田辺哲学においても、国家および社会というテーマが課題として浮上するということを、意味した。そしてまさしくこの二人の間に、哲学と現実との関わりを一つの焦点とする激しい論争が、始まっていたのである。論述の順序としてまずは田辺について述べ、その次に西田について述べることとしよう。

(2) 田辺元の「社会の弁証法」——田辺の西田批判、その1

「社会」をめぐる思想展開は、西田よりも先に田辺において始まった。その背景となったマルクス主義との対峙について、田辺は一九三二年に論文集『ヘーゲル哲学と弁証法』を出したとき、序文にこう記している。「唯物史観を半面の真理として認めつゝ、而もその説く実践の概念を否定し、無産階級独裁の為めの闘争行為を直接に実践の必然的内容とする如き主張に反対して、歴史を支配する見えざる全体に対する目的論的道徳的実践を強調する絶対観念論[22]」の構築が、問題であると。しかし、だからといって田辺は、ヘーゲル哲学に戻れと言うのではない。むしろ『ヘーゲル哲学と弁証法』では、ヘーゲル弁証法が観想的にとどまって行為的・実践的でないという批判が繰り返される[23]。

田辺自身は、自らの主張する行為的・実践的な弁証法を、まず「社会存在の論理」として提示した。この論文が発表されたのは一九三五年である。そこでは、論理においては田辺自身の「種」の論理が提示され、内容においては「社会」の論理が主題とされた。田辺は冒頭で、ルネサンスが人間を発見したとすれば、一九世紀は社会の発見をなしたと述べる。「社会存在の哲学こそ今日の哲学でなければならぬ。哲学的人間学でなくして、哲学的社会学が今日の要求であらう」[24]。

田辺は自らの哲学的社会学で、論理的カテゴリーとしての「類（普遍）・種（特殊）・個」のなかの「種」を、「社会」に該当させた。その場合、「種」を単なる中間ではなくて、独自の領域をなすものとして、捉えた。これは田辺の独創的な着眼だった。彼はデュルケムが「社会学的方法の規則」で述べた「社会的種」（les espèces socials）という考えにも、ヒントを得たようだが[25]、基本的には、ベルクソンが『宗教と道徳の二源泉』で考察した「閉じた社会」と「開かれた社会」を自分流に換骨奪胎することによって、自らの考えを展開した。それが彼の「種の論理」の社会学的背景となる。「社会存在の論理は具体的なる意味に於て種の論理たることを要求する」[26]。ちなみにこの論文は、一九三四年一一—一二月に『哲学研究』で発表されたが、その前月の一〇月に、西田の『哲学の根本問題 続編』が岩波書店から出た。田辺の側からの西田批判は、その頃すでに熾烈を極めていたが、その一例は、「社会」に関する論点にもあらわれる。西田は自らの先行論文「私と汝」で述べたことが、なおも「個人的自己の立場から世界を見る」にとどまることを反省し、「彼」がそこに入らねばならないことを述べた。しかしそのひと月後に出た田辺の論文では、西田という名を挙げることなしに、西田の言う「彼」が無差別化水平化された個であること（『田辺全集』六、六七頁）、そのような個人からなる社会は、一様化せられて相互に他なる個人の集合に他ならないこと（同上、六八頁）、等を批判した。

ここで田辺の「種の論理」の弁証法の詳細は当面の問題連関を超えるので省略するが、二つのことを指摘しておこう。第一は、この弁証法と連関する田辺のヘーゲル批判である。「ヘーゲルの時代は我々の考へる如き種的社会の論理と現象学とに対する通路を供しなかった」と、田辺は主張する[27]。この見方は、ヘーゲルの時代状況について先に（この章の第1節⑴、「ドイツはもはや国家ではない」を参照）述べたわれわれの見解と、符合する。第二に、田辺は自らの種の論理の弁証法が、ヘーゲルにおける「絶対精神」の弁証法と区別された、「絶対無」の弁証法だということを、主張する。田辺において、「種」は「類」へと止揚されるが、それは「個」の否定を契機とするのであり、従って「種」は「絶対否定態」だとされる。「而して絶対否定態は、いふまでもなく、静的に存在する直接の統一でなくして、此直接の統一を破る否定の運動を更に否定して、動即静の統一、有を否定する無の否定としての絶対無即ち空の統一に、外ならない(28)」。

このような「種の論理」としての「社会存在の論理」のなかで、主題は「社会」であり、「国家」は副次的だった。しかし、やがて逆転現象が起こる。「国家」が田辺の主題の位置に立つようになるのである。後から見れば、そのことは論文「社会存在の論理」において、すでに胚胎していた。三重の理由が輻輳していたと思われる。第一には、「種の論理」は結局、「種を止揚した類」としての「国家」を基礎づける論理だった。第二には、「種」としての社会は、ベルクソンの言う「閉じた社会」すなわちトーテム社会をその直接態として持つが、これがベルクソンの言う「開いた社会」すなわち「類」にして「国家」に転ずるには、個人の行為的実践を媒介としなければならず、その個人の行為の最終目的は「国家」の建立にあった。第三に、田辺においてはマルクス主義および西田哲学との対峙の他に、「原理日本社」を結成して極右の「皇道主義」を掲げる狂気じみた極右グループとの対決もあった。

かくして、論文「社会存在の論理」から五年後の一九三九年に、田辺の論文「国家存在の論理」が草された。田辺はその冒頭にこう述べる。「社会存在の構造を、種的基体と個的主体との対立契機の、類に於ける実践的なる基体即主体の否定的統一として、之を国家の原型の下に論理的に思考しようと欲する私にとっては、社会存在の論理は必然に歴史の論理を含意し、おのづからそれにまで発展せられることを要求する(29)」と。

(3)　西田幾多郎における「社会の弁証法」

論文「社会存在の論理」において、田辺は西田の当時の論文「私と汝」に代表される立場を、西田という名を挙げることなく烈しく批判した[30]。田辺の激烈で攻撃的な西田批判の典型例を、いくつか挙げておこう。「〈我と汝〉の標語を掲げるだけで社会と人倫の事直ちに理解せらるゝ如き態度を示すのは、その安易寧ろ驚くべきものがある」（『田辺全集』六、六三／四頁）。「〈我と汝〉の相関の論理を以て自然的なる共同社会の和衷協同を論理化し得る如く説く説論は、此欺瞞の産物に外ならない」（同上、六五頁）。「単に〈彼〉として無差別化水平化せられたる個は、他人として観念上正反対に対立せしめられるけれども、それは考へられ反省せられた対立たるに止まり、〈我と汝〉の存在自身に含まれる構造上の実在的対立を意味しない」（同上、六七頁）。

ここで、西田がこれに応答する仕方で論じた「種」ないし「社会」の考えを、見ておこう。田辺が提示した「種」および「社会」の問題を、自らの「場所の論理」の立場でどう受け止めるかという問題を、西田は避けて通れなかった。その場合、彼の終生変わらぬ基本的な立場と問題は、「自覚」の論理化だった。「自覚」の内容を押し広げていけば、どうしても「社会」という問題地平にぶつかる。だから西田は、必ずしも田辺の挑戦という外圧だけから「社会」の問題を考察したわけではない。たとえば田辺が烈しく批判した論文「私と汝」でも、西田自身は、「自己自身の内に絶対の他を見ると考へられる真の自覚といふものは、社会的でなければならない[31]」と語っている。「私と汝との関係から成立して居ると考ふべき我々の社会[32]」を、彼としても「自覚」の問題の展開のなかで、視野に入れてはいたのである。

ただ、「自覚」の問題が原理的に「社会」という問題地平に遭遇するということと、現実の「社会」を対象とする論とのあいだには、差がある。西田は、積極的に「社会」を主題として論じることはなかった。ただ、「社会」がどこから成立し、どういう立場で見られ得るかということは、述べている。少し長い引用をしよう。

「経済生活といふのも、固、生産が消費であり消費が生産であり、矛盾の自己同一として弁証法的過程である。併しそれは生物的生命に於ての様に直接的ではない。生産せられたものは、物として生産者から独立したものである。而もそれが亦生産者を限定する、生まれたものが生むものを限定する。絶対に相反する働きの自己同一として、歴史的身体的である。此故にその間に分配とか交換とかいふ過程が入って来る。即ち社会といふものが入ってくるのである(33)」。

ここで注目しておきたいのは、西田が「社会」を「経済」というエレメントにおいて見ている、ということである。それは田辺の倫理主義的な「社会の弁証法」には、見られなかった。もっとも上記の西田の文章は、半ばはマルクス主義の用語で綴られている。その上で、西田独特の「歴史的身体」という語が用いられる。「歴史的身体」とは、歴史世界から形成されつつ歴史世界を形成するわれわれの身体のことである。西田は社会のエレメントとしての「経済」をも、そのような歴史的身体の立場から捉えられると考えていたのである。「商品―貨幣―商品から貨幣―貨幣に移ることによつて資本主義的社会が成立するといふのも、社会が自己形成的であるが故でなければならない。行為的直観的に即ち歴史的身体的に動き行く故でなければならない(34)」。

「社会」を経済というエレメントにおいて捉える見方は、一九三七年の論文「行為的直観」でも維持される。すなわち西田は、「資本主義的経済社会の弁証法的発展」が「使用価値と交換価値との二者闘争的な弁証法的個物」としての商品に基づくと述べる(35)。そして同年の論文「種の生成発展の問題」で、その見方はさらに展開される。西田は、「生物的な種」すなわち「民族」と区別して、「社会」を「歴史的種」として捉えることを試みた。田辺の「種の論理」では、民族と社会はともに「種」というカテゴリーで見られていたから、西田はここでその無区別の点を批判していることになる。その上で西田は、この「歴史的種」としての社会を次のように説明している。「社会とは歴史的生産様式である。作られたものが作るものを離れない生物的生命に於ては、生産者は消費者である。併し作られたものが客観的な物として作るものを作る社会に於ては、その間に社会的形式といふものが入つて来る。生産も消費も之によるのである。社会といふのは、その成立の根柢に於て、既に弁証法的でなければならない」[36]。

「社会」は弁証法的だと西田が言うとき、それは内容的には生産と消費の経済関係の弁証法だった。ただし論理的にはマルクス的な史的唯物論の弁証法ではなくて、「絶対無」の弁証法だった。「消費と生産との矛盾的自己同一」[37]が、着眼点となる。それはヘーゲル的な絶対精神の「自己同一」の弁証法とも異なった基盤と帰着とを持っていた。そしてヘーゲルとは違ったコンテキストで、「世界史」および「世界構造」を念頭に置いたものだった。

「哲学は思想において捉えられた時代である」[38]というヘーゲルの『法哲学綱要』の言葉を妥当とするなら、ヘーゲルと西田・田辺の三者がそれぞれに生きた「時代」が、それぞれの「哲学」において捉えられたということも、よくわかる。三者における「国家と社会の弁証法」は、哲学を通して世界現実を捉えようとする思想的努力でもあった。

この共通性と共に、対照性をも見ておく必要がある。田辺と西田は相互の見解の相違にもかかわらず、いずれも「絶対無」という鍵語から社会の弁証法を構想していた。この鍵語の意味内容をめぐる両者の論争を見るなら、両者の基本は同じとは言えないが、しかしヘーゲルの鍵語である「絶対精神」との対比で「絶対無」を捉える限りでは、両者はやはり同じ方向だった。その西田・田辺の「絶対無」は、前章で見たように、ヘーゲルの「絶対精神」との対照という点でも、西谷の「国家の無我性」という見方において先鋭化される。その意味で、西田・田辺・西谷の三者の社会と国家の見方を、ドイツ観念論の「法哲学」との対比における京都学派の「法」思想として、理解してもよいだろう。その根本動向を粗描したということで、本章の叙述はひとまず終えることにしよう。

注

（1）G. W. F. Hegel, *Die Verfassung Deutschlands*, *Werke*, Bd. 1, S. 461.
（2）Ibid., S. 451.
（3）Ibid., S. 473.
（4）Ibid., S. 479.
（5）Ibid., S. 481.
（6）Ders., *Grundlinien der Philosophie des Rechts*, *Werke*, Bd. 7, §142-256.
（7）Ibid., §194, S. 350.
（8）Ibid., §256, S. 398.
（9）Ibid., Vorrede, S. 26.
（10）Ibid., S. 24.
（11）I. Kant, *Zum ewigen Frieden*, *Kants Werke*, Bd. VIII, Berlin 1968, S. 369.
（12）D. Henrich（Hg）, *Georg Wilhelm Friedrich Hegel. Philosophie des Rechts. Die Vorlesung von 1819/20 in einer Nachschrift*, Frankfurt a. M., 1983, S. 51.
（13）Ibid., S. 14.
（14）Ibid., S. 50.
（15）Marx und Engels, *Das kommunistische Manifest*, https://marx200.org/sites/default/files/vorworte/1946_schult_daskommunistischemanifest.pdf, S. 26.
（16）アドルノの否定的弁証法と批判理論については、拙著『阪大講義プロトコル　美のゆくえ――カント、ヘーゲル、アドルノ、ハイデッガー』第三章「アドルノ美学」、一一四―一九五頁で、概略および私見を記した。
（17）F. W. J. Schelling, *Darstellung des philosophischen Empirismus*, *Sämtliche Werke*, Bd. X, 252.
（18）西田幾多郎、昭和一三年七月四日と九月三日、務台理作宛て書簡、を参照。
（19）この経緯および前後の状況については、拙著『京都学派と日本海軍』、六四―七八頁以下に、やや詳しく述べておいた。

(20) 西谷啓治、『世界観と国家観』(一九四一年。現在は『西谷啓治著作集』第四巻、創文社、一九八七年、二五九—三八四頁に所収)を参照。また京都学派の歴史哲学全体の概観は、森哲郎編、『世界史の理論——京都学派の歴史哲学論攷』、『京都哲学撰書』第一一巻、燈影舎、二〇〇〇年を参照。

(21) 西田幾多郎、「旧版」第十二巻、六四—八四頁、「新版」第八巻、二六二—二七八頁。この論文はヘーゲル没後一〇〇年を記念する論集に収められ、西田がヘーゲル論理学の核心部分においてそれと対決するものだった。本書の主旨を表現するものでもあるため、本書の「エピローグ」で筆者自身の解説と解釈を付した。

(22) 田辺元、『ヘーゲル哲学と弁証法』、『田辺全集』三、八二頁。

(23) 『田辺全集』三、一二三頁以下を、典型的な個所として挙げる。

(24) 「社会存在の論理」、同上、六、五三頁。

(25) Émile Durkheim, *Regeln der soziologischen Methode*. herausgegeben und eingeleitet von René König, Neuwied 1961, S. 54. ここで田辺は、一九世紀の社会学の元祖コントでさえ、社会を人類と同一視し、デュルケムの「社会的種」を無視したと、批判している。

(26) 『田辺全集』六、六〇頁。

(27) 同上、七四頁。

(28) 同上、一三一頁。

(29) 田辺元、「国家存在の論理」、『田辺全集』、七、二七頁。

(30) 『田辺全集』六、六七頁。

(31) 西田幾多郎、「私と汝」、「旧版」六、三九一頁、「新版」五、三〇六頁。

(32) 同上、「生の哲学について」、「旧版」六、四三六頁、「新版」五、三四二頁。

(33) 同上、「実践と対象認識——歴史的世界に於ての認識の立場」、「旧版」八、四一一/一二頁、「新版」八、一一四頁。

(34) 同上、「旧版」八、四一四頁、「新版」八、一一五/一六頁。

(35) 同上、「行為的直観」、「旧版」八、五五一頁、「新版」八、二二三頁。

(36) 同上、「種の生成発展の問題」、「旧版」八、五〇二頁、「新版」八、一八四/八五頁。

（37）同上、「旧版」八、五〇八頁、「新版」八、一八九頁。
（38）Vgl. G. W. F. Hegel, ibid. Vorrede, S. 26.

第Ⅴ部　知

第10章　物自体という壁

1　「何かを知る」とはどういうことか――「チャットGPT」断想

もう半世紀以上も前の一九六八年に公開された、しかし名作として今もファンを持つアメリカのSF映画『二〇〇一年の宇宙の旅』（原題“A Space Odyssey”）は、その時点で空想された「未来」を描く映画だった。現代はそれが制作されたときから五〇年以上を経て、そのときに想定された「未来」をすでに二〇年以上も昔の「過去」としてしまった。ただ一つだけ、必ずしも過去になったとは言えず、むしろ現在においてある現実性を伴ってきた場面がある。それは、人工知能が「意識」を持つようになり、判断機能を発揮するという場面である。(1)

今のところ人工知能は、人間の側がこれを立ち上げてあるプログラムを起動させると作動し、そのあとで初めてそのプログラム遂行の驚異的な能力を発揮する。だから意識を持つとは言えない。しかし意識作用というものをすべて「データ化」し、意識をいわば「外在化」させ、ある条件下で自動的に起動させるという方向も、現実化しつつある。何らかの監視機能のAIが人間に警報を発するときは、発信主体はAIで、受信する側が人間となっている。上記の映画では、何らかの誤作動から人工知能「HAL9000」が「判断」機能を得て「意識」を持ち、大変なことになるというストーリーである。目下それは仮想の出来事に過ぎない。たとえ囲碁や将棋のＡＩプログラムが時としてそれぞれの名人・チャンピオンをも凌ぐようになり、ＡＩが作成したポスターが公募で優勝しても、それはなおもその働きをプログラム化したソフトを人間が立ち上げて初めて、生じることである。しかし大企業や国家機関でも生じる「システムエラー」などを想起するとき、ＡＩの起動が何らかの「誤作動」として勝手に動き始めるという想定は、上述の「意識内容のデータ化、外在化」として現実化の様相を帯び始めている。現に、「チャットＧＰＴ（Chat Generative Pre-trained Transformer）というＡＩをめぐって各国の政府機関が表明する懸念は、そういった緊張とも連関している。実際、ある「偶発」が核戦争を誘発するという事態も想定しなければならない。「チャットＧＰＴが進化したらSkynet や HAL9000 型コンピューターのようになりますか？」という問いを、チャットＧＰＴに回答させたら、「GPT-3.5」ヴァージョンの回答は「心配無用」だったが、少し機能アップした「GPT-4.0」ヴァージョンの回答は、「ＡＩが進化することは確かですが、その進化が Skynet や HAL9000 のような自意識を持つ存在になるかどうかは明確な答えはありません」だった[2]。この回答は全世界に浮遊するあらゆる言辞を一瞬に検索してまとめた回答例だから、ＡＩの判断作用による回答とは言えないが、しかしまた、無数の言辞をひとつの判断命題へとデータ化する作業の主体は、やはりＡＩだ。もちろんその作動を起動させ、自らに問いを立てて人間に提示する段階は、まだ来ていないが、大企業や国家機関のコンピューター・システムが故障するとき、当事者はいつも「想定外だった」とコメントする。そして「想定外」の誤作動による警報が社会的秩序を現実に混乱させる。

「意識」という、自明に見えて実は今日でも正体がわかったとは言えないものの本質が、ここで問題になっている。意識の作用でもある「知る」ということも、どういうことかと敢えて問うと、実は何も明快ではない。プラトンの

『テアイテトス』以来の、「知（epistēmē）とは何か」という問いは、[3] 現在も問いのままで残っている。

「知」の本質の定義はしばらく措くとして、その現象記述をおこなってみよう。「何かを知る」ということは、それまで異他的で外部的な他者であったその何かを、自分の「内部」に取り込むことだとも言える。その場合の「内部」は、単に心理的な意識の内部だけではない。パスカルが有名な「考える葦」の比喩で述べたように、人間の内面の領域である「思考」（パンセ）は、内面だけにとどまらず、外界の宇宙の涯までにも及ぶ。「宇宙は私を包み、ひとつの点として私を包む。思考によって私は宇宙を包む」[4]。フランス語の「包む」（comprendre）は、「理解する」「知る」と同義でもある。人間は思考し、知るという営みにおいて「一本の葦」となり、それは一夜の嵐で吹き倒されるかもしれない弱い存在であるが、しかし宇宙の果てまでをも包む／理解する。他方で自分の弱さと自分の可死性をも知っている。[5]

このような「知」の本性を、アリストテレスは「全ての人間は本性上、知ることを欲する」[6]という語で表現した。明晰性を身上とする「知」の根底に、理屈抜きに知ろうと欲する意志があることを、この語は語っている。明晰な言辞は尊敬に値するが、明るい「知」の根底に意志の暗さがあるとすれば、明るさは知の最終的基準として自明ではなくなる。明晰な知の働きを、物を照らすサーチライトに比することができる。サーチライトは自分の外部にあるものに向けられ、それを照らし得るが、しかしそれを握る自分の手元そのものは照らさないし、照らせない。知は知の対象を照らすが、知の作用それ自体を対象として照らすことはない。それは、水が水を濡らさないということと同様である。だから、知の働きそれ自身は知にとって不可知にとどまる。『テアイテトス』において「知」についての仮説はいずれも斥けられるが、その意味は――プラトンがそう述べているのではないが――「知」が他者を知ることはできても自身は知ることができない、という意味にも取れる。

知についてのこの逆説的な本質について、もう少し解明を試みよう。

2　東洋思想における「不知の知」

「知」の主体を「自我」と呼ぶなら、知ることの根底をなす「不知」の部分は、自我が自らを照らすことができないという意味で自我性が否定されるところ、ないし「無我」ということになる。ノエシス（思考作用）とノエマ（思考されたもの）という用語を用いるなら、自我は他をノエマ化し対象化するが、対象化する働きそのものはどこまでもノエマ化されない。それはノエシスそのものであり、哲学史的には、「ノエシスのノエシス」（ノエーシス・ノエーセオース）（noêsis noeseôs）として、認識論の核心部となる。その核心部は近代ではドイツ観念論にも引き継がれる。しかし、それが端的に「無我」として会得されるという展開は、西洋哲学史では見られなかった。他方で東洋的な精神的伝統においては、それは自己自身を無我として自覚することと一つにおいて成り立つ体験的な「体得」、「会得」、「骨《こつ》」、等々として伝承されてきた。こういった伝承は、京都学派において「知」ないし「論理」が西洋哲学の吸収を経て展開される場合でも、いわば展開を支える基盤ないし土壌として、思考の中で醸成されつづける。

まず老子の語「知者不言、言者不知」（知者は言わず、言う者は知らず）[7]は、「知」の内容が、それを語り出すことによってかえってそこから離れしまう、という事態を述べている。知の内容は、これを言葉で語ることによって、語りの内容として客観化されるが、まさにそのことによって、生きて働く知の活動そのものからは離れてしまう。荘子の有名な「胡蝶」の例も、同様だと言える。荘子は夢で胡蝶となって楽しんで舞っていたが、目を覚ましたら荘子だった。「知らず、周の夢に胡蝶となれるか、胡蝶の夢に周となれるかを」[8]。この「知らず」（不知）は、まだ知らないという不足的な知ではない。それは、蝶としてひらひら舞っている現実経験そのものが、客観的な知識という視座からは脱け去る、そういう知識となる前の、体験世界だということを物語っている。この体験を有と規定しても無と規定しても、それは体験を映す言語表現という限界を越えない。そのことをはっきりわかっているという意味で、この「知らず」（不知）は「無知の知」である。同じことが、孔子の「未だ生を知らず、焉《いずく》んぞ死を知らん」(9)にもあらわれる。生という事柄も死という事柄も、知的・表象的に「知る」対象にとどまる限りは、自己の生死とは別のものとなる。「焉《いずく》んぞ死を知らん」というときの「知の否定」は、「（イデアを）知らないということを知っている」というときのソクラテス的な「無知の知」とは、本質的に異なっている。後者の意味での無知の知はどこまでも、「私はまだ知っていない」ということを知っている、という意味であるから、知の主体としての「私」がどこまでも存続しつづける。それに対して会得・体得、といった仕方での知は、そもそも知の主体を一旦は放下し忘却した「無我」の立場で得られる。それは特別の賢者にだけ成立するものではなくて、無自覚的には何かに夢中になって取り組んでいるときなどに、基本的に成立している事態でもある。

知及び意識について精細な論を展開した仏教でも、この意味での不知の見解は経典の至る所に見出される。たとえば大乗仏教の根本教典とされる『般若心経』は、「観自在菩薩が深い般若の智慧を行ずる時、五蘊《ごうん》すなわち世界の存在要素がすべて空だということを照らし見る」（観自在菩薩行深般若波羅蜜多時照見五蘊皆空）という語で始まる。観世音菩薩の「深般若波羅蜜多」すなわち最高の智慧は、それを「行ずる」ときに成立すると言われている。それは「行ずる」ことによって初めて現前し、体現される。そしてそれを「行ずる」ときの主体そのものは、「知」の状態ではなくて、知を止揚（否定／保存／高揚）した高次の「不知」、すなわち無心／無我の状態である。

このような「不知」は、西田が『善の研究』で述べた「純粋経験」に再現されている。純粋経験は「未だ主もなく客もない」状態とされるから、知の主体とされる自我もまだ「ない」。それは、第一には知と対象とが分化する以前の「純粋」な（雑念とか分別とかを混じえていない）経験内容状態であるから、「個人あって経験あるにあらず、経験あって個人あるのである」(10)という、よく知られたテーゼにもなる。このテーゼは差し当たっては、個人的・主体的な知のさらに手前ないし根底の、ないしそれを超えたところの、経験状態をあらわす無心・無我・不知である。その場合、それだけであれば従来の東洋思想・仏教思想の枠内でも大同小異の表現は多くある。しかしそこから実在論（『善の研究』第二編）、倫理論（『善の研究』第三編）、宗教論（『善の研究』第四編）へと展開し、後には社会哲学や歴史哲学に伸びていくという「哲学」の形態は、古典的な宗教思想には無い。それゆえ「純粋経験」は、ドイツ観念論との遭遇の一場面ともなる。

3　西洋哲学の中にも顔を出す「絶対無」

ドイツ観念論において、「知」は「絶対者の知」（「の」は述語属格と主語属格）へ、従って「絶対知」へと、掘り下げられる。しかしそこでも、知の主体が「無」となるという見解は出てこなかった。西田哲学における「純粋経験」は、そしてその展開は、哲学史の中で未だ見られていない事態でもある。ただし、ある仕方での「裏読み」をするなら、まったく縁もゆかりもない事態ではないことが見えてくる。

ひとつの例証として、デカルトの議論を瞥見しておこう。一般には、デカルトはどこまでも「我考える、ゆえに我あり」（Je pense, donc je suis）という洞察を哲学の第一原理としたことから、(11)「自我」を「知」あるいは「思考」の主体と捉え、そこから近代的な「主観」の立場を確立したとされる。その理解はまったくの間違いではないが、ただ、その分かりやすい通念からは、ともすると、デカルトの「我考える」がある深刻な問いへの助走だったことが、忘れられやすい。すなわちこの第一原理は自己完結した原理ではなくて、「いったい私は何者から出てきたのであらうか」(Nempe, a quo essem ?)[12]という問いを招き、それが「神」という考えに至る。デカルトは『省察』第三編で、神ないし無限者という観念がわれわれの心の中にあり、その観念の原因は有限な存在であるわれわれの中にではなくて、神ご自身にあると考えた。だから神は実在する。そのように証明された神によって、私も存在することが保証される。デカルトはこう書いている。「すなわち、私の現にある如き本性を有する私、まさに神の観念を自己のうちに有する私は、実際に神がまた存在するのでなければ、存在することがあり得ない、と私の認知するところに存するのである」[13]。哲学の第一原理は「自我」の思考であるが、その原理の根拠は「神」である。そうであれば、西田の言葉をもじってデカルトの考えをこう表現することもできる。「自我あって神経験あるのではなく、神経験あって自我あるのである」。

カントは『純粋理性批判』で神の存在証明を存在論的にも宇宙論的にも不可能だとし[14]、その限りでデカルトの証明を斥けているが、しかし彼は神存在そのものを否定したのではなかった。『実践理性批判』で、カントは純粋実践理性が神存在を「要請」することを述べる[15]。要請する主体は純粋実践理性の道徳意識である。神はこの道徳意識の中で、「要請」という仕方で存在している。人間の心の中に神存在を見るデカルトの神証明は、形を変えてカントにおいても維持されている。

もちろん「要請」は、「知」の立場からすれば不十分な形態であり、知の部分否定でもある。しかしまた、どこまでも知に接近する志向という意味で知の希求であり、知の部分肯定である。神は「絶対者」として哲学的に知り得るものか、それとも信仰の領域に帰して知の断念を要求するものなのか、という問題は、カントと同時代の哲学者たちが何らかの仕方で引き受けた。ヘーゲルの『信仰と知』は、そのような議論状況のなかで大きな座標軸を提示するものとして、出現した。彼はカント、ヤコービ、フィヒテの三者の哲学において哲学が信仰の婢女となった、という批判を展開し、絶対者を知ることを哲学的理性の課題とした。その場合、その絶対者が無限者でありながら十字架上に死したという（聖書が語る）出来事を、単に聖書で語られる宗教神話的な出来事としてでなく、哲学の思弁がくぐるべき試練の出来事として、「思弁的な聖金曜日」として、捉えた。[16] それは「神無きこと」（Gottlosigkeit）をその厳しさにおいて、「無の深淵」（Abgrund des Nichts）として、思弁において引き受けることであるから、「哲学の第一のことは、絶対無を認識することである」[17] とされた。

哲学の第一のことは絶対無を認識することである、というテーゼは、それだけを取り上げるなら、そのまま西田を筆頭とする京都学派の思想家たちも賛意を表明するだろう。ただしヘーゲルにおいてはその絶対無は、無限者でもある神が十字架上で死んだという意味での「神無きこと」の深淵であり、どこまでも「神観」と切り離せない表現である。その連関を飛び越えて「絶対無」という表現だけを、その外面的な類似性のゆえに比較しても、あまり実りはない。

4　カント――「不可知の物自体」が招くジレンマ

以上のような理由から、カントについて少し立ち入って見ておく必要が生じる。それも、「物自体」という問題を焦点としてである。なぜなら、物自体には「不可知」という刻印が押され、「知」の問題のひとつの極限点がそこに表現されていたからである。

カントの『純粋理性批判』においては、認識対象となり得るのは時間と空間において成立する「現象」だけである。「物自体」は時空に現れる「現象」ではない。そこで、認識対象となり得ない物自体は、現象の「真の相関者」（A30）すなわち根拠であるとか、「限界概念」（A255/6, 288, 380, etc., B. 311/2）であるとか、「ヌーメノン」（A256, B. 307）であるとか、といった諸表現となる。

カントにおいて「物自体」という問題が生ずる必然性は、彼のいわゆる「コペルニクス的転回」において、すでに告示されている。あまりにもよく知られた定式であるが、目下の叙述のつなぎの上で飛び越せないから、引用しておこう。「もし直観が諸対象の性状の方に向いていなければならないなら、どうしてこれについてアプリオリに知り得るかが、私には分からない。しかし対象（諸感覚の客体）がわれわれの直観能力の性状の方に向いているなら、私はこの可能性を全くよく思い浮かべることができる」（序言 Vorrede, XVII）。

ここで言われるわれわれの直観能力は、基本的に受容的である。何かが外部からこの能力の方を向いてこれを触発する場合にだけ、その何かは直観能力の客体となり、触発によって得られたそのデータが、悟性によって「判断」へと形成される。この判断は根底で「カテゴリー」に基づけられており、カテゴリーは「演繹」され得る。つまり「アプリオリ」に規定され得る。このアプリオリ性が判断の基底をなすときに、客体についての表象はヒュームの懐疑主義に帰することなく、経験判断にとどまらずに「アプリオリな総合判断」となり、数学や物理学におけるような「客観的」ないし「学的」な判断が成立する。

カントの用語を羅列した説明となって、とっつきにくいと思われたかもしれないが、目下の問題連関で言えば、学的で客観的な判断は感性能力を触発する客体についてのみ、つまり「現象」についてのみ、成り立つということである。現象は「物自体」ではない。科学的判断は物自体には触れない。では物自体とは何なのか。上に記したようにそれは、現象の「真の相関体」（30, B. 45）とか、「限界概念」（A255/6, 288, 380, etc., B. 311/2）とか、ヌーメノン（A256, B. 307）、とかと言われる。しかしこれらの規定は、物自体がそれとしては不可知だということの言い換えにすぎない。不可知ということは、不可知とされるものの存在を否定することではなくて、むしろその存在を前提する表現である。カントは純粋理性すなわち認識の領域においては物自体を不可知としたが、実践理性すなわち道徳の領域では、人間の心の中に事実として備わっている道徳法則が、経験認識の内容とはならなくても無条件に妥当するものであると考えた。それは単に不可知として人間の認識が届かない領域にとどまるのではなく、むしろ、あらゆる理性的存在者が「自らの意志の全ての格率（Maxime）を通して自分を普遍的な立法的なものとみなす[18]」こととして、人間が自己認識の中で確信するものである。ただし、なぜそういう道徳法則が存在するかは証明できない。道徳は理性が実践的に要請するものだとしても、なぜ理性が実践的なのかは説明できない。そこでカント自身が「すべての実践哲学の究極の限界」を語った[19]。かくして『人倫の形而上学の基礎づけ』は、その最後の段落の締めくくりに次の語を置いた。「そしてわれわれは道徳的命法の実践的に無制約的な必然性を把握はしていないが、しかしその把握不可能性を把握している[20]」。

ドイツ観念論の立場からすれば、道徳法則が実践理性によって要請されるだけで証明はできないという見方は、「物自体」が不可知だという見方と同様、人間の自覚として不徹底と映る。「要請」とは、「何々はこうあるべし」「汝はこれこれをなすべし」という「当為」（Sollen, すべし、あるべし）である。それは道徳的な人格者からすれば肯定できるものだと言えても、「そんなことは知らないよ」と言い切って非道徳・反道徳を是とする立場や、「生きることそれ自体に意味の有無など関係ない、善とか悪とかは人間が作り出した観念に過ぎない」といった唯物的な主張とかに対しては、十分な説得力を持つことができない。カントは、人が本性上「善意志」をそなえていると言うが、「なぜそもそも善意志なのか」ということは説明していない。

カントにおける「物自体」の不可知性は、認識論的には不可避だったとしても、そこに立ち止まることはできないというジレンマを残した。そこでそも「知」というものの在り方に立ち戻って、これを根本から検討し直そうとする方向が出てくる。これがドイツ観念論となる。しかし一足飛びにドイツ観念論に目を移す前に、哲学史の段取りを見ておくという意味で、カント以後の思想家群像を一瞥しておこう。

5　カント以後の思想家群像

「一瞥」と言う意味は、この群像もまたそれぞれに一筋縄ではいかない哲学者たちだった、ということである。しかしながら限られた紙数の範囲ではごく簡単な概観しかできないから、一瞥にとどめる、ということである。これによって、「物自体」の不可知性という問題がどういう課題を残したかは、おおよそ見えてくるだろう。四人の名前を挙げておこう。ラインホルト、マイモン、シュルツェ、ヤコービ、である。

ラインホルト（Karl Leonhard Reinhold）はイエーナにおけるフィヒテの前任者である。[21] 彼が一七八六年に匿名で出版した『カント哲学についての書簡』がラインホルトの仕事と認められ、カントがこれを評価した。彼はイェーナに赴任し、一七八九年に出した『人間の表象能力の新理論の試み』が、彼の主著となった。哲学史的には、ラインホルトと言えば「根本要素的哲学」（Elementarphilosophie）という鍵語が浮上する。これは彼がカントの『純粋理性批判』の当然の帰結とみなした概念である。彼の言う「根本要素」とは、われわれが持っている表象能力のことだった。意識において「表象」は表象する物と表象されるものとに区別され、両者ともに表象能力のあらわれとされる。カントの言う感性と悟性を、その共通の根である表象能力から導出しようとする試みが、そこに含意されている。しかしそれはカントの焼き直しという印象を持たせ、実際、そこから物自体という難問が根本的に解決されたとは言えなかった。彼に対するシェリングやヘーゲルの評価は、あまり高くない[22]。

第二に挙げる哲学者・マイモン（Salomon Maimon）は、ポーランドのラビ（ユダヤ教の律法学者）の家に生まれた。だから彼は律法の解説書である「タルムード」に通じており、ドイツ観念論全体の潮流から見るなら、少し系統を異にしている。一七九〇年に著した『超越論哲学についての試論』の最後に付記された「私の存在論」や「象徴的認識と哲学言語」にも見られるように、この著作はラビとしての知を吟味するというモチーフも含んだ書だった。マイモンは、カントにおいて原因と結果とが不可逆の順序を持つのに対して、この因果関係を「外面的」なものだとし、内的な関係においては原因と結果とは相互に規定しあうと述べる[23]。カント自身が『実践理性批判』の中で、良心という能力が不可逆の時間に服することなく過去に遡り得る能力であることを述べるから[24]、その点でマイモンはカントを継承しているとも言えるが、彼は自らの「象徴的認識」が感性的認識より優れたものであると述べる[25]。それは感性と悟性というカント的な二項図式を超える方向でもあるから、物自体という問題に別の取り組み方があり得るということの示唆でもある。しかしマイモンはそういった天才性を閃かせながらも、一八〇〇年に四七歳の若さで夭折してしまった。それは「物自体」を超える一つの道が途切れることでもあった。

三番目のシュルツェ（Gottlob Ernst Schulze）は、エネジデムス・シュルツェとも俗称されるように、一七九二年の『エネジデムス――もしくはラインホルト教授の提示した根本要素的哲学』という書物で、当時の論壇において知られている。登場人物エネジデムスがラインホルトの「根本要素的哲学」とカントの『純粋理性批判』への疑問を述べる、という形式で叙述される。その疑問とは、「カントもラインホルトも一方では心もしくは意識を表象の根拠としつつも、多方でこの表象能力が物自体に触発されるが、それは意識と物自体の両方に表象の根拠を認めると言うことではないのか」である。シュルツェはここで、「懐疑主義」を展開する。意識と物自体のいずれも懐疑主義の対象になるというわけである。彼の懐疑主義は、ヒュームの懐疑主義を基本的に維持するものだった。シュルツェの懐疑主義は、フィヒテによる同年の書評やヘーゲルによる一〇年後の論文「哲学に対する懐疑主義の関わり」でも言及されている。フィヒテもヘーゲルも、シュルツェの懐疑主義は「独断論」だという酷評において共通していたが、同時に、哲学的思索においてその否定的側面である懐疑というものの意義は、承認していた。

最後に、ヤコービを加えなければならない。ヤコービは『神的な事物について』（一八一一年）で、カント哲学に対して有名な批評を述べた。すなわち、カント哲学は外界の対象が感性を触発するという前提を持つが、「その前提なしにはカントの体系に入ることが出来ず、しかもその前提に留まることはできない」と。[26] 哲学史におけるヤコービへの従来の評価は、思想家としてでなく論争家としてのヤコービに対してだった。ヤコービはまず『スピノザの教説について――モーゼス・メンデルスゾーンへの書簡』（一七八五年）で、スピノザの思想が無神論に帰着するという見解を表明し、信仰の立場を表明していた。[27] 信仰は彼にとって「直接知」とされ、彼は信仰の立場を表明していた。一七九九年の『フィヒテへの書簡』では、当時フィヒテのまわりで生じていた無神論論争に加わった。バイエルン学術アカデミーの総長在任中には『神的事物について』（一八一一年）で、シェリング批判をおこなった。[28]

こういったヤコービに対する評価は、従来は主として青年期ヘーゲルの『信仰と知』での否定的な論評によって定まっていた。ヘーゲルはヤコービの考えを、「絶対的な独断論」だと断罪した。[29] しかしながら最近の研究では、ヘーゲルのヤコービ批判はヤコービを誤解したものだとして、ヤコービ再評価が進んでいる。その論調の筆頭に立のはビルギット・ザントカウレンで、彼女はヤコービがヘーゲルの言うような独断論ではなくて、むしろ古典的ドイツ哲学の正当な流れに属することを主張した。(30) それは傾聴に値する議論だが、本書では、ドイツ観念論の出現への思想潮流という観点でカント以後の思想家群像を見ているので、ヤコービがカントとフィヒテの中間に位置するというヘーゲルの見方はヘーゲルの見方として、そのままにしておいてもよいだろう。

6　西田哲学における「知」

ここで本章の出発点に戻ろう。既に述べたようにアリストテレスは、「知」の根底に「知ることを欲する」という意志が働いていることを、指摘した。知のこの意志的な性格を念頭におきながら、他方で――「東洋的」とも呼び得るような――「不知」ないし「無我」に始まるような別の「知」の在り方が存在する、ということも、見てきた。もしこの指摘で、前者が対象化・客観化の作用としてあまり精神的でないとか、後者の方が内面的で深いとかというような主張がなされるなら、それは早まった思い込みである。対象化し客観化する知は「科学」の基本として技術と結びつき、今日のテクノロジーの基軸をなし、人間存在の様式までも規定し形成する力となっている。それに対して「無我」あるいは「不知」によって立つ身体知ないし自覚知が、そういう歴史的形成力を有するかどうかは、大きな問いである。ただ、この不知の知ないし無我的な自覚知が、現実世界の営業において単に無力かと言えば、それは科学知と技術知の席巻の中で置き忘れられがちの、人間存在の最も基本的な自覚に属するものとして、やはり生きる上での本質的な部分と言わなければならない。

京都学派の場合、西田は若い頃に数学に進むか哲学に進むかに迷い、最終的には後者を選んだが、しかし数学や物理学への関心は終生、失わなかった。田辺においても数理哲学は不可欠の部分だった。そして下村寅太郎はその数理哲学の分野を、京都学派のみならず日本の哲学界の中でも先駆的な仕方で開拓し展開した[31]。このことを抜きにして、時折見られるように京都学派の哲学を「宗教哲学」という面にだけ限定して受け取るのは、偏りを生ずる。その偏りは、「無我」とか「無心」とかといった立場を、現実世界の問題から切り離すことにつながりかねない。

以上のことを念頭においた上で、本章のテーマに沿って「無我」「無心」で成立する「知」とはどういうものかを、少し見ておこう。西田の論文「叡智的世界」（一九二八年）から、典型的な個所を引用しておきたい。

「叡智的自己が自己自身の内容を見るといふことは、之を我々の意識的自己の立場から見れば、見るものなくして見ると云ふことである[32]」。

「見るものなくして見る」という西田独特の言い回しは、要するに、見る主体である自我をなくして、無我の在り方で無心に見る、ということに他ならない。しかし敢えて問いを出しておこう。すなわち見るということは、差し当たって大抵は「私が見る」ことに他ならないのではないか。それに対して無我の在り方で見るというのは、形容矛盾というだけでなく、そもそも何かを「見る」という動きを全否定するのではないのかと。この疑問と関連して、もう一つ西田の文章を引用しよう。

「道徳的自己があると云ふことは、自己を不完全として何処までも理想を求めることであり、良心が鋭くなればなる程、自己を悪と感ずるのである。かゝる矛盾を越えて真に自己の根柢を見るには宗教的解脱に入らなければならない[33]」。

「宗教的解脱」といったものが「哲学」の中に直接に入ってくると、それは哲学であり続けるのかどうかという問いが生じるだろう。それは田辺元が激しく西田哲学に対して向けた批判点でもあった。「宗教と哲学」というテーマについては本書の最後のテーマ「宗教」で述べることとなる。そしてこのテーマは、ドイツ観念論の内部では「信仰と知」というテーマとして浮上する。こういった問題をほぐしていく上で、もう少し「知」に関しての西田の立場を見ておこう。

よく知られているように、西田は論集『自覚における直観と反省』（一九一二年から一九一七年までの論考）の時期に、フィヒテの「知識学」を自分の立場の先駆ないし模範として、理解しようとしていた。しかし西田の論集の表題とフィヒテの作品の表題を、比較してみよう。そうすると、一つのことが気づかれる。すなわち、フィヒテにおいてはどこまでも「知識学」（Wissenschaftslehre）すなわち直観と反省を含んで成り立つ「知」が、問題であった。それに対して西田においては、同じく直観と反省を含む「自覚」が問題だった。「知」と「自覚」とは、どこが違うのか。西田は「自覚」という語を„Selbstbewusstsein“というドイツ語で訳した。それは逆翻訳すれば「自己意識」となる。それだけなら、フィヒテの知識学の基本と同じとも言える。しかしながら、「自己意識」とは「自我の意識」を意識の立場で反省し把握したものである。自我の意識をどこまでも前提した上でこれを反省するものであって、この自我を「無くす」方向ではない。それに対して「自覚」とは、「意識以前」への深まりであり、「没意識」を根底とする。西田はこの自覚を、一時期は「フィヒテの事行 Tathandlung の如きもの」とみなした(34)。「事行」とは単なる「事実」（Tatsache）でなくて、「知」一般がそこで成り立つ地平を自ら開く「自我の自己定立」の事実開示の「行為」（Handlung）である。西田はこの「事行」に、自らの「自覚」を重ねた。しかし西田自身の意味における自覚は、「自我」を滅するということを始点としているから、「真に自己を見るといふことは自己を失ふことでなければならぬ(35)」。それに対してフィヒテの「自己意識」は、どこまでも自己を維持してそれを原理とする行為である。

もちろんフィヒテにおいても、経験的な自我がそこで成り立つ「絶対自我」を原理として立てているから、単なる「自我的・主観的」な立場ではない。しかしそれでも端的に「自我を失う」というような表現には、至らない。だからフィヒテの立場は、ヘーゲルから見てなおも自我の主観性を残した「主観的観念論」と映った[36]。まして後年の「絶対無」の立場での西田からすれば、ないし『善の研究』における「主もなく客もない」純粋経験の本来の在り方からは、そこに立ち止まることの出来ない立場だった。

しかしながら、逆に問いが生じる。すなわち、西田において科学や技術の対象である「客観」は——フィヒテ的に言えば「非-我」は——どういう位置を得るのかと。西田は後年に(1)「知識の客観性」(一九三五年)や(2)「経験科学」(一九三九年)、「論理と数理」(一九四四年)などを発表し、まさしくこの問題を扱っている。ここでは叙述を簡略にするために[37]、論文(1)で述べられた核心部分のみを挙げよう。すなわち西田はこう述べる。「我々が客観的知識と考へるものは、世界自身の自己表現に外ならない[38]」。西田の言う「世界自身の自己表現」とは「世界が矛盾的自己同一的に自己自身を表現すること」(同上)であり、「私は客観的知識の根拠を此に置きたいと思ふ」(同上)。

ここで、およそ「客観性」と言われている事柄について、通常の意味とまったく視点を異にした見解が述べられている。それは、たとえばヘーゲルが『エンツィクロペディー』第一部「論理学」の「予備概念」で述べた、三つの「客観性についての思想」という、それはそれで見事な叙述との突き合わせにおいても、その独自性が際立つ。ヘーゲルが挙げる三つの客観性についての思想とは、形而上学、経験論と批判哲学、直接知、の三つである。これらを挙げた上でヘーゲルは、『エンツィクロペディー』全体を通して、自らの「絶対的観念論」の立場でもある「絶対理念」を、打ち出した。

そういった絶対的な客観性としての「絶対理念」の立場に対して、西田の「世界自身の自己表現」は、主観と客観を足場にしてその止揚として出てくる見方ではなくて、主観というものを没したところで成立する見方である。「絶対無」の立場である。そのとき、これまで「客観」と言われていた世界が「世界の自己表現となる」、というのが上記の引用個所の趣旨である。その趣旨は、現象学的に言うなら、事実現象をそれがあらわれるままに記述にもたらす立場ということである。その場合の事実現象ないし「世界＝現象」は、西田においては、独特の論理的表現で定式化される。すなわち「世界が矛盾的自己同一的に自己自身を表現すること」である。

西田の言う「矛盾的自己同一」は、「知」というテーマに引き寄せて言うなら、「私が知る」という出来事が実は「私が」知るのではなくて、私を通して「世界が」知る、ないし「世界」の自己表現だということである。同様に、「客観的」として認識される事実が、実は事実そのものでなくて「客観化された事実」に過ぎないということであり、事実のいわゆる自己同一性が本当はその同一性の否定を含んで成り立つ矛盾概念だということである。このようにして「世界が矛盾的自己同一的に自己を表現すること」が、西田において「客観的知識の根拠」とされた。

ドイツ観念論と京都学派のそれぞれの「知」については、なお一歩、「絶対知」という問題場面での検討もしなければならないが、それは次章の主題としたい。

注

（1）この映画のストーリーでは、人工知能「HAL9000」が何らかのきっかけで突然変異を起こして判断作用を備えた知能となり、人間が人類の存亡を賭けてそれと戦うという内容になっている。

（2）このやりとりのＵＲＬは、以下である（https://yajin.blog/2023/04/10/if-chatgpt-evolves-will-it-become-like-skynet-or-hal9000-computer/）。このチャットＧＰＴとのやりとりは、もちろんケルン大学とテュービンゲン大学での客員講義の折に取り上げたものではなくて、今回の付加である。当時はチャットＧＰＴはまだ出現していなかった。

（3）プラトンの対話篇『テアイテトス』の主題は「エピステーメ」で、これは一般には「認識」と訳されるが、「知」と訳しても大過はないであろう。「知」についての三つの仮説、すなわち①感覚説、②ドクサ（思いなし）説、③ロゴス説、のいずれも、対話篇の最後に斥けられる。それは「イデア」とは何かという問いをめぐる追及と同様だと言えばそれまでだが、

「知」が知の対象となった途端にそれは「知られた知」となり、「知る働き」そのものとしての「知」でなくなる、という事態の示唆と受け取ることもできる。

（4）B. Pascal, *Pensées*, §348.

（5）パスカルが語ったこの語に関する多少の感想を記した筆者の短文が、一九九八年度「大学入試センター試験」の出題文に採用されたので（『平成10年度大学入試センター試験問題集』、一九九八年一一月、九八〇―九八一頁）、自分でも解答を試みたが、すべて正解という結果にはならなかった。

（6）Aristoteles, *Metaphysik*, 980 a 20

（7）『老子』第五六章。

（8）『荘子』「斉物論篇」第二。

（9）孔子『論語』巻第六、先進第一一。

（10）西田幾多郎、『善の研究』、「旧版」一、二八頁、「新版」一、二四頁。

（11）R. Descartes, *Discours de la méthode*: Euvres Descaftes. Edition Adam et Tannery, Tome VI, p. 32.

（12）Descartes, „*MEDITATIONES DE PRIMA PHILOSOPHIA*,“ *Texte latin et traduction du Duc de Luyne*. Paris, 1970, p. 48. 和訳は三木清の『省察』岩波文庫33-613-2' 一九四九年版を用いた。

（13）Ibid.: „quod agnoscam fieri non posse ut existam talis naturae quails sum, nempe ideam Dei in me habens, nisi revera Deus etiam existeret.“

（14）I. Kant, *K. r. V.*, Des dritten Hauptstücks Vierter Abschnitt: Von der Unmöglichkeit eines kosmologischen Beweises vom Dasein Gottes.

（15）Ders., *K. pr. V.*, II. Buch. 2. Hauptstück. V. Das Dasein Gottes als ein Postulat der reinen praktischen Vernunft.

（16）G. W. F. Hegel, *Glauben und Wissen*, *Werke*, Bd. 2, S. 432

（17）Ibid., S. 410.

（18）I. Kant, *Grundlegung zur Metaphysik der Sitten*, Zweiter Abschnitt. *Philosophische Bibliothek*, S. 56f.

（19）Ibid., S. 81f.

（20）　Ibid., S. 91.

（21）　K. L. Reinhold, *Grundlegung einer Synonymik für den allgemeinen Sprachgebrauch in den philosophischen Wissenschaften,* Kiel 1812, S VI, に、ラインホルト自身の思想遍歴の回顧が、述べられている。

（22）　シェリングのラインホルト評価は、F. W. J. Schelling, *Einführung des Idealismus der Wissenschaftslehre, Sämtliche Werke,* Bd. I. 409f. ヘーゲルのラインホルト評価は、G. W. F. Hegel, *Wie der gemeine Menschenverstand die Philosophie nehme– dargestellt an den Werken des Herrn Krug“, Werke,* Bd. II. 202.

（23）　S. Maimon, *Versuch über die Transzendentalphilosophie*, 1790, 現在は下記の版で入手可能：Wissenschaft der Buchgesellschaft, Darmstadt, 1963, S. 262.

（24）　I. Kant, *K. pr. V., Kants Werke,* Bd. 5, S. 98.

（25）　S. Maimon, ibid., S. 262.

（26）　F. H. Jacobi, *David Hume über den Glauben oder Iddealismus und Realismus. Ein Gespräch, Jacobis Werkle* II, Darmstadt 1787, S. 304.

（27）　Ders., *Über die Lehre des Spinoza,* in: *Briefe an Moses Mendelssohn,* 1785, in: *Jacobis Werke* Zweiter Band, Darmstadt 1980.

（28）　Ders., *Von den Göttlichen Dingen und ihrer Offenbarung, Werke,* Dritter Band, S. 263ff.

（29）　Ibid., Dritter Band, S. 9 ff.

（30）　最も総合的にヤコービ論を展開したザントカウレン氏の最近の著書を、挙げておこう。Birgit Sandkaulen, *Jacobis Philosophie. Über den Widerspruch zwischen System und Freiheit.* 2019. Meiner Verlag. この書は二〇二三年に、英訳が電子図書として出た（https://www.bloomsbury.com/uk/philosophy-of-friedrich-heinrich-jacobi-9781350235717/）。

（31）　京都学派の「科学哲学」については、野家啓一編、『京都哲学撰書27　精神史としての科学史』、燈影舎、二〇〇三年での、野家啓一の「解説」が、的確な像を提供してくれる。

（32）　西田幾多郎、「直覚的知識」（一九二九年）、「旧版」五、二二六頁、「新版」四、一八二頁。

（33）　西田幾多郎、「叡智的世界」（一九二八年）、「旧版」五、一七二頁、「新版」四、一三九頁。

(34) 西田幾多郎、『自覚に於ける直観と反省』、「旧版」二、三頁、「新版」二、三頁。
(35) 西田幾多郎、「述語的論理主義」(一九二八年)、「旧版」五、九七頁、「新版」四、八〇頁。
(36) ヘーゲルの『信仰と知』は、そのようなフィヒテ批判を主要な部分としている。しかしフィヒテは自らの論敵をシェリングに見ており、当時は無名のヘーゲルの議論を顧慮しなかったから、ヘーゲルの批判への反批判は表明されなかった。
(37) 後期の西田哲学における科学技術に関する思索については、かつて拙稿、「西田哲学の「技術論」」、『現代思想』Vol. 21、一九九三、一三八―一四五頁で、やや詳しく論じた。科学技術に関する現代の状況に鑑みて補完すべき点が多々あるが、西田の見方の基本的な骨格については、いちおう述べ得たのではないかと思っている。
(38) 西田幾多郎、「知識の客観性」、「旧版」十、四一〇頁、「新版」九、四一二頁。

第11章　絶対知をめぐる「巨人の戦い《ギガント・マキア》」

1　論争書簡、論争著述

前章で、「知る」ということの意味を、カント及び同時代の哲学者たち（ラインホルト、マイモン、シュルツェ、ヤコービ）における「物自体」をめぐる諸議論に即して、考察した。この「物自体」をカントの超越論的思考が残した「無価値の残滓」“caput mortuum”（「死せる頭」）として斥け[1]、「絶対知」へ至る道が、ドイツ観念論である。前回はこのドイツ観念論の「知」との対比で、東洋的ないしポジティヴな意味での「不知の知」を、西田哲学で言うところの「見るものなくして見る」知において垣間見てきた。

本章では、まず「絶対知」をめぐるドイツ観念論の哲学者たち、フィヒテ、シェリング、ヘーゲルの三人の思想を、集中的に見ていくことにしよう。その上で西田における「絶対無」の自覚知を改めて視野に収め、ドイツ観念論の「絶対知」と京都学派の「不知の知」が自然科学の客観的な知とどのような関係にあるかにも、触れておきたい。

「絶対知」は三人の巨人的哲学者たちが共通して用いる用語であるが、同時に三人の思想家たちが互いに「有」（ウシア）の意味をめぐって争った「巨人の戦い《ギガント・マキア》」の、戦場でもある。「巨人の戦い」という表現は、プラトンが対話篇『ソピステース』で用いたもので、[2] オリンポス山の神々に巨人族が戦いを挑んだという神話が背景をなす語だが、プラトンでは初期ギリシアの巨人的思想家たち同士の論戦という意味である。フィヒテ、シェリング、ヘーゲルの三者の場合も、ギリシア的な「有」の近世的な表現である「絶対者」の意味をめぐっての、戦いだった。

　この論戦の場は、一八〇一年と一八〇二年に表面化した。その二年間は、上記の三人の哲学者たちが交わした書簡での論戦の期間と同じである。そこではフィヒテに代わってシェリングが哲学の世界でイニシアチヴを取り、しばらくしてヘーゲルが『精神現象学』の刊行によってシェリングの名声を凌駕する存在となった。そのシェリングは二年後の「人間的自由の本質」（一八〇九年）で、ヘーゲルの自己完結的な体系哲学を突き破るような深い思弁的思索を提示した。ただし、その突出的部分を自らの体系に取り込むことをなし得ず、その後は著書の公刊を一切することなく、ただ講義と執筆のなかでヘーゲルとの対決を黙々とつづけた。

　この状況のひとつの指標となるのは、フィヒテが一八〇二年一月一五日にシェリングに宛てた長文の書簡である。シェリングの簡単な返書は一八〇二年一月二五日という日付になっている。そして両者の書簡往復は、このシェリングの返書で終わった。そのフィヒテの書簡は、フィヒテとシェリングとヘーゲルの三者の名が一緒に浮上する稀な個所ともなる。フィヒテは投函者、シェリングは受取人、そしてヘーゲルはそこで一カ所だけ言及される人。しかしフィヒテにとっての主な対話相手ないし論争相手は、シェリングだけである。

　シェリングとフィヒテは二年のあいだ、イェーナ大学の同僚として一緒だった。一七九八年と一七九九年のことだ。フィヒテが無神論の嫌疑を受けてベルリンに移ったあと、両者の書簡往復はイェーナとベルリンのあいだでなされた。他方でシェリングとヘーゲルは一八〇一年に共同の哲学活動を始め、『哲学の批判的年報』（*Kritisches Journal der*

Philosophie）の刊行を一八〇二年から始めている。フィヒテとヘーゲルとのあいだには直接の接触はなかったが、フィヒテはこの雑誌の第一号を送られて、当時はまったく無名だったヘーゲルの名前を見る。この雑誌にヘーゲルは論文を二本、発表した。「哲学的批判全般の本質と、とりわけ現今の哲学の状態に対する哲学的批判の関係」（*Über das Wesen der philosophischen Kritik überhaupt und ihr Verhältnis zum gegenwärtigen Zustand der Philosophie insbesondere*）、そして「常識は哲学をどう受け取るか。クルーク氏の諸仕事に即して述べる」（*Wie der gemeine Menschenverstand die Philosophie nehme, dargestellt an den Werken von Herrn Krug*）である。

フィヒテの書簡にヘーゲルの名前が触れられている個所は、こうなっている。「だから私が望むのは、あなた（シェリング）もヘーゲルもこの争点についてこれ以上のことを持ち出さず、それによって、と私は思っている、諸々の誤解をさらに広げないことです。私の新しい（『知識学』の）叙述が復活祭までに刊行されるでしょうから[3]」。ここで言われる「争点」が、問題である。しかしフィヒテとシェリングは書簡形式ではそれ以上の論争はしなかった。両者は論文の中でのみ、相互批判をおこなうことになる。

このフィヒテの書簡には、別の書簡も付されていた。それは二カ月前の一〇月一五日の日付となっている。そこではこういう文章が記されている。「あなたが最後の手紙で述べられた諸々の真相は、私も知っています。しかし私についての説明や私の意見についてのあなたの説明は、私の立場の誤解と軽視に基づいています[4]」。フィヒテはこの書簡をすぐには投函しなかった。彼はその理由を、こう述べている。「しかし親愛なるシェリング、私は当時、あなたのピリピリした敏感さを知っていました[5]」。そしてこの書簡を、こう締めくくった。「私はあなたとの書簡連絡をつづけることを、とても望ましく思っています。ただし、あなたが個人的な侮辱を控えるという条件下でのみ、ということです[6]」。この添付された手紙へのシェリングの返書は一八〇二年一月二五日の日付となっており、シェリングはこう記した。「あなたが非難なさる個人的な侮辱について言うなら、私は、そう取らないで頂かないようにお願いします。隠し立てなしに言うなら、私の書簡でそういう外見があり得るとするなら、それは全て、私に対するあなた自身のトーンの精神が反復された、というだけのことのように思います(7)」。

2　フィヒテとシェリングの共通点と相違点

上記の「争点」に立ち入る前に、フィヒテの一八〇二年一月一五日の書簡に記される両者の共通点を確認しておこう。「絶対者（これについて、そしてその規定に関して、私はあなたと全面的に同意し、それについての直観も長らくあなたと共に所有しています(8)）」が存在し、直観されるということについては、フィヒテとシェリングは一致していた。しかし、まさしくこの直観がドイツ観念論の哲学の眼目でもあった。二人の哲学者は、絶対者がどのように把握され、規定され得るか、されるべきか、という点については一致しなかった。

後世のわれわれからすれば、なぜその程度の（と思ってしまいがちの）意見の相違が、上の書簡往復に見るようなピリピリした論争になるのかは、すぐにはわからないだろう。このことを見るには、個々人が共有する「時代意識」を見る必要がある。中世の城壁に囲まれた街の中心が教会であり、町はその周囲に広がるという構造からわかるように、中世・近世のキリスト教ヨーロッパにおいては、神は個人的な信仰の対象であると共に、社会生活の全ての規範の根拠であり、宇宙観の中核であり、内面的にも外面的にも人間生活の基本だった。その神は中世では信仰によって信じられ、「神学」という形で展開され得たが、近世になってそのような信仰および神学は、人間理性にとって自明ではなくなってきた。そこで神の存在と本質を「哲学」において、「知」によって、確保することが必須の課題となっていた。ドイツ観念論の哲学にとって「絶対者」は「神」の哲学的名称だった。「絶対者」をめぐる知の問題は、単なる知的ゲームではなくて、個人および社会生活の基盤としての神を哲学的に論証するという意味で、個人の実存と社会・国家の根拠に関わる問題だったのである。

フィヒテは上記の手紙で、こうも記している。「しかし私には次のことはもともと明らかだと思われます。すなわち絶対者はただひとつの絶対的な、つまり多様性への関係において、単に一者的な、単純で永遠に同じ外化を持ち得るということです。そしてこの外化が、絶対知です。しかし絶対者そのものは有でもなく知でもなく、両者の同一性でも無差別でもなくて、まさに――絶対者です――、そしてそれにつづくいかなる語も弊害です」。ほぼ同じことを、フィヒテは上述の手紙に先行する一八〇一年の「知識学」で述べていた。「絶対者は知でもなく有でもなく、両者の同一性でも差異でもない。そうではなくて、まったく赤裸であり、端的に絶対者である」[9]。

この言表および上記の書簡の一節は、シェリングに対するフィヒテの渾身の批判と読むこともできる。外見上はそれは、スピノザの「実体」へのコメントという連関で述べられていた。スピノザの「実体」は一者であり、その外化すなわち属性が『エティカ』で語られる。しかし実体そのもの（絶対者そのもの）はいかなる属性でもない。その見解の真意はシェリング批判でもあった。シェリングはそれまで、超越論哲学と自然哲学の二本立ての構想を語っていた。それは別々の哲学の併存ではなくて、一にして同一の「同一性」の二つの枝を、意味していた。シェリングにとって、絶対者は主体と客体の、知と有の、「絶対的無差別」だった。しかしフィヒテは、絶対者それ自体は有でもなく知でもなく、両者の無差別でもないと記している。シェリングによって提示された絶対者の概念は、フィヒテの書簡ではっきりと斥けられている。

しかしこのように含意されたシェリング批判は、実はフィヒテ自身の自己修正をも意味していた。なぜなら、絶対者それ自体は「知」ではないと言うのであれば、「絶対知」もまた根本的にその射程に関して根本から問い直されなければならなくなるからである。それはフィヒテが初期から哲学の出発点としていた「絶対自我」が、もはや「絶対者」と等置され得ないということを意味していた。絶対者と絶対自我は、区別されなければならない。

　この区別は、フィヒテの立場の「転回」（ケーレ）を意味していた。一七九四年の『知識学』では、フィヒテは「自我の自己定立」を語っていた。それは自我の根源的な自己直観としての知的直観のことだった。自我は自我自身を通して自我自身の上に基づけられ、それによって「知る」主体の自己意識もしくは自覚の地平が、開示された。それは自我の根源的行為として、フィヒテが「事行」（Tathandlung）と名づけるものだった。すでに述べたように、事行とは、知る対象としての事実（Tatsache）を知る地平そのもの（すなわち意識地平）を、開示する行為（Handlung）であり、西田の用語で言えば「自覚」のことだった。「事行」によって自我は定立され、そのことと一つに於て、自我によって知られるものもまた定立される。それゆえ「有ると言えるものは、自我の内で定立される限りにおいて有るのであり、自我の外部には何も無い[10]」。その外には何も無いと言われる自我は、絶対的であり、その知は絶対知で有る。絶対自我は絶対者である。

　しかし、もし絶対者そのものは知として内容化されないとするなら、絶対知と絶対者とはどういう関係にあるのかが、問いとなる。差し当たりシェリングへの批判という形で述べられたフィヒテの見解は、フィヒテ自身の課題の表白を意味していた。

3　フィヒテの絶対知

そこで絶対者と絶対自我との区別に関して、少し立ち入って見ておこう。本当は詳細なテキスト追跡が要るのだが、大筋をつかむという方針で、一八〇一年の「知識学」の第九節に焦点を当てよう。フィヒテはここで、知の絶対的形式を有と自由との「相互貫通」と捉えた。この規定は、通常の知の見方とかけ離れているように見える。しかし通常の知の立場では、何かを認識する状態としての知にどのような事態が含まれているかは、通常は考えられていない。ちなみに言えば、何かを知るということは、今まで暗がりに止まっていたその何かが知の明るみの場にもたらされ、見えるようになる、ということであろう。それは見ている自分が何かに邪魔されたり束縛されたりしているのでなく、自由な存在となることを前提している。平たく言えば、物事を深く考えるということは、考える自分が自由な存在になるということと不可分である。自由が抑圧された社会では、自由な思考も抑圧される。そうであるなら、本当に物を知るとは、人間存在の根本状態のことである。これがフィヒテの言う、有と自由との相互貫通であり、そこでは知られるものが私の知の明るみの場に置かれるという意味で、「生ける光の状態」(der lebendige Lichtzustand)、あるいは「実体的な内的な見、端的に見それ自体」[11]と言われる。

絶対知がそのような「見」の完全な在り方だとすれば、そのように見る「眼」はどこに属するのかが、問いとなる。フィヒテはこう言う。「しかしこの眼は（絶対的なものの）外部にあるのではなく、それの内部にある。そしてまさに、絶対者それ自身の生きた貫入である」[12]。この定式は、神秘主義の中で伝承された経験とも重なる。すなわち、神の愛は神に帰せられる愛であると共に、人間精神の中に存する愛でもある、という経験である。スピノザの言葉を借りるなら、「神に対する精神の知的愛は、神が自己を愛するときの無限の愛の一部である」[13]。しかしフィヒテにおいては神秘主義的直観はそれだけでは終わらなかった。そうではなくて、この神秘主義的直観ないし絶対知の生ける光の状態を可能にする「眼」が、知識学として基礎づけられなければならなかった。「あるいは、もう一度絶対者がこれまでどのように記述されたかを考えてみればよい。絶対者は端的にそれで有るところのものであり、それがそういうものであるのは、それがそうであるからなのだ。しかしそれによって絶対者には依然としていかなる眼も嵌め込まれたわけではない」[14]。絶対知の眼が絶対者に嵌め込まれていることを証するためには、絶対者がさらに知られなければならない。フィヒテはこうつづける。「知識学はこの自己自身を自ら貫通する絶対的な貫通と、自己自身だけで存在することとを、言語におけるいくつかの相応しい語によって、自我性という語によって、表示した」[15]。

絶対者に外から嵌め込まれているのではなくて内に蔵されている眼は、見ること自体もしくは光の状態として、自我という形式において、自我性という仕方で貫通する。われわれの自我は、絶対者が知という形式で現前する場となる。しかしながら、まさしくこの洞察が、フィヒテ哲学を不安な状態にさせた。なぜなら、絶対者が自我性という仕方でその自己貫通という形式でわれわれの自我を通して経験されるとして、そのように経験された絶対者は果たして絶対者それ自体なのか、それとも人間的自我性をくぐって経験された絶対者の像に過ぎないのか、ということが問いになるからである。それは、絶対知によって把握された絶対者が端的な絶対者そのものなのか、という問いでもある。

ちなみにこの問題は、スピノザが語った「神の無限の愛」の個所のつづきにも出てくる。スピノザは、神の無限の愛というときの神が、神的な実体という意味での神ご自身ではなくて、その属性だと言う。スピノザにおいては、実体と属性の区別というだけで十分だったが、フィヒテにおいては絶対者と絶対自我の区別は、彼の知識学が内蔵する不安となる。この不安がフィヒテを、知識学のさらなる改善・改稿へと駆り立てる。上述の一八〇二年一月一五日の彼の書簡は、まさしくこの不安な移行期の只中で記された。シェリングとの論争の中で、フィヒテは自分の考えをはっきりさせようと試みた。しかしまさにその試みの中で、彼自身の未決定な立場が洩らされたのである。

4 シェリングの絶対知

しかしシェリングの側でも、ある類似の不安ないし未決定の事態があった。以前には彼はフィヒテと同じく、絶対自我を絶対者と等置していた。「哲学の原理としての自我について」という初期の論文において、シェリングはこう述べていた。「この自我という概念は、それを通して絶対自我が絶対者として記述されるのであり、われわれの研究全体がこの絶対自我の単なる展開に過ぎない[16]」。しかしやがて彼も、絶対自我と絶対者との等置は問題だと考えるようになる。ただしシェリングが進んだ方向は、フィヒテのそれとは異なっていた。シェリングにとり、絶対者は主観的観念論をラディカル化する方向においてではなく、客観的観念論の方向で、「主観＝客観」（主観と客観が無差別であるようなところ）として捉えられるべきものとなった。フィヒテは絶対者の眼が光として貫通する場を「自我性」として捉えたが、シェリングは、主観的な自我性を捨象して自我が「脱自的」となるという方向を、歩み始めた。その方向が一八〇一年に始まっていた。この年の論文「自然哲学の真の概念について」で、シェリングはフィヒテの知識学を「哲学の哲学」と表示したが、他方で「私は自然哲学に向けて、知識学で要求されている知的直観を、要求する。しかし私はさらに、この直観の中で直観するものを捨象することを、要求する[17]」。

この「直観するものの捨象」がシェリングにとって必然的となったのは、彼からすれば意識において客体が「本当のところ決してその根源的な発生において、その最初の立ち現れにおいて（その没意識的な活動において[18]）」看取されないからであった。「客体」は認識主観にとってあらわれる現象であるから、すでに二次的な存在様態であり、「根源的な発生において」見られたものではない。根源的発生において見られたものは、「見る」自我の働きを捨象しないと見えてこない。この「直観するものの捨象」が、後の一八二一年のエルランゲン講義で「脱自的直観」として提示され、後期シェリング哲学の基礎をなすものである(19)。

フィヒテがシェリングの一七九四年の論文「哲学の形式の可能性について」を読んだとき、フィヒテは自分の哲学の若き擁護者があらわれたと信じた。それゆえ彼は、シェリングをイェーナに招いた。しかし早くも一年後に出たシェリングの論文「哲学の原理としての自我について」で、両者の見方の相違が原理的に露呈してきた。シェリングはそこで「私にはスピノザの体系がそのあらゆる誤謬にもかかわらず、やはりその大胆な帰結のゆえに、他の何よりも無限に注目に値するものと思われる(20)」と記した。シェリングは自分の「自我」の考えを、もはやフィヒテの影響下だけでなくてスピノザの影響下で構想していた。そのことは彼の言う哲学の原理が、スピノザの「実体」という意味を帯びるということを意味し、その実体はスピノザの言う「神もしくは自然」（deus sive natura）の直観と呼応して、「自然」をも意味するものだった。シェリングにとって自然は自我と等根源的であるべきものだった。従って自然哲学が超越論的哲学と同じ高さと深さを持つべきものだった。

フィヒテとシェリングの間の相違を明らかに示す徴表は、シェリングが「絶対知」についてほとんど語らない、という点にも見出される。上述の「直観するものの捨象」は、脱自的な直観として知の捨象をも意味しているから、ただちに絶対知を語るには、原則的困難がある。

正確を期して言うなら、シェリングは何度かは絶対知について語っている。それも、またしても一八〇二／〇三年に集中している。フィヒテ哲学もシェリング哲学もそれぞれに、移行期に面していた。シェリングの『ブルーノ、あるいは事物の神的と自然的な原理について。ある対話』（一八〇二年）では、シェリングは絶対知が絶対的な自我性ないし知的直観において成立すると述べた。[21]しかし彼はこの絶対知を主題化することはなかった。同じことが、同年になされた『学問的学習の方法についての講義』（一八〇二年）でも言える。シェリングはそこでこう語った。「特定の学問から絶対知にまで至る完全な教養形成をくぐった者は[22]」、明晰性の王国へと昇ると。ただし彼は、この絶対知で何を意味するかは述べていない。むしろ彼はこの講義でこう語った。「このいっそう立ち入った規定に従って、絶対者に関する精神の最高の状態は、可能な限り没意識的な孵化状態での沈思、あるいは全き無垢の状態でなければならない[23]」。没意識的な沈思とか無垢の状態とかは、通常の意識ないし「知」の以前あるいは以後である。この状態をまたしても「知」という語を用いて「絶対知」と表示することは、どこか不調和をなす。シェリングが絶対知を語るときはいつも、このようなの不調和ないし無理を伴っている。彼自身がおそらくそのことに気づいていたと思われる。それか、あらぬか、一八〇三年以降にシェリングが絶対知を語る個所は、出てこない。

われわれは第4章で、かつてフィヒテがおそらくはシェリングの自然哲学を意識して、彼自身の語である「非-我」を「自然」という語に訂正したことを見た。いまシェリングがおそらくフィヒテの知識学を顧慮して、「絶対知」を語る。ただし、自らの哲学の核心語にすることなしに、である。そこにはシェリングのジレンマとも言うべき状態が、あらわれる。けだし、もし脱自的な直観の中で直観するものが捨象されて、それが本来的な知だとされるなら、直観されたものはどのようにして再び哲学的な知へと展開されるだろうか。哲学が最高の学問として保持され展開されるべきであるなら、脱自的に直観されたものは沈黙の中に沈んだままとなるのは不本意ではないのか。このジレンマは、シェリング後期の「積極哲学」に至るまで、ずっと伴走音となる。

5　ヘーゲルの絶対知

われわれは一八〇二／〇三年のフィヒテとシェリングの立ち位置を概観してきた。この時期のヘーゲルは、どうだったろうか。彼はまだ「絶対知」を語り始めてはいない。彼が絶対知をはっきりと語るのは、彼の『精神現象学』（擱筆は一八〇六年、出版は一八〇七年）である。ただし絶対知に至るヘーゲルの道は、もっと早くから始まっていた。彼が一八〇一年に『フィヒテとシェリングの哲学体系の差違』を草したとき、彼はこう記した。「有限なものと無限なものとのこの意識された同一性、感性的な世界と知的な世界ないし必然的な世界と自由な世界という二つの世界の合一、意識におけるこの合一が、知である」[24]。

ここで言われる「知」において、有限と無限、主観と客観、感性と超感性、必然と自由、等々の対置構造が透視され、対立の両項が相互に媒介され合一される。この知は反省作用としての悟性にでなくて、理性に属している。悟性は対置されたものを固定化して捉えるが、理性は「否定的な絶対者の力」として、あらゆる固定化された対置を再び流動化させ、統一へともたらす。この絶対者の力によって成立する知が絶対知と呼ばれるのだが、それはヘーゲルの上述の差異書では、まだ術語として登場していない。その論考ではヘーゲルはシェリングの側に立って、フィヒテの立場を批判している。しかし事柄の上ですでに絶対知の立場に立っていたのであり、他方のシェリングは「直観」を根本の立場としていた。だから潜在的にはすでに、両者のあいだには本質的な亀裂があったと言わなければならない。

ヘーゲルは絶対者を彼岸にあるものとしてでなく、現象そのものの中に見ようとしていた。彼の眼にはフィヒテの絶対者は「絶対的な彼岸」と映る。『信仰と知』で、彼はフィヒテにおける絶対者が当為（Sollen. そうであるべきもの）

として捉えられ、有（Seyn）とならない、ということを指摘した。(25)すでに指摘したように、フィヒテは絶対知が「一者の、従って絶対者の、永遠にそれ自体と等しい外化」だと述べている。ヘーゲルからすれば、この「外化」という表現は哲学的に不足している。なぜなら絶対者の活動は絶対者の外化（外在の形式であらわれること）を意味するとしても、ヘーゲルにとりそれは絶対者の活動の一面に過ぎない。もう一つの面は、絶対者が外化を通して自己自身に戻るということである。「外化」（Aeusserung）という表現には、この自己還帰という方向があらわれていない。自己還帰ということは、外化を通して自己の本質がそこに現前するということである。ヘーゲルはラインホルトへの批判の中でも、ラインホルトが絶対者の現象を内的本質の「散乱」と捉えていると批判している。(26)ヘーゲルのフィヒテ批判はそこまでフィヒテをこき下ろすものではないが、根本趣旨は同じである。すなわち、もしこの世界における絶対者の諸現象が単に絶対者の外面的な形式に過ぎないなら、絶対者は「当為」（絶対者を意味すべき形式）にとどまって、実際に絶対者自身を実現した存在（Seyn）になっていない。

絶対者が自らの他在（Anderssein, 自分が自分自身とは別の形において存在する状態）を通って自分自身に還り、自己実現を果たすというプロセスにおいて、絶対者の他在は絶対者の自己実現の「契機」（Moment）となる。契機とは、自立していないものという限りでは否定されるが、全体構造を成立させるための媒体としては不可欠の役割を持つものである。ヘーゲル論理学において、「否定」は常にこの「契機」として、部分的な否定である。だから最初の否定は否定されなければならない。この「否定の否定」によって、ヘーゲルの有名な術語である「止揚」（アウフヘーベン）が成立する。「止揚」は三つの意味を含んでいる。否定（Negare）と保存（reservare）と昇華（elevare）である。ドイツ語の日常会話で「冷蔵庫にトマトをアウフヘーベンする」という言い方をするときは、まずは保存するという意味だが、店で買ってきたトマトをそのままでなくて冷たい温度に保ち（否定）、保存して後日の食料に活かす（商品価値が高められ、昇華される）という意味も、含まれている。

最初の否定、次に否定の否定、そして肯定という構造は、単なる形式的な論理の問題ではなくて、いわゆる「三位一体」、すなわち父と子と精霊の三一構造の論理でもある。父なる神は受肉によってその永遠性が一旦は否定され（第一の否定）、肉を持った神の子イエスは十字架上に死し（否定の否定）、復活して昇天する（高まる）。そのように言えばいかにも形式論理的な理屈だが、信仰者にとって十字架上での神の死は、恩寵の根源である神が死ぬ出来事であり、死すべき有限存在としての自分自身の実存の出来事でもある。死して生きるという死・復活の出来事が自分自身の命において生じていることの、畏怖と畏敬の出来事である。だから深い意味での「実存の感情」の出来事である。その感情の論理化として、「止揚」が語られるのである。ヘーゲルは『信仰と知』で、「神ご自身が死んだ（…）、ただし契機としてであり、人間の内なる最高の理念の単なる契機として死んだ」ということの感情について語っている。[27]

それゆえ、そのような構造を見通す思弁的理性の仕事は、「その本質においてミサである」[28]。

ヘーゲルは『精神現象学』で初めて「絶対知」について述べた。『精神現象学』での絶対知の定式はこうである。「精神のこの最後の姿、その完全にして真実の内容に、同時に自己という形式を与える精神」と。[29] ここで言われる「自己の形式」が意味するのは、知の内容が、知る働きをなす精神に対立するのではなくて、精神それ自身としての形式だということである。知る働きをなす精神の内容は、有ると言えるもの全てである。かつて「自己意識」の章で見られたものは、いま「精神」の立場で看取されている。

ここで、「知る精神」の内容は、有ると言えるものの本質だということを確認しよう。知る精神は絶対精神である。しかしながら、まさにここで「知」の最終的な限界があらわれる。すなわち「知という形式」そのものである。現実の茶碗についての「知」は現実の茶碗という「物」ではない。精神は、前に置かれた茶碗が精神自身だということを

「知る」。しかしながらその知の内容は、実際に茶を飲むための「物」についての知であって、実際に茶碗で茶を飲む行為そのものではない。果たしてヘーゲルは、こう言う。「知は自分を知るだけでなく、自分自身の否定性を、ないし知の限界を、知る」(30)。そこで絶対知としての精神は自らを外化する。そして、それによって生成するところのものを、ヘーゲルは「自然」と名づけた(31)。『精神現象学』で達成されるヘーゲルの絶対知と、「知識学」で述べられるフィヒテの絶対知との違いは、構造的には、意識の諸段階をくぐり抜けてそれぞれの段階の「否定の否定」を経て「弁証法的」に展開された知と、知的直観によって一気に獲得された全体直観との違いであるが、さらには、やがて『大論理学』で「自然」へと脱化する知と、「知」の絶対性にとどまる知との、違いである。

ヘーゲルは後年に『エンツィクロペディー』の中で、絶対者の肯定的側面を「思弁的」、否定的側面を「弁証法的」と名付けた(32)。ヘーゲルの思弁的・弁証法的媒介の道が、フィヒテとの間の隔たりだけでなく、盟友シェリングとの間にも断絶を招くということは、不可避だった。シェリングもまた「直観」を基軸としていたからである。『精神現象学』での「知的直観」批判が自分にも向けられたと感じたシェリングは、一八〇七年一一月三日のヘーゲル宛てシェリングの書簡でこう記した。「それで私は序言［『精神現象学』の序言］だけを読んだ。（…）そして今に至るまで君の意味するところを、つまり概念を直観に対置させることを、解せないでいると告白する」(33)。この手紙はシェリングとヘーゲルの友情の終了をも意味するものとなった。

6　西谷啓治の「般若知」

絶対者および絶対知をめぐる巨人の戦いにおいて、誰が勝者であり誰が敗者だったのか。三人の巨人たちはいずれも勝利を確信し、少なくとも敗北を認めた者は誰もいない。では後世がそれを判定すべきなのだろうか。この問いは、絶対知というような事柄が少なくとも用語としては哲学的議論の中でもはや浮上しない現代にあっては、意味がないようにも見える。それでは上に見てきたような哲学的巨人たちの戦いは、哲学史の中での単なるエピソードに過ぎないということになるのだろうか。

この問いに直接に答える代わりに、次のことを指摘しておきたい。それは京都学派の哲学者の一人である西谷啓治が晩年の論文「般若と理性」（『西谷啓治著作集』、第十三巻、創文社、一九八七年所収）で大乗仏教の「般若」の智を哲学的に展開し、その場合、ドイツ観念論の絶対知を対話・対決の相手として取り上げている、ということである。西谷は絶対知を二重の側面で見た。一方でそれは「知」として、古来の「ノエーシス・ノエーセオース」すなわち知の知という意味を得て、知の全活動を貫き統べることである。他方で絶対知は絶対者をその内容としている。「絶対的なものとしての〈神〉において、知と有との相対性は一切超越され、絶対知が絶対有であり、絶対有が絶対知である」(34)と、西谷は見ている。

しかしヘーゲルにおけるこの壮大な哲学的造作を承認しつつも、西谷はある問題を見た。すなわち絶対知の立場は、たとえそれが世界全体を包括し概念把握するものであっても、最終的には「知」もしくは「思惟」の立場を脱しないということである。このこと自体は上に見たように、ヘーゲル自身も「知の限界」として指摘し、「自然哲学」という領域へ論理学が移行する必然性として、語られていた。しかし西谷は「知」そのものの在り方という観点で、「絶対知」になおも残る問題点を指摘する。すなわち、これも前章で述べたように、「知る」ということは「自由」を本質としているという点をめぐってである。少し長い引用をしておこう。

「確かにそこでの知は、思惟の本来の自由を貫徹したものである自由は〈…からの自由〉といふ意味を超えて端的に〈…への自由〉といふ意味を現はして来なければならない。（…）そのことはまた、あらゆる意味の知、ヘーゲルのいはゆる絶対知をも越えて、ある意味では無知といふ性格を含んでゐなければならないはずである」。西谷からすれば、ヘーゲルの絶対知においては、「知といふものの本質の徹底においてまだ残されたところがある(35)」。

ヘーゲルの場合は、「知」の本質の徹底は知の形式を超えた「自然」の領域へと移ることとして、示された。しかし西谷は、「知」の本質としての「自由」の徹底は、それが「絶対的否定性」であるがゆえに「ある意味で無知という性格を含む」ことに着目した。他を照らす「知」それ自身の手元ないし根源としての「無知」の性格が、「絶対的否定性としての空」の展開を要請することとなる。「空」は大乗仏教の概念であるが、それは理知的に知る学としての「哲学」の方向と異なった、生《なま》の事実をそのままに知る覚知、ないし一種の「直接知」を、要請する。それは、「直接知そのものをそのまま深めていくといふ方向(36)」である。

ここで意味される「直接性」は、フィヒテやシェリングの「知的直観」の直接性とはまた違った意味で、媒介以前の知である。ヘーゲルが『精神現象学』で精神の諸段階の初めとして述べた「感覚的確実性」の直接性が、その参考となる。たとえば「山を見る」というときの視覚経験である。その山がどういう植物系で、どんな登山路があって、云々といった知識は、そこではまだ得られてはいないが、山の全体像を捉えているという確信、それが「感覚的確実性」である。この意識段階に対して、ヘーゲルは、そこではまだ山の概念的本質が一向に捉えられていない、ということを露呈せしめる。そこでなされる経験は、見ている瞬間だけの、すぐに消失するという経験であって、確実ではない。それは、「知」の段階としてはその次の「知覚」へと移行するものとなる(37)。

他方で、西谷の批評は視点を異にしている。そこでは「物を知る」主体は、物となった自己である。前章で引用した西田幾多郎の語を引用するなら、「見るものなくして見る」実在経験である。西谷の論文「空と即」からの引用で言えば、「蟬の声を聴く」という感覚的確実性を、「蟬が鳴く」という直接に与えられた事実の開示の場として、「声即聴なる〈感覚〉の現成する場」として、[38]経験するということである。直接知を媒介知へと変えていくのでなくて、そのまま深めていくという視点である。感覚的確実性を「知」の段階と見るのではなくて、そのまま深めるという方向である。あるいは西田幾多郎がしばしば語った「物となって見る」知である。

ドイツ観念論での直接知と西谷・西田の直接知の違いは、ルーツを遡るなら、大乗仏教的地盤で成立する般若知と、プラトン以来の西洋形而上学の完成態の違いとも言える。この「直接知」を主題的に論じた重厚な好著として、松丸壽雄『直接知の探究——西田・西谷・ハイデッガー・大拙』（春風社、二〇一三年）を挙げておきたい。[39]西谷からすれば、「絶対知が絶対有であり、絶対有が絶対知である」という場合でも、「知」の形式にとどまるがゆえに、なお赤裸な事実性と薄い紙を一枚へだてる。そのような形式を脱した無我の直接経験は、知ることと知られる物とが距離をおかずに「即」という場で一となる、という視座である。繰り返して言えば、ここには、西谷において哲学的に表現された、大乗仏教的地盤で成立する般若知と、プラトン以来の西洋形而上学の大成とも言えるヘーゲルの絶対知との、最も鮮明な対比点が、あらわれる。それは「ドイツ観念論と京都学派」の対比点の先端でもある。その先端は、深部としての「宗教」を取り上げる第Ⅵ部で、別の相貌をあらわすであろう。

注

（1）Vgl. G. W. F. Hegel, *Enzyklopädie der Wissenschaften*, Erster Teil, Die Wissenschaft der Logik, §44, Anmerkung, *Werke*, Bd. 8, S. 121.

（2）プラトン、『ソピステース』245 e 6-246 e 1. ただし、この対話篇で問題になっているのは「絶対知」ではなくて、「実有」（*ousia*）である。

（3）F. W. J. Schelling, *Briefe und Dokumente*, Band II. 1775-1803. Hg. von Horst Fuhrmans, Bonn 1973, S. 379.
（4）Ibid., S. 380.
（5）Ibid., S. 381.
（6）Ibid., S. 382.
（7）Ibid., S. 383.
（8）Ibid., S. 380.
（9）J. G. Fichte, *Darstellung der Wissenschaftslehre*. Aus dem Jahre 1801, Bd. 2, II, S. 13.
（10）Ders, *Grundlage der gesammten Wissenschaftslehre*, ibid., I, 99.
（11）Ders., *Darstellung der Wissenschaftslehre*, Aus dem Jahre 1801, ibid., S. 19.
（12）Ibid., 19.
（13）B. d. Spinoza, *Ethica*, Pars V. Proportio 36.
（14）J. G. Fichte, ibid., II, S. 19.
（15）Ibid., S. 19/20.
（16）F. W. J. Schelling, *Vom Ich als Princip der Philosophie*, *Sämtliche Werke*, Bd. I, S. 177.
（17）Ders., *Vom wahren Begriff der Naturphilosophie*, *Sämtliche Werke*, Bd. 4, S. 87/88.
（18）Ders. Ibid., S. 85.
（19）シェリングの「放下」については、拙著 *Ekastase und Gelassenheit. Zu Schlling und Heidegger*, München, 1975, S. 1-85（和訳は拙著『放下・瞬間・場所』創文社、一九八〇年、一―一一〇頁を参照）。
（20）F. W. J. Schelling, *Vom Ich als Princip der Philosophie*, *Sämtliche Werke*, Bd. 1, S. 150.
（21）Ders., *Bruno oder über das göttliche und natürliche Prinzip der Dinge*, ibid. Bd. 4, S. 326.
（22）Ders., *Vorlesungen über die Methode des akademischen Studiums*, ibid., Bd. S. 237.
（23）Ibid., S. 278.
（24）G. W. F. Hegel, *Differenzschrift*, *Werke*, Bd. 2, S. 28.

(25) Ders., *Glauben und Wissen*, ibid., Bd. 2, S. 430.
(26) Ders., *Differenzschrift*, ibid., Bd. 2., S. 137/8.
(27) Ders., *Glauben und Wissen*, ibid., Bd. 2. 432.
(28) Ders., *Differenzschrift*, ibid. Bd. 2, S. 113
(29) Ders., *Phänomenologie des Geistes*, ibid., Bd. 3, S. 582.
(30) Ibid., S. 590.
(31) Ibid., S. 590.
(32) Ders., *Enzyklopädie*, §79, ibid., Bd. 8, S. 168.
(33) *Briefe von und an Hegel. Bd. 1: 1785-1812*, Hg. von J. Hoffmeister, 3. Aufl., Hamburg 1969, S. 194.
(34) 西谷啓治、「般若と理性」、『西谷啓治著作集』、第十三巻、八二頁。
(35) 同上、八四頁。
(36) 同上、八四頁。
(37) 拙著、『感性の精神現象学――ヘーゲルと悲の現象論』、創文社、二〇〇九年（ドイツ語版、*Die „Phänomenologie des Geistes“ als Sinneslehre. Hegel und die Idee der Phänomenoetik der Compassion*, Freiburg i. Br., 2009）で述べたことだが、実はこの「感覚的確実性」はヘーゲルの『精神現象学』において、単に初発の段階にとどまるのではなくて、その基本的エレメントが最後の「絶対知」に至るまで保持され、『精神現象学』の全体が「感性論」の展開でもある、という構造を持っている。もっとも、そうであっても、ないしそのゆえにこそ、西谷の言う指摘、すなわち「直接経験が結局は〈知〉のエレメントで捉えられ、知を滅した「不知」という実在経験そのものではない」という批判が、改めて妥当するであろう。
(38) 西谷啓治、「空と即」、『西谷啓治著作集』第十三巻、一二七頁。
(39) 表題からも察せられるように、松丸は「直接知」を西田、西谷、ハイデッガー、大拙の四者の思想において見て取り、且つそれぞれの見方を、「半歩退歩」という独特の視点を導入して検討を加える。基本的に宗教哲学的な視点でありつつも、特に西田における「数学」の視点を――きわめて正当な仕方で――的確に視野に収め、且つ上記四者における「科学」の問題をも「直接知」との関連で取り上げて、そこから「直接知」の必然性と意義を照射している。

第Ⅵ部　宗教

第12章　ニヒリズムの胎動

1　絶対者の現前の場としての宗教

本書の六番目のテーマである宗教は、ドイツ観念論にとり、自然、歴史、芸術、法、知、といった、絶対者の一定の現前形式でなくて、この絶対者そのものが問題となる領域である。ドイツ観念論のこの核心部の事柄をまず予備的に見ておくという意味で、当時の精神風土を視野に入れておくことが有益である。この連関で最初に目に入る人物は、詩人ヘルダーリンである。彼はテュービンゲンの神学学校でシェリングおよびヘーゲルと共に学び、親密な友情の輪を形成していたが、やがて詩作の道に進んで、三人は別々の精神的境位を歩むようになった。ヘルダーリンの詩『パンと葡萄酒』の第七段を見よう。

「しかし友よ、われわれはあまりにも遅く来ている。神々は生きているが、
しかし頭上を超えた別の世界においてだ」

(„Aber Freund! wir kommen zu spät. Zwar leben die Götter
Aber über dem Haupt droben in anderer Welt.“)

ヘルダーリンにとって、彼の時代は、神々が別の世界へと逐電し、人が神無き世界に置かれている時代である。この詩人の心情は、かつてテュービンゲンの学校で席を並べた二人の学友の気持ちとは異なっている。二人の学友は、絶対者という名のもとで神の存在を哲学的に論証しようと試みていた。たとえ二人の学友のあいだでは哲学上の相互理解は成立しなかったとしても、根本関心事は共通していた。他方でヘルダーリンは、複数形で「神々」と記す。それは当時の文人たちが理想の時代とみなした古代ギリシアでの神々のことだった。彼にとって単数形の神すなわちキリスト教の神は、もう心中の関心事ではなくなっていた。この点でも彼の心情は二人の学友たちと次元的に異なっている。後者の二人は、神信仰と神認識とに分裂していた当時の精神状況を克服することを、関心としていた。ヘーゲルはこう言い切っている。「私はルター主義者であり、哲学によってやはり全面的にルター主義（Luthertum）で足場を固めている」(1)。『法哲学綱要』では彼は、「プロテスタント主義の原理」すなわち、ルターによって提示された信仰の立場が、哲学の成熟した精神が概念的に把握するものと同じだということを、述べる(2)。とはいえドイツ観念論の哲学者たちは、信仰を哲学化する釈義学者ではなかった。ヘーゲルは「神は死んだという感情」を語って、この感情を絶対者の「最高の理念の契機」として思弁的に統御しようとした(3)。このヘーゲルの感情と、神々の逐電を語ったヘルダーリンの感情とは、相容れない隔たりの中に置かれていた。二人は別々の使命意識を持っていた。上記のヘルダーリンの詩の第七段では、こうも言われている。

「このように待ち続け、その間に何をなし、何を言うべきかを
私は知らない、そして何のために詩人は乏しき時代にいるのかを」
(„So zu harren und was zu thun indeß und zu sagen,
Weiß ich nicht und wozu Dichter in dürftiger Zeit?")

ドイツ観念論の哲学者たちは「哲学者」を任じていたのであって、ヘルダーリンが自任する「詩人」だとは思っていなかった。しかしヘーゲルは彼なりに「乏しき」(befürftig) 時代にいることを感じていた。彼は「哲学の必需」(Befürfnis) を語るからである。[4] 必需性は、何かが欠乏していることを意味する。ヘーゲルにおいてはこの欠乏ないし必需性には、二つの前提があった。「一つは絶対者そのものである。それは探されている目標である。それはすでに存在している——そうでなければ、どうして探すことが出来ようか」[5]。絶対者はヘーゲルにとって逐電してはいない。そしてそのことは、ヘルダーリンとの決定的な違いである。しかしヘーゲルは第二の前提を語る。すなわち哲学的視座が主観性と客観性へと二分化して、絶対者がそれとして捉えられず、「夜」あるいは「無」として感じられる、視座の「分裂」(Entzweiung) という事態である。[6] そうであればヘルダーリンとヘーゲルにおける「欠しき事態」の感情は、相互にまったく断絶していたのか、それともある種の連続性を持っていたのかを、考察する余地がある。

絶対者がある種の仕方で不在だという感情は、同時代の初期ロマン主義者の作家たちにも所有されていた。フリートリヒ・シュレーゲルはある断片でこう記した。「われわれは至るところで無制約者 (das Unbedingte) を探すが、いつもいろんな物 (Dinge) しか見出さない」[7]。著述家としてのシュレーゲルは、特に哲学的でもなく詩人的でもなかった。彼はこう記す。「精神にとって体系を持つことは致命的だが、同様に何らの体系も持たないことも致命的だ。だ

から両方を結びつけることを、決めねばならないだろう」[8]。シュレーゲルは体系という考えを担うことも、詩的に空想を回らして体系を忘却することも、なし得なかった。彼はこう記す。「われわれは神を看取しないが、至るところに神的なものを看取する」[9]。神的なものについての彼の感情は、神への信仰ではなかったが、神信仰を断念するものでもなかった。まさにこのどっちつかずの二義性が、当時の時代意識の表現だったとも言える。いずれにしても神を絶対者として哲学的に究明し確保することが、ドイツ観念論の哲学者の必需の要請となっていた。

2　ドイツ観念論の宗教の歴史的背景

ドイツ観念論の宗教の背景となる当時の精神世界を、もう少し概観しておこう。この背景の精神史的空間は、三十年戦争（一六一八―一六三八年）にまで遡る。この戦争の時期に、ドイツは小国分立という状態にあり、宗教勢力はカトリック側とプロテスタント側に分裂していた。政治と宗教はいつも不可分の関係にある。たとえばカントの『諸学部の争い』（一七九八年）が書かれた背景は、ドレスデンの宗教庁が文書検閲体制を、市民の実際生活に結びついた「上級（obere）学部」すなわち神学部、法学部、医学部の出版物だけでなく、利害と無関係な純粋思惟をおこなう「下級（untere）学部」すなわち哲学部のそれにも、適用しようとしたことであった。前者の三学部は実際生活に影響を及ぼすから検閲が必要とされ、そのゆえに「上級」とされたが、哲学部はそうではないから「下級」とされた。カントは、哲学部は「下級」である代わりに「自由」でなければならないという論陣を張って、当局の方針に反対した。カントの大学論・学問論の考えは、後にフンボルトらが新設のベルリン大学を構想したときにも基盤となるものだが、カントの時代には、哲学の自由精神は勝利を占めなかった。これは、フィヒテが「無神論」の嫌疑を受けてイェーナを去らざるを得なかったこと（第8章を参照）と共通する時代背景であり、「宗教」と「政治」の関わりをめぐる一八世紀末／一九世紀初頭の状況を、示している。

ドイツ観念論の宗教の背景は、ここからさらにルターの宗教改革にまで遡る。それはイタリアに成立したルネサンスに対して、どこまでも「ドイツ」の出来事であり、ドイツ観念論との精神史的な近さにある。ルターによって育成せしめられた信仰者の宗教的自己意識は、史的に実証できるか否かは別にして、哲学における自己意識の前史と言うことができるであろう。ドイツ観念論はプロテスタント主義との密接な関係にある。カントもフィヒテも、敬虔主義（Pietismus）の家庭に生まれ育った。敬虔主義は、ルターの宗教改革がやがて信仰の緊張を失ったものと映じたことから発生したと、言えるだろう。だから「宗教改革の改革」を目指す派と見ることができる。ドイツ観念論の時代の宗教的な雰囲気は、今日の日本から見れば過去のドイツの現象のように見えるかもしれない。しかし宗教現象の頽廃とその刷新という動きは、時には政治の動きとも直結する。目下のコンテキストでは詳述できないが、第二次世界大戦中のナチズムとプロテスタンティズムの繋がりは、第二次世界大戦後のドイツにとって精算すべき大きな宿題となった。これは今日も繰り返されることであって、本質的にはどの宗教教団の歴史にも見られる。これについては、後でもう一度述べたい。

しかし三十年戦争と宗教改革だけでドイツ観念論の背景が尽きるわけではない。さらにもう一つの栄養地盤を挙げることができる。すなわちドイツ神秘主義である。ドイツ観念論の主要傾向は、いちおう理性の合理的思考にあると言える。しかし神秘主義と合理的思考とが単に相反するものなのかどうかは、大きな問題であろう。既に述べたことの繰り返しになるが、かつてシェリングは、「一体なぜ理性なのだ、なぜ非理性ではないのか」[10]との問いを出した。もし合理的理性が自らを合理的に基礎づけられないとすれば、合理的理性の根底には非合理的ないし没根拠的なものがある、と言わなければならない。

シェリングの一八〇九年の論考「人間的自由の本質について」は、大まかに言ってヤコブ・ベーメの神秘主義的・神智的な「無底」の考えを、ベーメの名前を出さないままに、思弁的に捉え直したものである。ヘーゲルはシェリングの自由論に先立って、理性が「絶対的同一性についての反省とその知と自分自身を、自らの深底へと沈めた」と述べた(11)。神的な理性と人間理性とがその内的本性において同一であるべきだということは、ヘーゲルにとっての根本洞察だった。それによって神秘主義で言うところの「神秘的合一」(unio mystica)が、それなりの仕方で継承されていたということもできる。同じ理解が、フィヒテが知的直観において絶対自我を絶対者そのものへの通路となしていたときにも、言える。ルドルフ・オットーがエックハルトの神秘主義はフィヒテの「自我」において改めて生命を得ると述べたことは(12)、正当だった。

ルターの宗教改革とドイツ神秘主義をここに挙げたが、それと並行して当時の一般的な精神状況の中で浮上するいくつかの名前をも、挙げておこう。まずヨハン・ゲオルク・ハーマン。彼は自らの宗教的体験を語るときに、自分の立場を啓蒙主義とも神秘主義ともみなさなかった。フランツ・フォン・バーダーは、自らの知が神的な知の中にあると信じていた。ヨハン・カスパール・ラヴァーターはその骨相説（人の骨相を見て人の内面までも判定できるとみなす説）がヘーゲルの『精神現象学』の中で取り上げられたことで、知られている。

これらの著述家たちにおける半ば神秘主義的で半ば幻想・空想的な傾向は、ロマン主義者たちにおいても確認することができる。フリートリヒ・シュレーゲルについては、すでに言及した。神的なものについての彼の感情は、狭義のキリスト教的な感情でもなく、また哲学的・思弁的でもなかったが、なお且つ彼のロマン主義的な空想の源泉だった。同様のことがノヴァーリスについても言える。ノヴァーリスはフィヒテからの強い影響のもとで「魔術的観念論」を記した。

本章の視点を際立てるために、リュトゲルト（Lütgert）の大部の、しかしほとんど忘れられている著書を、取り上げよう。『ドイツ観念論の宗教とその終焉』（*Die Religion des deutschen Idealismus und ihr Ende.* Erster und Zweiter Teil. Güsterslоh 1923, Dritter Teil 1925）である。この著書は第一次世界大戦のしばらく後に出たが、ドイツ観念論の宗教思想についての彼の浩瀚で詳細な叙述がほとんど忘れられているのは、著書の責任ではなくて、忘却する側の知的怠慢のためではないかと思われる。リュトゲルトは、一九世紀の宗教的危機を単に史的・事典的に叙述する代わりに、それがドイツ観念論の解体に起因したということを挙示しようと試みた。彼の言う宗教的危機とは、人々がキリスト教会から離れていくことであり、それは差し当たり社会主義、唯物論、現実主義的な権力政治、等々の帰結として捉えられた。この権力政治はビスマルクの時代から第一次世界大戦まで支配的だったと、リュトゲルトは言う。彼の視座からすれば、宗教的危機は「ドイツ的問題」という事になる。

ただし今日では、「グローバル」な視座が要求される。もしドイツ観念論の考察が単に一九世紀ドイツの視座に過ぎないのであれば、それを詮索することは暇な研究者の仕事ということになる。しかし地球上の種々の国や地域で、宗教の問題は全てそれぞれ事情を異にしている。いわゆる西欧先進諸国はほぼキリスト教文化圏であり、それに対してアラブ諸国はほぼイスラム圏、グローバル・サウスを代表するインドはヒンズー教、中国は公式には無宗教、そして日本を含む仏教文化圏はほぼ東南アジアであるが、日本と東南アジア諸国とではまたしても文化状況が大きく異なる。そうであれば、「宗教的危機」という語もそれぞれの文化圏で違った様相を帯び、「ドイツ観念論と京都学派」という角度で見えてくる宗教問題は、そういうグローバルな脈絡の中で見ることができる。ただしそのことは、この宗教問題が単に周辺的な現象だという意味ではない。どの国や地域の宗教問題であっても、根本で問題になっている事柄はそれぞれの宗教で報じられている「絶対的なもの」だという点に着目すれば、多様な問題状況の中に一筋の道が見えてくる。歴史的には、宗教Ａの絶対者と宗教Ｂの絶対者が、「政治権力」という擬似絶対者や「近代化・世俗化」という擬似絶対者と結びつきながら、時には教義をめぐって、時には権力をめぐって、それぞれの内部あるいは相互で、紛争ないし戦争を、起こしてきた。また近代世界の内部では、「世俗化」と「狂信的信仰」との対立も、しばしば顕著になっている。それぞれに「宗教的危機」の様相と言える。具体例を挙げることはそれほど難しくないから、ここでは省こう。ここでは本題との連関で、いずれの宗教的危機も、その一つの焦点が「絶対者」の意味と存在様態にあるということを、確認しておこう。ドイツ観念論の場合は、一般的な知識層の意識の中に、神の不在という予感ないし不安があり、それがニヒリズムの胎動という現象につながった。その予感と不安が「無関心」という形態になっていくときは、ニヒリズムの解消ではなくて、むしろその内攻化だとも言える。そこに醸成される宗教的危機は、その本質においてグローバルな普遍性を持っている。

その広がりと多様性を提示する二〇世紀以降にあって、「絶対者」ならぬ「絶対無」という、これまでの精神史において異質な精神が登場した。それが京都学派の、特に西田、田辺、西谷、といった哲学者たちの、哲学思想である。それは序章で述べたように、思想上の世界環境という観点では今日でもなお、本書の「プロローグ」で述べた「ガラパゴス的」な孤立の中に、とどまっている。しかし同じくプロローグで述べたように、ガラパゴス諸島の生物現象は大陸の生物環境から孤立していたが故に、世界観に画期をもたらす「進化論」の成立を促した。それとの類比で、「絶対無」の哲学も従来の「絶対者」の哲学・宗教観を根底から問いに付す可能性を秘めていた。その可能性が現実となりつつあるのなら、「ドイツ観念論と京都学派」という視座で見られる「宗教」という問題も、単なるグローバルな精神史上のローカルなひとコマではなくて、むしろグローバルな射程の出来事ということになる。

3　絶対者と絶対無（部分的反復）

またしてもすでに述べたことの反復になるが、[13]ヘーゲルの『法哲学綱要』（一八一九／二〇年）で、ヘーゲルはこう記した。「理性的なものは現実的であり、現実的なものは理性的である」。後に発見されたこのテキストの別の版では、二つの文章の二番目の「である」が、「に成る」（werden）となっている。すなわち、「理性的なものは現実的と成り、現実的なものは理性的と成る」と。この別の版はある聴講ノートに依るもので、一九八三年にディーター・ヘンリッヒの編纂によって刊行された。[14]

ヘンリッヒはこの思考を理解するために、ヘーゲルの二つの観点を提示した。一つは「歴史理論的」で、もう一つは「体制理論的」な関係という観点である。前者の観点では、「世界史的な自由原理の意識が、現実の中でのこの原理の形成に対して優先している」のであり、後者の観点では「体制理論的（institutionstheoretisch）な関係が、すべての概念に対する理性的現実の優先を強調している」と。理性的なものと現実的なものとの二重性は、新たに発見された版に従えば、「現実と理性との統一からではない、（…）」。[15]だからそれは、ある原理の帝王的（imperiale）支配を宣言するものではないのだと。

この見解につづくいろいろの議論、たとえばハーバマスのそれなどに[16]立ち入ることは、本書のテーマ設定（ドイツ観念論と京都学派）を超える紙数を要求するので、ここでは略すことにする。ただ、これらの議論をも顧慮しつつ目下の講義の範囲内で、次のことを指摘しておきたい。すなわちこのヘーゲルの別表現は「成る（生成する）」という出来事的な性格に鑑みて新たに解釈することも出来る、ということである。「生成」とは常に出来事である。ヘーゲルの言葉を用いるなら、出来事は「風土的な」偶然性を伴い、地政学的に制約される。[17]その意味するところは、理性的なものが種々の仕方で現実的なものに「成る」のであり、同様に現実的なものが種々の仕方で理性的なものに「成る」、ということである。

このことへの注目は、「体系」というものへの平板な理解を訂正することを促す。平板な理解に従えば、「体系」とは全ての他者を自己自身の他者として自分自身の内へ止揚し、自らを自らの上に基づけ、自らの内で完結するものである。この理解は間違いではないが、そこで言われる絶対性構造は最初から存立しているのではなくて、「出来《しゅつらい》する」のであり、そのプロセス的な出来事ないし生成を潜り抜けて、絶対者はしばしば差し当たって自分自身に対立する形態を潜り抜けて、自分自身にもどる。イェーナ時代にヘーゲルは『差異書』と『信仰と知』を著し、絶対者を「無」あるいは「夜」という在り方で捉えた。本書の以前の章でおこなった二つの引用を、反復しておこう。「無が第一のものであり、そこから全ての有がでてくる」。「しかし哲学の第一のものは、絶対の無を認識することである」。

ニーチェとは別の連関ではあるが、ヘーゲルも「神の死」を語った。これについてもすでに引用したので、反復は避けるが、ただ一つ付加しておくなら、彼が神の死というときの死は、父なる神の死ではなくて、子なる神の十字架上の死のことである。これがニーチェの「神の死」とのちがいである。永遠の生命であるべき神＝絶対者が、その否定をくぐって自らを顕在化させるということが、ヘーゲルの趣旨である。

ヘーゲルが絶対無あるいは神の死を語るときは、まだニヒリズムを意味しているのではない。ただ、ヘーゲルの周囲でニヒリズムが語られていたということは、事実だった。たとえばヤコービはフィヒテの考えをニヒリズムだと批判していた。彼の見方からすれば、フィヒテの知識学は、そして観念論全般が、事物を感受したり直観したりするのではなくて、感受作用ないし直観作用を直観するものであって、それによる知は空虚である。「ある純粋な、つまり徹底的に内在的な哲学、一つの塊から成る哲学、真の理性＝体系は、フィヒテの仕方でのみ可能である。明らかに一切は理性の中にあり、理性によって、自我としての自我の内に、自我性の中に、与えられていなければならない。そしてそこに含まれていなければならない。ただし、もしも純粋理性がそれ自身だけで、それ自身から、全てを導出できるべきであるとするなら、である[18]」。

ヘーゲルはヤコービのフィヒテ批判に、単に否定的にではなくて肯定的な意味でも言及した。それは「純粋思惟におけるニヒリズムの課題[19]」を語るからである。ただしヘーゲルによれば、フィヒテの純粋思惟はこの課題には届かない。すなわち、無を絶対者の哲学の否定面として考え尽くすという課題である。ヘーゲルの眼には、ヤコービはこのフィヒテの知識学にすら届かなかった。

無の考えに関しては、むしろカントが開拓者だった。カントは『純粋理性批判』で、「最高存在者」に次のように言わせた。「私は永遠から永遠に存在し、私の外部には、単に私の意志から何ものかが有ると言えるものの以外には、何ものも無い。しかし、私は一体どこから来ているのだ[20]」。

カントが最高存在者に語らせる「私の外部には何ものも無い」という言葉は、ドイツ観念論の内部では、フィヒテとシェリングが「絶対自我」を語るときに反復された。「自我の外には何も無い」という表現である。もし小文字で書かれた「何も無い」(nichts) が大文字で「無」(Nichts) と書かれたなら、「自我の外は無」となり、自我は無の大海に包まれる事になる。そこからヘーゲルの語「無が第一のものであり、そこから全ての有が生じる」までの距離、ないし「全ての有がそこへと沈む無の深淵[21]」という語までの距離は、ごく短い。

後期のフィヒテにおいても、絶対無とニヒリズムがはっきりと語られているが、これについては後で述べよう。今は、ヘーゲルにおいて絶対者の深底的な無にもかかわらず体系企投がその後もなされる、ということを見ていこう。

神の死の無限の痛みは「最高の理念の純粋な契機として、しかしまた契機以上のものではないものとして」維持されるべきであり、また維持され得た。「契機」という概念は、ヘーゲルの論理思考において決定的な意味を得るものである。契機とは、それ自体で独立には存立しないもの、しかしそこにおいて、且つそれを媒介にして、ある論理的規定がより高次の規定へと高められるところのものである。契機とは、それ自体は自立的存在ではないが、それを媒介にしてあるものが否定の否定をくぐって、止揚されるところのものである。神の死が最高の理念の契機だということは、それが端的な無ではなくて、絶対者の否定的側面だということである。

4　フィヒテにおけるニヒリズムの意味

ヘーゲルはその後ほどなく、絶対無について語るのは止めて、体系企投を押し進めた。大略的に述べるなら、それは、『大論理学』に従った論理的思考の展開の中で、思弁における絶対媒介の考えが全ての否定的なものを、端的な絶対無としてでなく、思弁的なものの「契機」に変えたからだと解することが出来る。この点でフィヒテの思想展開はその逆である。フィヒテが初期の「知識学」で述べた「絶対自我」は、差し当たっては絶対者と等置されていた。フィヒテは「自我の外には何ものも無い」と述べていた。絶対自我は、知一般の地平であり、そこでは全ての有がそこで「定立」される。そして絶対者はそこで自らを「産出」する。産出（produzieren）とは、文字通りには自らを前面に（pro）引き出す（ducere）ことである。しかしすでに見たように、この絶対自我と絶対者の等置がフィヒテ自身において問題化した。すでに一八〇〇年の著書『人間の使命』で、表明的ではないが別の方向を確認することができる。

この著書は三部から成る。第一部の表題は「懐疑」、第二部は「知」、そして第三部は「信」（Glaube）である。この三部をもって、部分的にはヘーゲルが『精神現象学』（一八〇七年）で企てたこと、すなわち精神の自己展開が、叙述されることになっていた。精神はそこで差し当たり一人称の「私」すなわち自我として、あらわれる。自我は「懐疑」から「知」へ、そして「信」へと、進む。叙述を要約するなら、この展開はすでに、「知」が精神の最終の段階ではないということを、示している。「懐疑」の最初の段階で、一人称の「私」は感覚的確実性に従う。しかしやがてその私は何者であり、私という規定は何なのかという自問が始まる。そこで「私」は自分を自然対象物のような仕方で考察し、それはシェリングの自然哲学を含意している。これに私自身の「知」の立場がつづくことになる。フィヒテはほぼ次のように叙述する。私は自分自身を自然として捉える。私は宇宙によって規定された、自分自身によって定められた、自然力が外にあらわれた存在である。私は自分で行動するのではなくて、私の内で自然が行動するのである。私は自然の内部に入り込むことはできないが、しかし私はこの自然を直接に意識するだろう。「私が自分をつくるのではまったくない。そうではなくて、自然が私自身を、そして私がそれへと成るであろう全てを、つくるのだ[22]」。しかし同時に、こうも述べる。「私は自然の主で在らんと欲し、自然は私の召使いであるべきだ[23]」。デカルトが『方法序説』第六部で述べた「自然界の主にして所有者」としての人間観が、ここで文字通り再現され、しかも哲学的に根拠づけられている。かくして「私」は「知」の段階に至る。そこでは「私」は、自分を「知る者」として捉える。しかしこの知は、根本では表象であり、そこでは全ての現実性が結局は表象されたもの、従って「像」としてある。「私」（自我）は、表象の外部に存するものが実在するということに考えを馳せる。事物のリアルな存在を摑む器官は、「信」だとされる[24]。それは「良心の声」として私に呼びかける[25]。「それゆえ、われわれの外部に存在している現実についての全ての意識を根拠づけるのは、われわれの外に存在していると思い込まれた事物がなす働きではない。

それらの事物がわれわれにとって存在し、それらのためにわれわれが存在するのはわれわれがそれらについてすでに知っているからである。また（その根拠づけの働きを成すのは）、われわれの構想力と思考とによる空虚な像形成ではない。これら構想力の産物は実際のところ、そのような産物、空虚な諸形像として、現象するであろう。——そういったものが意識を根拠づけるのではなくて、われわれの自由と力への必然的な信、われわれの行動への必然的な信、そして人間の行動の一定の諸法則についての信、それがわれわれの外部に存在している現実についての全ての意識を根拠づけるものである」[26]。

ここで述べられたフィヒテの考えでは、「知」は精神の最終の段階ではなく、そこからさらに「信」（Glaube）あるいは「信仰」（Glauben）の段階がつづく。前者は、何かを「信」じる確信というような段階で、英語の「私はこう思う」（I believe）といった表現での「思う」のレベルに当たる。しかしこれが宗教的な内面性につながると、「信仰」となる。この「信」あるいは「信仰」の考えは、一年後（一八〇一年）の『知識学』への一歩と見ることができる。フィヒテはこの知識学で、「絶対者」を「絶対自我」から区別し始める。この絶対者を見る眼があるとすれば、それは絶対者を外部からではなく、絶対者を生きた仕方で貫通する働きでなければならない。それが絶対知であり、「光の状態」にも比される。それは絶対者の内で絶対者を貫通する光としての「眼」である。このような絶対者の眼の活動が、「自我性」だとされる。「知識学はこの絶対的な自己貫通と、自立存在とを、知識学が表明的とみなすいくつかの言語内の語によって、自我性という語で表示した」[27]。ここで言われる自我性は、経験的ないし主観的な自我の本性のことではなくて「絶対自我」の本性である。それまで「西洋哲学の内部で一般に語られてきた「自我」理解を突き抜けて、自我と絶対者との一致の経験において成り立つ、その意味で「神秘的合一」を語る神秘主義の経験にも通ずる深い自我の、本性である。しかしながら、ここに問題が生ずる。すなわちそのように光となった眼の貫通を通して経験される絶対者は、端的な絶対者ではなくて、自我にとっての絶対者でとどまるのではないか、という問題である。けだし、「絶対者は端的にそれで有るところのものであり、端的に絶対者として有る。しかしそれによってまだ、いかなる眼が嵌め込まれているわけではない(28)」。

この洞察とともに、「転回」以後のフィヒテの後期知識学が始まる。その場合、フィヒテ自身は絶対者への通路を神秘的直観と言わず、「信仰」と言う。それはフィヒテにおいて「知識学」を捨てることはなくて、「転回」を経てさらに展開されつづける後期知識学である。そこでは「知」と「信仰」は相互に切り離し難い関係にとどまる。

ヘーゲルが一八〇二年に『信仰と知』を著したとき、彼はこの表題で最終的に、フィヒテにおける信仰と知の分裂を批判対象として視座に収めていた。たしかにフィヒテは、信仰を知よりも上位に置いた。もし端的な絶対者が知においては得られないとなれば、絶対者は知にとっての深淵もしくは無となり、ただ、「信」において承認されるものとなる。しかしそれでも、「知」にとって絶対者が無と捉えられるなら、ニヒリズムが成立し得る。

「ニヒリズム」という表現は、フィヒテにとって単なる幻想とか錯誤とかではなくて、知識学の観念論的反省と必然的に関係するものだった。離れた点と点を結ぶような考察になるかもしれないが、頁数の制約のため、敢えて一足飛びにフィヒテの最晩年の一八一三年の「知識学」から、引用しよう。「もし次のようであれば、どうだろう。すなわちわれわれがそれほど愚かにもそのことを自慢するのでなしに、われわれの見解の完成にして貫通とみなすなら、すなわち絶対無という、神と名づけられた一者の外部の、不可視の生を厳密に証明することが、まさしくニヒリズムであるなら（どうだろう）(29)」。誤解のないように注釈しておくなら、ここでフィヒテはニヒリズムを主張しているのではない。そうではなくて、彼の知識学が浅薄な批評者たちによってニヒリズムだと貶されることに対して、これをもっと深めた意味を示した上で、反論しようとするのである。そのような意味において、彼は前年の一八一二年の知識学でも、ニヒリズムを語る。すなわち、単なる反省は実在性に届かないということを挙げつつ、「実在性のこの墜落、このニヒリズムから逃れるための、本当の手段は、何だろうか」と。(30)

これらの議論は、ニヒリズムがニーチェにおいて思想として提起される以前に、ドイツ観念論の足元に迫っていた想念だったということを、示している。それゆえに、自らの知識学に向けられた非難であるニヒリズムという概念と対峙することは、晩年のフィヒテにとって真剣な課題だったのである。

5　西田の「宗教的世界観」——田辺の西田批判、その2

ニヒリズムと対峙するフィヒテの議論から一三〇年後に、西田幾多郎の最後の論文「場所的論理と宗教的世界観」が、一九四四年四月に草された。彼が没する二カ月前、そして太平洋戦争が原爆投下によって終わりとなる四カ月前のことだ。西田はそこで「極悪にまで下り得る神」(31)を語り、「真に神の絶対的自己否定の世界とは、悪魔的世界でなければならない」(32)という見解を述べた。彼はキェルケゴールの『怖れとおののき』から、ヤーヴェ神がアブラハムに、息子イサクを供犠に差し出すよう命じた下りを引用し、神は自らの内に「絶対否定」を蔵していなければならないということを述べた。

論理的な筋道としては、神がイサクを生贄に供するよう要求したことがなぜ「極悪」ないし「神の絶対的な自己否定」を意味するのかは、もっと説明を要すると思われる。ただ西田としては、下記の切羽詰まった事情から叙述を急いだかもしれないと思う。その事情とは、太平洋戦争終結の四カ月前という状況である。西田は日記に、当時の激しい空襲が東京だけでなく、彼が住んでいた鎌倉の地にも及び、食料の入手さえ問題化していたことを、記している。

マルクス主義に傾いていた西田の弟子たちの幾人かは、極右の軍事政権下で投獄され、戸坂潤は広島に原爆が投下された日に獄中で死んだ。三木清は終戦後四〇日を経て、やはり獄中で病死した。あるドキュメントから、西田自身も逮捕しようとする動きが陸軍の一部にあったが、それは海軍側の牽制で事なきを得た。しかし西田自身は上記の論文を草したあと二カ月で、急逝した。[33] だから四カ月後に広島と長崎に投下された原子爆弾の惨禍を、西田は予感することがなかった。この論文が『哲学論文集七』に収録され、刊行されたのは、終戦から一年半を経た一九四六年の二月だった。極悪に下り得る神と悪魔的世界を西田が語ったのは、こういった状況の以前ではあったが、以後においても恐らく西田は訂正も撤回もしなかっただろうと思わざるを得ない。

もちろん、こういった時事的な状況判断が彼の考えの全てではなかった。彼の言う「絶対矛盾的自己同一」は、時代現象の表現以前のところで成立している。彼が「我々は神なき所に真の神を見るのである」[34]と記したとき、彼は第一作の『善の研究』で、エックハルトに依拠しながら述べたことを、反復している。すなわち「エッカルトのいつた様に神すらも失つた所に真の神を見るのである」[35]と。

時代の現実としての悪魔的な世界と、超時代的な意味で極悪に下り得る神とは、無関係ではないであろう。ただしその結びつきがただちに「ニヒリズム」になるわけではない。極悪の神という見方は無神論ではないからである。それはむしろ、一つの神観である。他方でドイツ観念論の時代には、ニヒリズムは中心的なテーマにならないままに、知識人のあいだで気分として広まっていた。時代の意識としては、神を信じるということが自明ではなくなっていた。そこからドイツ観念論におけるような、「絶対者」を思弁的に証示し確保する哲学的必需性も、生じていた。ドイツ観念論の時代と京都学派の時代とのあいだには、その意味でも距離があるが、全くの無関係ではなかった。後者の「無」の思想は、ニヒリズムの「無」と全く別ではない。ただ、それは伝統的には歴史世界に積極的に関わるものではなかった。こういう連関の中で、以下のような西田の仏教批判を聞くことができる。

「その源泉をインドに発した仏教は、宗教的真理としては、深遠なるものがあるが、出離的たるを免れない。大乗仏教と云へども、真に現実的に至らなかった。日本仏教に於ては、親鸞聖人の義無きを義とすとか、自然法爾とか云ふ所に、日本精神的に現実即絶対として、絶対の否定即肯定なるものがあると思ふが、従来はそれが積極的に把握せられてゐない」(36)。

京都学派の哲学は意識的・無意識的に仏教の「無」の考えを引き継いでいる。それはドイツ観念論の哲学がキリスト教の「神」を哲学的に「絶対者」と確保しようとしたことと、呼応しあう。さらに京都学派の「無」は、歴史的現実にも関係づけられる。まさにその連関で、ちょうどドイツ観念論の内部で「絶対知」をめぐる巨人たちの戦いが生じたように、京都学派の内部で同様の巨人的な戦いが生じた。それがいわゆる西田・田辺論争であり、その焦点が、両者が共に語った「絶対無」の意味をめぐるものだった。この論争については多くの研究文献がこれまでにあるが、本書執筆の時点でさらに嶺秀樹の好著があらわれた。そこからの一節を引いておくことにする。

「(田辺の西田批判は) 西田の絶対無の自覚が真に絶対的であるのかという疑問にもかかわってくる。絶対無の自覚の立場に立てば、歴史の非合理性、否定性が解消されると考えるか、それとも絶対無の自覚にまで歴史の否定性の原理が浸透していると考えるか、というジレンマが生じる。もし前者だとすると、西田が考える否定性は真に積極的なものではなくなるし、後者だとすると絶対無の自覚の絶対性が疑問になる、というわけである」(37)。

嶺が提起する「ジレンマ」への感想を詳述する紙数は無いが、ただ「絶対無の自覚の絶対性」という語の「絶対性」の意味をどう取るかで、視座が変わってくるだろう。すでに指摘したように、日本語の「絶対」をストレートにドイツ観念論の意味での „absolut" に置き換えると、相当に意味のズレを生じる。西田の絶対無の「絶対」は、

„schlechthinnig" と訳す方がよいと、筆者は考えている。その場合は、基本的に嶺の言う「ジレンマ」は消えると思われる。しかし目下の問題関連としては、これ以上は立ち入らず、嶺がこの個所の直前に引用した田辺による西田批判の個所を、筆者も取り上げたい。田辺は西田にこう問うた。「歴史的なるものの非合理性や反価値の存在は、絶対無の自覚の原理だけでは説明不可能であり、（…）自覚の光の原理に対して、これに背く闇の原理が必要ではないか」と。

この田辺の詰問は、内容の点で西田が語った「真に神の絶対的自己否定の世界とは、悪魔的世界でなければならない」という個所と、直結している。「歴史的なるものの非合理性や反価値」をめぐっての西田と田辺の対立は、両者における「絶対無」の見解の差と直結しているのである。ドイツ観念論の三者の場合は、「絶対知」をめぐって三者がそれぞれに見解を撤回せず、それぞれが自らの見解を確信していた。西田と田辺の論争の場合も、両者ともに相互に譲ることはなかった。両者の論争をどう整理し理解するかについては、ドイツ観念論の三者の場合と同じく、ここではこれ以上は立ち入ることはできない。ここではむしろ、次回への橋渡しとして次のことだけを指摘しておきたい。それは、田辺が西田批判の概念装置として述べる「光の原理に対して、これに背く闇の原理」という表現が、シェリングのいわゆる「自由論」での表現だということである。

田辺がこの「自由論」での考えを――そうとは言明しないままに――自分の語として西田批判に用いていたということは、本書のテーマにとり、一つの注目点となる。すなわち、これまでは六つの視点（「歴史」「自然」「芸術」「法」「知」「宗教」）から、いわばドイツ観念論と京都学派のそれぞれの哲学が相互に照らし合うという場面を、描いてきた。しかしいま六つ目のテーマに至って、両者がシェリングの「自由論」という地点で、直接に接し合うことになるからである。ドイツ観念論と京都学派の「と」の部分が、シェリングの自由論という場と直接に重なるのである。これについては、第13章で、少し突っ込んで考察しよう。

注

（1）Brief Hegels an Tholuck vom 3. Juli 1828, in: *Briefe von und an Hegel*, ibid., Bd. IV, 2, hg. von F. Nicolin, S. 61

（2）G. W. F. Hegel, *Grundlinien der Philosophie des Rechts*, Vorrede, ibid., 7, S. 27.

（3）Ders, *Glauben und Wissen*, ibid., 2, S. 432.

（4）Ders., *Differenzschrift*, ibid., 2, S. 20ff.

（5）Ibid., S. 24.

（6）Ibid., S. 25.

（7）*Athenaum 1798–1800*. Hrsg. von August Wilhelm Schlegel und Friedrich Schlegel. J. G. Cotta'sche Buchhandlung, Stuttgart 1960. Ersten Bandes Erstes Stück. II. Blüthenstaub. Von Novalis S. 70.

（8）*Athenaum*, ibid., S. 191.

（9）*Friedrich-Schlegel-Kritische Ausgab seiner Werke*, Vol. 20, Hg. von Ernst Behler. 1991, Zweiter Teil, S. 260..

（10）F. W. J. Schelling, *Darstellung des philosophischen Empirismus*, *Sämtliche Werke*, Bd. X, S. 252.

（11）G. W. F. Hegel, *Differenzschrift*, *Werke*, Bd. 2, S. 35.

（12）R. Otto, *West-östliche Mystik*. 3. Aufl, München 1971（和訳『西と東の神秘主義』、華園総暦／日野紹運／J・ハイジック訳、人文書院、一九九三年、三〇八頁）.

（13）G. W. F. Hegel, *Grundlinien der Philosophie des Rechts*, ibid., 7, S. 24. 本書の第9章を参照。

（14）D. Henrich, *Georg Friedrich Wilhelm Hegel. Philosophie des Rechts. Die Vorlesung von 1819/20 in einer Nachschrift*. Hg. von Dieter Henrich. Suhrkamp Verlag, 1983, S 50/51.

（15）Ibid., S. 15.

（16）J. Habermas, *Der philosophische Diskurs der Moderne*, Frankfurt a. M. 1986, S. 50–54.

（17）G. W. F. Hegel, *Differenzschrift*, ibid., 2, S. 22.

（18）Jacobi an Fichte. März 1799, Jacobi, *Werke*. Bd. III. Hrsg. von Friedrich Roth und Friedrich Köpfen. Dritter Band. Nachdruck der Ausgabe Leipzig 1816. Darmstadt 1976., S. 20.

（19）G. W. F. Hegel, *Glauben und Wissen*, ibid., 2, S. 410.
（20）I. Kant, *K. r. V.* A. 613, B. 641.
（21）G. W. F. Hegel, ibid., 2, S. 432.
（22）J. G. Fichte, *Die Bestimmung des Menschen*, *Fichtes Werke*, Bd. 2, S. 189.
（23）Ibid., S. 192/3.
（24）Ibid. S. 253/254.
（25）Ibid. S. 259.
（26）Ibid., S. 263.
（27）Ibid., S. 19/20.
（28）Ders., *Darstellung der Wissenschaftslehre* von 1801, *Fichtes Werke*, Bd. 2, S. 19.
（29）Ders., *Einleitungsvorlesungen in die Wissenschaftslehre*, vorgelesen im Herbst 1813, Fichtes Werke, Bd. 10, S. 39.
（30）Ders. *Wissenschaftslehre von 1812*, Fichtes Werke, Bd. 10, 325.
（31）西田幾多郎、「場所的論理と宗教的世界観」、「旧版」十一、四〇四頁、「新版」十、三三一頁。
（32）同上、「旧版」同上、「新版」同上。
（33）このドキュメントについては、拙著、『京都学派と日本海軍——新史料「大島メモ」をめぐって』、ＰＨＰ研究所、二〇〇一年、電子版　二〇一八年一〇月（https://www.amazon.co.jp/dp/B07JMTYVPB/）を参照。
（34）西田幾多郎、同上、「旧版」同上、四六二頁、「新版」同上、三六五頁。
（35）同上、『善の研究』、「旧版」一、一九二頁、「新版」一、一五三頁。
（36）同上、「場所的論理と宗教的世界観」、「旧版」十一、四三七／三八頁、「新版」十、三四六／四七頁。
（37）嶺秀樹、『絶対無の思索へ——コンテクストの中の西田・田辺哲学』法政大学出版局、二〇一二年、二八七頁。

第13章 「無底」――ドイツ観念論と京都学派の邂逅地点

1 西谷啓治の「自由論」和訳がドイツ語版の編纂史に投じた一石

前章で田辺が西田批判のなかで、シェリングの「自由論」（正式の表題は「人間的自由の本質とこれに関連する諸対象についての哲学的諸考察」）での「光の原理」「闇の原理」といった表現を自分の言葉として用いていることを、指摘した。[1] 田辺は一九二八年にシェリングの「自由論」についての演習をおこなっている。それは下記に述べる西谷啓治の「自由論」和訳が出た翌年のことだった。そしてその五年後には、「シェリング『ブルノー』」（Schelling, Bruno）という題目でシェリングの一八〇二年のテキストの演習をおこなっているから、自由論だけでなくシェリングの初期の思想も知っていたことが、窺える。ただし田辺の主な関心は終始ヘーゲルに向けられていた。だから、これから述べるような、シェリング自身が「全研究の最高点」と述べた「無底」の考えは、特に田辺に影響を及ぼした形跡は、少なくとも論文の形では見られない。

ただ、田辺が用いたシェリングの「光の原理」と「闇の原理」という表現は、シェリングにおいて「無底」の考えの前提部分にあたる。この二原理が「二元論」を成すのではなくて、二元性（Dualität）を成す以前の無差別のところがあり、それが「無底」だということをシェリングは見ようとした。だから田辺は、「無底」の考えのすぐ手前のところまでを見ていたということになる。シェリングはこの「無底」を「端的に考えられた絶対者」と形容した。[2] すでに述べたように、フィヒテはこの「端的に考えられた絶対者」を、当初の見解を変えて「絶対知」ですら届かないものとして捉え、そこから後期の「知識学」の展開が始まった。またヘーゲルにおいては、これもすでに見てきた通り、この「絶対」というあり方が「絶対知」「絶対理念」「絶対精神」等の形態であらわれ、展開された。そうであるなら、シェリングが「無底」を「端的な絶対者」と捉えたということは、少なくとも彼の自己理解では、「無底」がドイツ観念論の思想の最深部ないし最高地点の表現だということである。そうであれば、その最新部ないし最高地点は「ドイツ観念論と京都学派」という本書のテーマ連関でも、最深部にして最高地点ということになる。そこでは、フィヒテやヘーゲルの哲学を西田・田辺・西谷等の哲学と単に外面的に突き合わせるだけでなく、「絶対無」の思想を西洋形而上学との突き合わせを通して照射する、という意味が出てくる。ちなみにこの「絶対無」と言う概念が、単にドイツ観念論から見ての遠い概念でなく、フィヒテ、ヘーゲル、シェリングの三者においてそれぞれに「絶対者」の別名でもあり得たことは、すでに見てきた通りである。

「絶対者」を「無底」という語で表示したシェリングの自由論を、西田が立ち入って読み込んだという形跡はない。西田の関心は、むしろヘーゲルに向けられていた。『善の研究』以来、そして特に「私の立場から見たヘーゲルの弁証法」（一九三一年）で、そのことは確認できる。田辺の関心も、シェリングにではなくてヘーゲルに向いていた。彼の論文集『ヘーゲル哲学と弁証法』（一九三二年）は、彼自身の「種の論理」構築への跳躍の道程とでもあった。

ただ、西田と田辺の弟子にして思想的継承者でもある西谷啓治においては、状況は変わる。彼においてもヘーゲル哲学は、特にその「宗教哲学」の領域できわめて重要な対決の相手だった。しかしシェリングの「自由論」の、特に「無底」の思想は、対決や批評の相手としてではなく、ほぼ自らの思想に通ずるものとして受け取られている。つまり単に比較研究の素材にするというのではなくて、血肉化し自己化していくのである。もちろん西谷の思想の全体を見るなら、他にも多くの先行思想の血肉化が見られる。彼の師匠でもあった西田の哲学は言うまでもなく、エックハルトに代表されるドイツ神秘主義、アリストテレス哲学、禅思想、等々がその連関で浮上する。ただ、そういった連関の中で思索を進める場合にも、西谷の鍵語として、「無底」が絶えず布地に縫い込まれた赤い糸のように見え隠れする。

まずこの邂逅場所への導入部として、西谷がシェリングの「自由論」の翻訳に携わった仕方に触れておこう。そこには、ドイツ本国におけるシェリング自由論のテキスト編纂史にとっても、ドイツの読者がこれを知ったなら少し驚くはずの事実がある。すなわち西谷は弱冠二七歳で（一九二七年に）「自由論」の和訳を刊行し、底本として一九一一年に出た Otto Weiss 版の他に、田辺から借りた一八〇九年の「自由論」の初版を用いた。(3) そして実に該博で詳細な文献的注記を加えた。(4) 上述のように田辺による「自由論」演習は、この訳書刊行の一年後だから、田辺もまちがいなく西谷の「自由論」和訳および訳注類を参照したであろう。その詳細な注記のひとつとして、西谷は初版に出てくる「異教」（Heidenthum）という語が、初版以降の版では「聖遺物」（Heiligthum）となっていることを、指摘した。(5) シェリングの「自由論」を含んだ「『著作集』以外のすべての版」と西谷が言うとき、シェリングの次男 K. F. A. Schelling が刊行し、長くシェリング研究の基本文献となった、いわゆる *„Sämtliche Werke"*（「原典版」）と称される全集（*F. W. J. Schellings Werke, 1856-1861*）も含まれる。そして西谷が和訳の時点では見ることのできなかった、いわゆるミュンヘン記念祝祭版（Münchner Jubiläumsausgabe, 1927-1954）もある。これは上記「原典版」を「主巻」六巻と「補巻」六巻に組み替えただけで、中身はおなじである。この二つの「全集」版に加えて、筆者が数えた限りでは少なくとも五つほどの「自由論」の版がある。しかしそれらは全てシェリングの次男が編纂した「原典版」を鵜呑みにして、息子がおこなった用語変更もそのまま継承してしまった。「異教」から「聖遺物」への変更を、初版に準拠して元に戻す訂正がなされたのは、二一世紀に入って、二〇一一年に刊行されたトマス・ブッフハイム（Th. Buchheim）の注釈書である。[6] 日本人である筆者がこの西谷の注をあるドイツでのワークショップで指摘したことは、シェリング全集の編集者たちは当然知っていた。[7] そのワークショップは、「シェリング史的批判的全集刊行委員会」のメンバー一〇人に、イタリア人一名と日本人一名（筆者）を加えた一二人で、一九九三年九月一七〜一九日の三日間、ハンブルクの沖合の Sylt 島で合宿して行なわれたからである。これは『シェリング史的批判的全集』の「自由論」の巻（*Die Historisch-kritische Schelling-Ausgabe.* WERKE 17）の刊行準備を兼ねる、という趣旨でなされた。だからその史的批判的全集版が二五年後の二〇一八年に刊行されたときは、当然ながら「聖遺物」の語を元の「異教」に戻す訂正はなされた。[8] 史的批判的全集版があまりに長く遅延したので、ブッフハイムが「自由論」だけを新たな注釈本として出したのである。若き西谷がおこなった注記に即しての「自由論」テキストの訂正がドイツの仲介書でなされるまでに、実に八四年の年月がかかったことになる。昭和初期の日本の哲学研究が、独自進化という意味でガラパゴス的な孤立環境にあったことが、ここでも示されたと言える。

なお、シェリング「自由論」において「異教」の語が浮上したのは、シェリングがたまたま筆の走りで思いついて挿入したためではない。この語が出てくるコンテキストは、異教が「歴史的に見れば、キリスト教と等しく根源的である」という文章である。[9] つまりシェリングがキリスト教の外部の宗教である「異教」を、キリスト教と等根源的な宗教として承認するという、重大なコンテキストである。この意味での「異教」への観点は、シェリングの晩年の

「神話の哲学」に至るまで維持されている。(10)「神話の哲学」は、まさに「異教の哲学」でもあったのである。

以上のことは、ヘーゲルが基本的に「キリスト教的な世界観」を維持していたことと、顕著なコントラストをなすであろう。このことは、従来のヘーゲルとシェリングの比較研究で意外に気づかれていない観点でもある。なお、ヘーゲルはシェリングの「自由論」を評価したが、ただし、それが「単独」の歩みにとどまったと批評した。(11)そしてその批評は、外れてはいなかった。なぜならシェリング自身が「体系」を志向しつつ、最後までその企投に成功しなかったからである。しかしまた、ヘーゲルの批評が単にヘーゲルの思想的勝利を意味するのかどうかは、さらに残る問題である。けだし、「体系」は単なる「部分の全集合」とか「総体」とかではなくて、それ自身の成立根拠をそれ自身の内に有するものでなければならないからだ。もしその「根拠」(Grund)が実際には「無底」(Ungrund)だということが露呈したなら、体系そのものが没根拠的(grundlos)ないし「破れた根拠」的なものとなり、厳密な意味での体系でなくなるということになる。シェリングは一方で体系を志向しつづけながら、他方で体系を不可能にする「無底」の洞察に届いてしまった。だから彼は、「自由論」のあと三〇年を越える中期・晩期にも、思想的苦闘を続けながら公には沈黙した。そのシェリングと、壮大な体系的作品群を遺したヘーゲルとは、同じドイツ観念論の代表者に数えられながら、架橋し得ない深淵を隔てて対峙する二巨人だった。

しかし以上のことは、西谷とドイツ観念論における「無底」という本題からすれば、なお副次的な事項に過ぎない。この本題に入る上で、なおも若干の迂回路を辿っておきたい。それはハイデッガーによる「自由論」解釈の検討である。

2　ハイデッガーのシェリング「自由論」解釈——「無底」を迂回する理由

ハイデッガーはシェリングの「自由論」について、講義を二回、演習を一回、おこなっている。最初は一九二七年の『演習。ヘーゲル—シェリング』で、現在の『ハイデッガー全集』第八六巻に収められている。次に一九三六年夏学期の講義『シェリング——人間的自由の本質について』があり、これは現在の『ハイデッガー全集』第四二巻となっている。三度目の取り扱いにして二度目の講義は、一九四一年の三学期制の年の第一学期であり、同年夏学期の演習と組み合わせられた。これは全集の第四九巻となっている。(12) 最も詳細に立ち入った解釈は、第四二巻である。

さて、簡単に言えば、ハイデッガーはシェリング自身が「研究全体の最高点」(den höchsten Punkt der ganzen Untersuchung)(13) と記した「無底」の考えに、まったくと言っていいほど言及せず、むしろこの考えを無視ないし迂回している。(14) そして彼自身は「自由論」の「本来の重点」(das eigentliche Gewicht) を、その手前の、「根底」(Grund) と実在 (Existenz) とを扱う個所だとしている。(15) ハイデッガーの解釈とシェリングの自己理解とは、大きく異なる。なぜだろうか。

ハイデッガーは、シェリング研究者としてでなく、ひとりの思想家として、シェリングと対峙している。彼自身の根本視座は「有（存在、Seyn）の問い」であり、その視座からシェリングの「自由論」を考察している。ハイデッガーによる欄外注記のひとつは、こうである。「有 (Seyn) の真性への問いを、シェリングは立てない。なぜなら、形而上学は決してそのように問うことが出来ないからである」(16)。ハイデッガーはシェリングの「自由論」をどこまでも「形而上学」として捉え、その場合の形而上学はハイデッガーからすれば「有（存在）の忘却の歴史」をなすものである。言い換えると、「有（存在）」を「有るもの（存在者）」として捉え、最高の有るもの（最高存在者）として「神」を想定するものである。しかしながら、そう解釈するのであれば、シェリングの「無底」をこの「形而上学」の視座に当てはめるには、困惑が生じる。なぜなら「無底」は「有るもの（存在者）」とは言い難いからである。それはいかなる「根底」でもなく、いかなる「実在」でもない。それはシェリング自身の言葉で言えば、「端的に考えられた絶対者」であり、形而上学的な思考では届かないものである。「きわめて偉大な思想家たちは、（…）根本的には互いに理解し合うということはないということ[17]」を述べるハイデッガーの言葉は、彼自身のシェリング理解にも援用できるかもしれない。

そもそも「無底」を語る神秘主義思想が、西洋形而上学の系譜にすっぽりと入るものなのか、それともこの系譜を突き抜けるものなのかは、一つの問いである。注（14）に記したように、ハイデッガーは上記の全集第八六巻での図で、この「絶対者」を「神性」（Gottheit）と表示した。神性という表現はシェリングが「自由論」で用いたものではない。それは、ドイツ神秘主義を代表するエックハルトが「神」と峻別して用いた神それ自身を指す語である。最高存在者とか造物主とかといったイメージで表象される限りでの「神」でなくて、表象される以前の端的な神ご自身のことである[18]。それはドイツ観念論の内部で言えば、フィヒテにおいて「端的に考えられた絶対者」が「絶対知」すらをも超絶していると述べたことを、想起させる。

もともと「無底」の語は、ドイツ神秘主義のもう一人の星であるヤコブ・ベーメの語である。しかしそのベーメの名前は、ハイデッガーの「自由論」解釈の中で一度も言及されない。彼の講義では、それ以外には多くの著述家の名前が引用されるにもかかわらず、である。なお、シェリング自身も「自由論」の中で、ベーメの名前に言及することはなかった。実際にはベーメの多くの用語を——これは西谷が「自由論」の訳注で具体的に指摘している——用いながら、である。[19] ただし、最晩年の講義『啓示哲学への序文』では、シェリングはベーメを「人類の歴史における、そしてとりわけドイツ精神における奇跡現象」と、激賞している。[20] そうであれば、シェリングが「自由論」の中で「無底」を語りながらベーメの名前に言及しない理由は、ハイデッガーと表面的には同じだが、内実は正反対だったと考えられる。すなわちハイデッガーの場合は、ベーメはいわば彼の形而上学批判の脈絡では「異邦人」の位置にあったのに対して、シェリングの場合には、ベーメは思考体質においてあまりに彼に近い「親族」的な存在であったため、むしろ引用によって自らの独自性を抹消されかねない関係にあった。実際、ベーメの「無底」思想に馴染んだ後でシェリングの「自由論」を読むと、いわばベーメの神秘体験を自らの哲学的思弁へと換骨奪胎しただけ（「だけ」という言い方には問題があるかもしれないが）という感想を、禁じ得なくなる。

3　西谷における神秘主義の自己化（Aneignung）と奪自己化（Enteignung）

しかし西谷においては、ハイデッガーと違って、またおそらくシェリングとも異なって、エックハルトやベーメの神秘体験、無底経験への、体験上の近さがあった。それも西谷の「禅」経験からである。もちろん「禅」を神秘主義と同列に置くことは問題があり、私もそれには同意できない。むしろ両者の関係は、西谷の言う「照応」と見る方がよいであろう。例えばエックハルトが「神の根底は自己の内に於て自己自身よりも一層自己に近い」と述べることを承けて、西谷は「さういふ点が一層明瞭に現れてゐるのは仏教でいう〈空〉の立場である」[21] と記す。彼はエックハルトの経験を仏教の「空」との照応的同一性において、直接経験のレベルで知っていた。

そのような事態への注目は、すでに彼の哲学研究の最初期から始まっている。すなわち西谷が一九二四年に提出した卒業論文（「シェリングの絶対観念論とベルグソンの純粋持続」）である。そこですでに、エックハルトとベーメからの引用がしばしばなされている。この卒業論文は、西谷自身がその一部を同年の『哲学研究』一一月号と一二月号に、「シェリングの同一哲学と意志——実在的なるものと観念的なるもの」という題名のもとで掲載発表し、西谷著作集の第十三巻に収録されている。[22] そこではエックハルトとベーメからの引用が十数個所にもわたって頻繁になされ、且つその引用の仕方がすでにその後につづく事態を予告している。すなわちそれらの引用はベーメの思想を解釈対象としてでなく、まして知識を豊富化するためだけの外面的なものとしてではなくて、西谷自身の視座あるいは経験、問題意識、等々を代弁するものとして示す、という趣がある。

このことは、卒業論文の四年後の一九二八年に『哲学研究』で発表された論文、「悪の問題に就いて」でも、[23] 同様である。この論文は西谷の在学中のレポートを原型とするもので、その意味で西谷の第一作に位置するが、そこですでに神秘主義思想からの引用がなされる。ちなみに西田幾多郎の第一作が「善の研究」であったことを想起するなら、西谷の第一作が「悪の問題」を主題としたことは、西田と西谷の思想の体質的であるとともに思想史的局面にも関わる差異を、示唆する。しかし今はそれについては述べない。[24] ただ、この論文「悪の問題に就いて」で、カント、ヘーゲル、シェリング、等の思想の解釈と関連して、プロティノスやスエーデンボルグも含めた神秘思想家が、しかし何よりもベーメ、そしてエックハルトの思想が、「証言」あるいは「事例」という仕方で引用される、という指摘をしておきたい。

西谷における神秘主義との取り組みは、そういった「学問研究」と根本的に異なった性質を持っている。その取り組みは常に、扱うテキストを自らの自己体験に鑑みて「自己化」する作業となっているからである。本書で「自己化」（Aneignung）という語を用いる時は、ハイデッガーの用語をも念頭においている。ハイデッガーはこの語を、

「有（存在、Seyn）を単に表象するのではなくて、思索の中で自性（Eigenes）として経験する、という意味で用いる。[25]それは西谷においては「ノエーシス・ノエーセオース」（ノエシスのノエシス）ないし「ノエシス的合一」という事態でもあった。西谷はこの「ノエシス的合一」を、アリストテレスやプロティノスが語る意味と重ね合わせている。論文「神秘思想史」の中から、そのことを明示する典型的な一節を引用しよう。プロティノスの「ヌース」に関連する個所である。

「nous に於いては、その働き（enerigeia）は叡智すること（noêsis）である。然らば何を観んとするのか。それは自己自身を観、更にこの自己直観に於いて同時により高きもの、自己の本質又は根源を観んとするのである[26]」。

プロティノスの「ヌース」は自己自身を観る自己直観だという事態を、西谷は見ている。そして、プロティノスの直観そのものの中に身を置く、という仕方でプロティノス思想を追跡している。西谷の眼と、プロティノスにおけるヌースの自己直観の眼が、重なりあうのである。その事態は、「自己の本質又は根源」を見る眼において両者の眼が重なる、ということである。それによって、プロティノスの「ヌース」という事柄において西谷の経験とプロティノス神秘主義との「ノエシス的合一」が成立する。

西谷の晩年の熟した論考「般若と理性」では、このノエシス的合一は、「知る働きそのものが、その働きそのものとして知られること」だと言われる。[27]西谷自身が常にノエーシス・ノエーセオースを思索姿勢の中軸にしていたことを、先に用いた「自己化」という語は含意している。西谷において神秘主義的経験を「自己化」するということは、神秘主義的経験の単なる推測的な解釈ではなくて、それとの「ノエシス的合一」の直接経験が成立するということである。

そのことを、神秘主義的経験の言葉に引き寄せてもう少し敷衍しておこう。西谷の中期の論文「エックハルトに於ける神と人間との関係」（一九四七年）では、「神と霊とが夫々に自己同一的なる主体と主体として絶対的に自己同一であると言う立場」が、語られる[28]。ここで言う「霊」は、人間の自己本性の形容語である。神と霊との関係とは、「神と人間との関係」のことである。それであれば、上の引用は、こう言い換えられる。「神と人間とが夫々に自己同一的なる主体と主体として絶対的に自己同一となる」と。

普通の信仰の立場からすれば、こんな表現はおよそ考えられないであろう。神と人間という場合でなく、たとえば陶工が造った茶碗と陶工でも、それらはあくまで別々の存在である。ただし、これらはただ単に別々の存在と言うこともできない。陶工が一心に茶碗を造る時、両者は単に別々の存在ではなくて、一心の作業の中で相互に不可分の関係にあるからである。造物主の神と被造物の人間とを結ぶ一線が陶工と茶碗を結ぶ一線と同じだとは、類比的にも言えないが、ただ精神的ないし霊的な同一経験は神秘主義がしばしば語ることである。「見神」経験は、人間の側の経験であるとともに、神が自分を見ていることの経験であり、それは神が神を見る経験の一部とも信じられる。「nousが神を観るのは神が自らを観ることと一つであるといふことになる」[29]。これは西谷がプロティノスに即して述べている語であるが、それは同時に神秘主義思想全般の根幹をなす経験について西谷が述べることと、受け取ってもよいであろう。それは、西谷における神秘主義の「自己化」の語である。

しかしながら、この「自己化」ないし「自己同一化」は、さらに立ち入って見るならどういうことだろうか。まず、それは事実として、西谷が自分を神秘主義者と宣言することではなかった。自己化とは、団子のように一塊となって一体化することではない。たしかにその一体化は、「神が神の根底の無に立ち、霊が霊の根底の無に立つて唯一者である時、両者は有の根底から〈一〉の能作に入る」ことであり、「それが眼と眼の同一性といふ如きノエシス的合一の窮極に外ならない[30]」。しかし神と霊（人間）とがそれぞれに「根底の無に立つ」というとき、それは同時に、両者がそれぞれに別々の主体となるということでもあった。神と人との自己同一化とは、同一化する主体と主体がそれぞれに絶対の他者同士になる、ということでもある。それは、両者はそれぞれに「奪自己化」している、ということである。

ちなみにこの「奪自己化」という語も、ハイデッガーが『哲学への寄与論稿』で用いた„Enteignung"という語から借りたものである。ハイデッガーにおいて、「有」（Seyn）の自性（das Eigene）の現成という出来事の経験が「自己化」（Aneignung）であるが、それは、「有」（Seyn）の自性がそれ自身を示すと同時に自身を覆蔵することと、不可分である。身近な原型的経験に即して言うなら、ある出来事が前面にあらわれるときに、経験的には、あらわれる部分がその背後に覆蔵されている部分と常に不可分である。「現象」の本質構造は、「現れること」と「覆蔵されること」との不可分一体化にある。[31] 敢えてその「覆蔵」の面を「現前」との不可分性から取り出すなら、経験のなかで「自己化」された内容の自己否定にして「奪自己化」ということになる。

ハイデッガーにおける「奪自己化」のさらに立ち入った意味は、ここでは保留してもよいであろう。ここでは、この語が「覆蔵」という否定面の意味だけでなく、いったん自己化したものからの「自由」を意味する、という積極的な意味を持つことも、指摘しておきたい。この意味合いは、禅的な精神伝統の中では普通でもある。たとえば『臨済録』に、こういう語が出てくる。「ある時は人《にん》を奪って境（境地）を奪わない。ある時は境を奪って人を奪わない。ある時は人境ともに奪う。ある時は人境ともに奪わない[32]」。禅家で修行者がその意味を会得すべく工夫させられる語であるが、ここでは西谷哲学との照応という観点で見るなら、「奪う」とは、いったん所有したものを放下して、そこから「自由」になるということであろう。臨済は、この四種の「奪」についての真正の見解を得たなら、「生死に染まず、去住自由なり」と言う。「奪う」ということは、「自由」ということである。西谷における神秘主義の「奪自己化」の「奪」は、伝統的な意味での神秘主義からも自由となって「無底」の思索を展開することである。

4 西谷テーゼ「絶対空が真の無底である」

西谷がエックハルトに代表される神秘主義に、最も集中的に取り組んだのは、『神と絶対無』である。[33] この書の表題に用いられた「絶対無」を、西谷は「仏教的な言葉」と評し、「西田哲学の用語」とはしなかった。敢えてそうしたのだと思われる。なぜなら、もし西田哲学の意味で「絶対無」という語を用いたなら、その後の用法は、従ってこれを用いる思考の展開は、西田哲学の延長あるいは援用という制約を受けるからだ。西谷自身はもちろん西田を師として尊敬し、その核心部分をまさしく「自己化」し継承した思想家である。しかしそれなら上に述べたことを反復して、本当の「自己化」とは「別々の主体となること」だと言わねばならない。加えて「禅」に打ち込んだ西谷は、『臨済録』の次の語を十分すぎるほど知っていただろう。「見、師と斉しきときは、師の半徳を減ず」。[34] 実際のところ、西田と西谷の思想家としての立ち位置は、エックハルトが「神の突破」と表現した事態を援用して、西谷による「西田哲学の突破」とも言うべき関係として、理解できる。[35] このことを念頭に置けば、西谷が『神と絶対無』の十二年後に『宗教とは何か』を著したときに、絶対無でなくて「空」という語を用いたことの意味も、より手にとるようにわかるであろう。

西谷はこの著書の中で、その骨格部分である第三章から第六章までをそれぞれ、「虚無と空」(第三章)[36]、「空の立場」(第四章)、「空と時」(第五章)、「空と歴史」(第六章)と題した。西田の「絶対無」を「空」と言い換えることによって、西谷は西田の思想を骨髄において継承しつつ、西谷自身の思索を展開した。その中で、あるテーゼが出てくる。

「絶対空が真の無底である」[37]

「空」という表現は、和辻哲郎も『仏教倫理思想史』で唯識の概念として言及し[38]、また『倫理学』で自らの思想に援用したことがあり[39]、『人間の学としての倫理学』（一九三四年）では西谷と同じく「絶対空」という概念も用いている[40]。西谷の『宗教とは何か』に三〇年近く先行する時点の著作でもあり、京都学派の全貌を体系的に述べるのであれば、和辻における「空」も取り上げねばならない。ただ和辻の「空」は特に説明なしに不意に用いられ、主題的に展開されることはなかったので、ここでは和辻の「絶対空」に立ち入ることは略してもよいであろう。

西谷においては、「空」は仏教から諸概念を「藉りて」きたものの一つであり、「それらは、伝統的な概念規定の枠から外づされ、かなり自由に使はれ、時としては（一々ことわらなかつたが）現代哲学の概念との照応を示唆的に含めても使はれてゐる」[41]。またしても「照応」の語のもとで、仏教概念が用いられている。仏教用語としての「空」と西谷の鍵語としての「空」は、「照応的同一性」をなしている。このことを念頭において、西谷の『宗教とは何か』からの上記の引用語を、もう一度挙げよう。

「絶対空が真の無底である」

この語を、「ドイツ観念論と京都学派」と題された本書の締めくくりの語として、取り上げることができる。それは、「無底」をドイツ観念論と京都学派の最終的な「邂逅地点」と見ることを意味する。もちろん、本書全体を形成する「六つの共通テーマ」も、それぞれにドイツ観念論と京都学派の邂逅の地点だった。しかし、いま「無底」を両者の邂逅地点と見ることは、さらに立ち入った意味を持っている。

「空」の思想は京都学派の宗教思想としての最内奥ないし最深の地点であり、「無底」の思想はドイツ観念論の頂点である。「無底」の思想を迂回したハイデッガーも、一九四一年の講義ではその冒頭で、「自由論」がドイツ観念論の形而上学の「頂点」(Gipfel) だと述べている。(42) そのような頂点としての自由論のそのまた頂点を「無底」に見るということは、すでに述べたようにシェリング自身の理解だった。そのような「無底」が今、大乗仏教を根底とする西谷の「空」の思想と出合う。

この結論が単に議論の運びの外見によるのでなく、議論の内実に基づくことを示すために、「絶対空が真の無底である」という西谷テーゼのコンテキストを確認しておこう。すなわちこのテーゼに直接につづく仕方で、こう記されている。「(絶対空が真の無底である。) そこではすべてが、一つの花も石も、星雲も銀河宇宙も、いな生と死も、底なくリアリティとして現前する。真の自由はかかる無底にあり、サルトルのいふ自由はまだ繋縛である」。(43)

上記のテーゼのコンテキストは、「自由」というテーマである。シェリングの「無底」も、「人間的自由の本質」というテーマのコンテキストで出てきた考えだった。西谷もシェリングも「自由」という問題連関で、思索している。

シェリングにおいては、人間的自由とは「悪をもなし得る能力」だった。そして西谷の哲学的出発点も、「悪の問題」だった。悪は現実世界にはびこり、根をおろしている。キリスト教的世界観では、世界は神の天地創造によるものであるから、最高善とか完全存在とかと規定される神の概念と悪の存在との整合性をどう説明するかは古来の神学的難問だった。シェリングの「自由論」は、この古来の神学上の難問を、人間的自由の本質という問題として捉えた。悪の根拠は、実在する神の「外部」には無い。そのような「外部」は存在しない。だから悪の根拠は神の「内部」にある。ただしそれは「無底」である。「それなら無底から悪が由来するのか」と安易に理解してしまうと、すでに根本的な誤解となる。「無底」が再び形而上学的な「根底」(根拠) と理解されてしまうからである。「無底」の考えはこの「根拠」という視座を突破するものでなければならない。

この「無底」の考えの原型は、ヤコブ・ベーメに見出されるが、西谷もその出発点の論文「悪の問題」で、ベーメの神秘主義に先駆思想を見ていた。(44) そして今、それが「絶対空」と同じだと言い切る。そのように見るなら、「空」と「無底」の思想は、いわば京都学派の宗教思想の頂極とドイツ観念論の頂極とが相重なる場所ということになる。

以上の洞察が思考の終着点ではなくて、より大きな問題領域への入り口であることは、読者は容易に理解されるであろう。しかしここまで辿り着いたという意味で、本書も、ここでひとまずの擱筆としたい。

注

（1）F. W. J. Schelling, *Über das Wesen der menschlichen Freiheit*, ibid., S. 377, 392, 404, etc.

（2）Ibid., S. 408

（3）この「自由論」の初版本は、シェリングの論文集 *Schelling's philosophische Schriften*（1809）の最終論文として収録され、シェリングの第一作 *Vom Ich als Princip der Philosophie*（1795）から「自由論」（一八〇九年）までを収録している。そして、この一巻だけで終わっている。後の時点からすれば、そこに収録された「自由論」の末尾の文言（後続の出版計画の予告）が、深刻な意味を帯びて響く。すなわち、その後はシェリングの著作出版がついに実現しなかった、ということである。シェリングは公の出版というレベルでは「自由論」以後は沈黙し、ないし「挫折」したからである。

（4）筆者の手元には一九二七年の西谷の翻訳書は無いので、一九五一年刊の版（西谷啓治、『人間的自由の本質』、岩波書店、第一刷、一九五一年）を用いた。西谷の訳注の全体が、二七歳の若い研究者にしてこれほどの博識を有するのかと驚嘆させる豊富な内容を、示している。とりわけ、シェリングの「自由論」の背景にあるドイツ神秘主義との深い連関の指摘は、これまでドイツで刊行されたどのシェリング自由論の注釈類と比較しても、遥かに豊富な文献情報を提示してくれる。

（5）西谷、同上、注一五三「この異教（Heidentum）は、この論文が初めてあらわれた『著作集』を除くすべての版では Heiligtum となつてゐる」。ただしシェリングのテキストの初版では、昔の綴りとして „t" が „th" と書かれるから、„Heidenthun" となっている。

(6) Thomas Buchheim (Hg) *Über das Wesen der menschlichen Freiheit und die damit zusammenhängenden Gegenstände: Philosophische Untersuchungen.* Philosophische Bibliothek, Bd. 503, Hamburg 2001 ; 2. verbesserte Auflage 2011.

(7) F. W. J. Schelling, *Über das Wesen der menschlichen Freiheit.* Hrsg. von Otfried Höffe und Annemarie Pieper. Akademie Verlag, 1995. 大橋の担当発表部分の二三五頁を、参照。

(8) シェリングの二つの *Philosophischen Schriften* 印刷本の区別および刊行時期については、以下を参照。Walter Schieche, *Editorischer Bericht zu „Allgemeine Übersicht der neuesten philosophischen Litteratur“* in: *F. W. J. Schelling, Historisch-Kritische Ausagabe* I, 4, Stuttgart 2018, S. 10-13.

(9) F. W. J. Schelling, ibid., S. 413.

(10) Ders., *Philosophische Einleitung in die Philosophie der Mythologie,* ibid., Bd. XI., S. 195′ に次のような個所が見出される。„Man hätte den Glauben an die Wahrheit und Objectivität dieser Vorstellungen, den wir dem Heidenthum schlechterdings zuschreiben müssen, (…) ganz einfach aus einer wirklichen Erfahrung jener früheren Menschheit sich erklärt“. シェリングにおいて、「異教」がキリスト教と等根源的な宗教だという見解は、彼の後期哲学にまで維持されているのである。次の個所をも参照。Vgl. auch ibid., S. 240, 241.

(11) G. F. W. Hegel, *Vorlesungen über die Geschichte der Philosophie,* ibid., 20, S. 453: 和訳しておこう。「シェリングは自由についての個別の論文を発表した。これは深い思弁的な性質のものだ。しかしこの論文は個別独立のものに終わっている。哲学においては、個別的なものは発展することができない」。

(12) 正確を期して、ドイツ語版のタイトルをも挙げておこう。

(i) *Schelling. Über das Wesen der menschlichen Freiheit.* WS 1927/28, *Gesamtausgabe,* Bd. 86.

(ii) *Die Metaphysik des deutschen Idealismus. Zur erneuten Auslegung von Schelling: Philosophische Untersuchungen über das Wesen der menschlichen Freiheit und die damit zusammenhängenden Gegenstände.* (1809). Freiburger Vorlesung. I. Trimester 1941. Fraiburger Seminar Sommersemester 1941. *Gesamtausgabe,* Bd. 49.

(iii) *Schelling: Vom Wesen der menschlichen Freiheit* (1809). Freiburger Vorlesung Sommersemester 1936. *Gesamtausgabe* Bd. 42.

（13）F. W. J. Schelling, ibid., S. 406.

（14）ハイデッガーのシェリング書で最も詳細な解釈を提示するのは、下記である（*Schelling: Vom Wesen der menschlichen Freiheit (1809)*, M. Heidegger, Gesammtausgabe, Bd. 42.）。しかしそこでは、「無底」はまったく浮上しない。もっとも全集第八六巻では、ごく断片的にこの語が引用される。そして二四一頁で「自由論」での諸概念の位置を示す図を、提示している。しかしこの図について、ハイデッガー自身の解釈は記されていない。また、この図では「絶対者」という語の下に「神性」（Gottheit）と記される。ハイデッガーが端的な意味での「絶対者」を「神性」と解釈していたことを、推測させる。ただしこの語については、以下の注（18）に挙げた、エックハルトにおける「神性」への指摘を参照。

（15）シェリング自身は「自由論」の章分けをしていない。ハイデッガーは全体を七節に分けて、「本来の重点」は序文（Einleitung）とⅠ～Ⅳ節、（すなわち三五七―三九四頁）だとしている。

（16）M. Heidegger, ibid., S. 185 の欄外注を、参照。

（17）M. Heidegger, ibid., S. 21/22.

（18）エックハルトが「神」と峻別された「神性」を語る典型的な個所として、以下を挙げておこう。Meister Eckhart. *Deutsche Predigten und Traktate*. Herausgegeben und übersetzt von Josef Quint. München 1969. Predigt 26, S. 272: „Gott und Gottheit sind so weit voneinander verschieden wie Himmel und Erde."

（19）上記の注（7）に挙げた拙稿の二四一頁で、これらのベーメの用語例を挙げた。それらはほとんど、すでに西谷が「自由論」の和訳で挙げていたものである。それらを列挙するなら、「中心」（Zentrum）、「周辺」（Peripherie）、「心」（Herz）、「鋭さ」（Schärfe）、「喫驚」（schrecklich）、「生の厳格さ」（Strenge des Lebens）、「正の鋭さ」（Schärfe des Lebens）、「事物の厳しさと断裁」（die Härte und Abgeschnittenheit der Dinge）、「紐帯」（Band）、等々であり、中でも「自由論」の最高地点となる「無底」および「愛」が、まさしくベーメの用語である。これらをベーメの諸著作に見出すことは難しい作業ではない。たとえば、*De Triplicit vita hominis oder Hohe und Tiefe, Gründung von dem Dreyfachen Leben des Menschen*, in: *Sämmtliche Schriften*, Bd. 3, 21ff. あるいは *Von der Gnadenwahl*, in: ibid., Bd. 6, Kap. 1, 4ff; *Das Umgewandte Auge*, ibid. Bd. 3, S. 179 f.、等々である。

（20）F. W. J. Schelling, *Einleitung in die Philosophie der Offenbarung oder die Begründung der positiven Philosophie*,

Sämtliche Werke, Bd. 13, S. 123.

（21） 西谷、同上、一〇二頁。

（22） ただし掲載の折りの表題は、「シェリングの同一哲学と意志――実在的なるものと観念的なるもの」となっている。『西谷啓治著作集』第十三巻の薗田坦の「解説」、三六〇／六一頁を参照。

（23） 論文「悪の問題に就いて」が、西谷の在学中のレポートに基づくものであることについては、この論文を収録した『西谷啓治著作集』第二巻で筆者が記した「後記」の二四八頁を参照。

（24） 西田と西谷のそれぞれの第一作の表題に示唆される、両者の体質的な差異については、拙稿、「西谷哲学――西田哲学の「突破」」、『思想』七六八号、一九八八年六月、二九―四六頁に記した。英訳は Nishitani Philosophy as the Breakthrough (*Durchbruch*) of Nishida Philosophy. ORIGINAL PAPER. The Journal of East Asian Philosophy. https://doi.org/10.1007/s43493-023-00028-1

（25） ハイデッガー『哲学への寄与論稿』(Martin Heidegger, *Beiträge zur Philosophie, Heidegger Gesamtausgabe*, Bd. 65. の和訳)、大橋良介・秋富克哉訳、創文社、二〇〇五年、訳語表（独→和）、五頁を参照。

（26） 『西谷啓治著作集』第三巻、二九頁。

（27） 「般若と理性」、『西谷啓治著作集』、第十三巻、八一頁。

（28） 「エックハルトに於ける神と人間との関係」（一九四七年に発表時の原題は「マイステル・エックハルトに於ける神と人間との関係」）、『西谷啓治著作集』第七巻、三三頁。

（29） 『神秘思想史』、『西谷啓治著作集』第三巻、三一頁。

（30） 同上、五一頁。

（31） 「現象」の概念についてのハイデッガーの説明は、下記を参照。*Sein und Zeit*,（1927), *HGA*, Bd. 2, S. 38ff.

（32） 朝比奈宗源訳註、『臨済録』、岩波文庫、一九三五年、「示衆」の巻、三八頁。

（33） 『神と絶対無』は三点の論考を収め、これらはさらに別の折りに加筆されていった。現在は『西谷啓治著作集』第七巻に、収録されている。

（34） 『臨済録』同上、「行持」の巻、一七〇頁。

（35）エックハルトの「突破」の思想をあらわす典型的な個所を挙げよう。「しかし神が私を突破するのと同じように、私も神を突破し返す」（„ebenso aber, wie er (Gott) mich durchbricht, so wiederum durchbreche ich ihn". Meister Eckhart, *Deutsche Predigten und Traktate*. Herausgegeben und übersetzt von J. Quint. Hanser Verlag. München, 2. Auflage 1963. S. 290.）ほぼ同様の意味で西谷における「西田哲学の〈突破〉」という事態を、見て取ることができるであろう。これについては上注（24）に挙げた拙稿を参照。

なお、この英文拙稿は筆者の三十数年まえの旧稿、「西谷哲学——西田哲学の「突破」」（同上）を、大幅に改めたものである。

（36）本書のドイツ語版に注記したことであり、日本語版では不要かもしれないが、参考になるかもしれないので、やはり述べておこう。第三章の表題「虚無と空」はドイツ語版では「ニヒリズムと空」となっている。しかし「ニヒリズム」は西谷において、ニーチェと同じく精神史と深く絡む仕方で成立した哲学思想であり、それに対して「虚無」は、そういったコンテキストを伴わない。『宗教とは何か』の独訳者は、著者・西谷に翻訳を検閲してもらった旨を主張してはいるが、原書との隔たりが多数にのぼり、晩年の西谷がこれらの個所の全てを見聞してゴーサインを与えたとは、すこし信じ難い。当該の個所はその最も顕著な例である。

（37）『西谷啓治著作集』、第十巻、四〇頁。

（38）和辻哲郎、『仏教倫理思想史』、『和辻哲郎全集』第十九巻、岩波書店、一九六三年、第二章「唯識哲学」。

（39）同上、『倫理学　上』（『和辻哲郎全集』第十巻、岩波書店、一九六二年）、五四四頁で、こう記される。「だから人間存在は究極において空でありながら帰来の運動として己れを展開する。空とは空を空じて有となり有を空じて空に還る。そこではすべてが動性そのものである」。しかし「空」の語義について前後の脈絡ないし説明はないので、突然の感がある。

（40）和辻哲郎、『人間の学としての倫理学』、一九三四年（現在は『和辻哲郎全集』第九巻、岩波書店、一九六二年、三五頁で、やはりほぼ脈絡抜きで不意に「絶対空」の語を用いている。「従ってこのような存在（人間の主体的存在）は、個であることを通じて全となるという運動においてまさに存在なのであり、従ってかかる運動の生起する地盤は絶対空である。すなわち絶対否定である」。

（41）西谷啓治、『宗教とは何か』、緒言、『西谷啓治著作集』第十巻、五頁。

(42) M. Heidegger, *Die Metaphysik des deutschen Idealismus,*（上注（12）を参照）。「自由論」をどこまでも「形而上学」という視点で捉えたことが、「無底」をどこまでも迂回したこととと連動する、ということについては、すでに本章の第2節で述べた。

(43) 注（37）に同じ。

(44) 特に西谷の「自由論」和訳への訳注111と142を参照。ベーメの用語が出てくるテキストの主なものが、典拠として挙げられている。

エピローグ　ヘーゲル哲学と西田哲学の切り結び点

京都学派とドイツ観念論の対決場面を論ずるのであれば、以下に取り上げる西田のヘーゲル論と並んで、本来なら、田辺の絶対弁証法をも取り上げなければならない。田辺にとって「ヘーゲル」は、田辺が取り組んでいた「カント」以上に大きな意味と影響をもっていた。後に「田辺哲学」という名を冠せられるようになる「種の論理」も、その構築に至るまでの田辺の思索路において、ヘーゲル哲学との対決を抜きにしては捉えられない。時期区分の観点で言えば、論文「カントの目的論」（一九二四年）に代表される田辺のカント主義的な傾向は、[1] 田辺がフライブルクに留学してフッサールやハイデッガーと接し、「現象学」を知るに至るまで、ないしそのしばらく後の一九二七年頃までつづいた。しかしその頃から、田辺の思索路は「現象学」批判を介して別の方向へと、開鑿されていった。すなわち現象学よりは「弁証法」へ、ヘーゲル哲学へ、という方向である。

田辺におけるヘーゲルとの集中的な取り組みは、一九三一年の四編のヘーゲル論考に代表され、それらはいずれも翌年に、論集『ヘーゲル哲学と辯證法』に収録された。そこでの頂点をなす論文「ヘーゲルの絶對觀念論」で、後に成立する田辺の「種の論理」の根本動機にもなるヘーゲル批評が、述べられている。すなわち、「ヘーゲルの思想に斯かる寂静主義の傾向を含むことは否定出来ないであらう。是れ其行為的実践の立場を徹底せずして観想に堕した結果である」(2)（文中の旧字は当用漢字に替えた）。観想に堕した寂静主義という表現が、田辺における西田批判の根本トーンでもあることは、言うまでもない。

こういった田辺哲学のヘーゲル哲学との対決は、「ドイツ観念論と京都学派」を主題とする本書においても、本来は大事なテーマである。ただ、目下の「エピローグ」ではドイツ観念論と京都学派の哲学の「切り結び点」に、焦点を絞る。切り結び点とは、刃と刃とが交差し合う個所（ドイツ語ではSchnittpunkt）である。田辺のヘーゲル論考は、田辺哲学の生成途上で田辺がヘーゲルとがっぷり四つに組むスタイルであり、加えてそこでのヘーゲル解釈も大きく変遷していくから、田辺とヘーゲルとの「切り結び点」はまだひとつの焦点へと定まらない。それに対して西田のヘーゲル論は、西田がヘーゲル弁証法を「私の立場」から、自らの場所的弁証法へと、「再構成」する試みである。ヘーゲルをこう「解釈」しました、というスタイルではないのである。だから西田の思索の核心部分とヘーゲル弁証法の核心部分とが「切り結ぶ」ことになる。以上の理由から、この「エピローグ」では西田のヘーゲル論考に叙述を絞ることになる。

＊　＊　＊

昭和六年（一九三一年）に、西田幾多郎は小論考「私の立場から見たヘーゲルの辯證法」（以下、「辯證法」は旧漢字でなくて新漢字で「弁証法」と記す）を、『ヘーゲルとヘーゲル主義』という論集に載せた。この論集はヘーゲルの没後一〇〇年を記念して岩波書店から出たもので、編者は「国際ヘーゲル連盟日本支部」となっている。西田はヘーゲル没後一〇〇年記念という節目だったからであろう、この短編で単なるヘーゲル解釈を試みるのではなくて、ヘーゲル論理学の核心部を自らの立場から捉え直し、再構成することを試みた。

ただし、この論考が別の諸論考と併せて昭和一二年（一九三七年）の論集『続思索と体験』に収められたとき、西田は文末に厳しい自己批判を記した。わずか六年のあいだに、西田自身の思索の境地は格段に進展していたからである。西田の自己批判は、一九三〇年から始まった田辺元の峻烈な批判にも応えるという意味を含みつつ、彼自身の思想展開史の決定的な局面を垣間見させるものとなった。そのことは、ドイツ観念論と京都学派の主峰同士が対峙し、切り結ぶ点にもなった。

以下、この小論考を次の三つの観点から取り上げてみよう。(3) (1)西田の小論考の表題で言う「私の立場」とは、何であったか、(2)西田は「ヘーゲル弁証法」をどう再構成したのか、(3)ヘーゲル哲学と西田哲学の切り結び点は、どこに集約されるか。

1　西田の「私の立場」とは何であったか

この論文の執筆時期は、西田が昭和七年（一九三二年）の論文集『無の自覚的限定』に収めた諸論考の執筆時期と同じである。したがって西田の言う「私の立場」は、「無の自覚的限定」と表示できる。その立場は、西田が何期にも渡って思想を展開したプロセスの中で、一つの頂点を形成するものでもある。やや具体的に言うなら、それまでの「自己が自己に於て自己を映す」という自覚の定式を維持しつつ、「論理から自覚を見るのでなく、自覚から論理を見」る（「序」、「旧版」六、三頁、「新版」五、三頁）ことを明示する立場である。

論理に先立つ自覚から論理を見ようとする立場は、まずはヘーゲルの立場と対蹠的と言わなければならない。ヘーゲルからすれば、論理に先立つ自覚から論理を見るのは、論理性の不徹底である。「論理的なもの」(das Logische)の展開として論理学が形成されるということが、彼の論理学の基本だからである。これについては、次節で跡づけることとしよう。そのヘーゲルの見方に対して、西田は「自覚から論理を」基礎づけようとする。「論理的なもの」が、自覚より先なのか、「自覚」のほうが論理的なものより先なのかが、焦点となる。『無の自覚的限定』での考え方からするなら、自覚の方が先でなければならない。自覚とは、対象的に見られることのない「ノエシス的限定」の働きである。ノエシスは思考する働きそのものであるから、それ自体としては思考の対象(ノエマ)にならない。もっとも、そのことはヘーゲルも異論を挟まないだろう。ヘーゲルは『エンツィクロペディー』の巻末で、アリストテレスの「ノエシスのノエシス」(ノエーシス・ノエーセオース)の考えを引用した。それは、『エンツィクロペディー』の全体がノエシスのノエシスを展開するものだということを含意している。

西田の論考「私の立場から見たヘーゲルの弁証法」の頃の西田は、この「ノエシス的限定」としての「自覚」を深めていった。この自覚の働きは、同時期の論文「表現的自己の自己限定」での表現で言えば、対象的に見ることはできないが、しかし「深い意味に於て自己自身を見るものの内容として何処までも体験せられる」(「旧版」六、七六頁、「新版」五、六〇頁)。それ自体はいかなる「有」としても捉えられないから「無」であるが、自己自身を見るノエシス体験としては、はっきりしている。その体験内容が「自覚」である。「ノエシス的限定」は「無の自覚的限定」と同じ事態である。

西田とヘーゲルとの間に「合理主義」と「非合理主義」の水かけ論のような関係を見る向きもあるかもしれない。もっとも、合理主義か非合理主義かというような対比図式を上から被せて理解する仕方も、事柄そのものから少し離れる嫌いがある。そこで、事柄そのものをほぐして理解することを試みよう。

そもそも西田は「弁証法」という語で、何を理解していたのだろうか。彼の論考「私の立場から見たヘーゲルの弁証法」は、次の文章で始まっている。「弁証法的運動といふものが考へられ弁証法的運動といふものがあると云ふには、先づ自己自身に於て矛盾するものが考へられ、かゝるものがあると云はれなければならない」（「旧版」十二、六四頁、「新版」七、二六二頁）。

「自己自身に於て矛盾するもの」とは、後の西田のタームで言えば「矛盾的自己同一」であるが、この時期はまだその用語は確立されていない。そこでこの語をパラフレーズするなら、「自己自身に於て矛盾するもの」は、どこまでも見られないものを見ていく「自覚」そのもの、ないしその主体のことである。主語的な「有るもの」としてノエマ化できない「無の場所」のことである。だから「無の場所の自己限定」の論理を、西田は「弁証法」と言っていることになる。このことを抑えた上で、次の考察に移ろう。

2　西田は「ヘーゲル弁証法」をどう再構成したのか

西田は上記の引用につづけて、「ヘーゲルの弁証法といふものもさういふ意味に於て成り立ち、さういふ意味に於て理解せらるべきものと信ずる」（「旧版」十二、七二頁、「新版」七、二六八頁）と記している。そして実際にヘーゲル論理学の展開の仕方を、自分が理解する「弁証法」に即して再構成しようとした。もしこの再構成が成立するなら、ヘーゲルの弁証法は西田が信ずる弁証法に還元されることになる。

簡単に言うなら、ヘーゲルは『大論理学』の「有論」（Die Lehre des Seins）で「有（Sein）→無（Nichts）→生成（Werden）→定有（Dasein）」という論理規定（カテゴリー）の展開を、示した。西田はこの展開を、自らの「無の場所の弁証法」の脈絡で、「無の自己限定」として、説明しようとした。ヘーゲルにおいては、この論理規定の展開は恣意的ではなくて、そもそも論理学の「始まり」の規定内容から自然に帰結する。なぜなら「始まり」とは、いかなる前提もない、まだ何らの規定をも持たない状態であり、ただ単に「有る」とだけしか言えず、無規定だからである。それは何らの内容もないという意味で、「無」でもある。「有」の規定は、そのままで「無」の規定となる。有ったものが無いものとなり、無かったものが有るという事態になるなら、それは「生成」という出来事を意味する。そこで、「有は無である」という最初の論理規定は、全体としては「生成」ということになる。この新たな規定のもとで、最初の規定である「有」は、「一定の」(Da) 規定内容を得ることになる。一定の内容を持った有であれば、それは「定有」(Dasein) と規定され得ることになる。「有 (Sein) → 無 (Nichts) → 生成 (Werden) → 定有 (Dasein)」という論理規定〔カテゴリー〕の展開は、ほぼこのように理解され得る。

西田はこのヘーゲル論理学の「有論」の展開を、「自己自身に於て矛盾するもの」の展開プロセスとして捉えた。つまり、見られることのない自己が「自己に於て自己を見る」自覚プロセスだとした。したがって、「無の場所の自己限定」として理解できるとした。そこで、「無の自己限定としての有なるが故にそれは有なると共に無である」(『旧版』十二、七三頁、『新版』七、二六九頁)。それは確かにヘーゲルの言うように「成」である。しかし西田の理解では、この生成がなぜ「定有」なのかと言えば、「それが単に無の場所に於てあるといふ意味に於て直覚的に定有といふ如きものが見られる」(『旧版』十二、七五頁、『新版』七、二七〇頁) からである。どの規定においても同様である。そうであるなら、「ヘーゲルの弁証法と考へられるものも、最初に私の所謂無の自覚といふものを置くことによつて理解し得られると思ふのである。真の弁証法と考へられるものは唯、無の自覚的限定といふ意義を有つたものでなければならない」(『旧版』十二、七六頁、『新版』七、二七一頁)。この語は、西田のいう「私の立場から見たヘーゲルの弁証法」の核心部分をあらわしている。

ところでこのように西田が理解したヘーゲル弁証法は、『大論理学』の三部構成（「有論 Die Lehre des Seins」、「本質論 Die Lehre des Wesens」、「概念論 Die Lehre des Begriffs」）の中の第一部「有論」に当たる。西田からすれば、「本質論」も「概念論」も、同じように「自覚から」再構成できると考えられるであろう。ただ、ヘーゲル論理学の側からは、西田に対して反問すべき一点が残ると思われる。それは、ヘーゲル論理学においては「有→無→生成→定有」の展開は、展開そのものが論理的な必然性を含んでいるということであり、その論理的必然性は西田の「無の場所の自己限定」においてはどうなるか、という問である。

やや具体的に言うなら、ヘーゲルは「有論」における展開の仕方を、一つの規定から次の規定への「移行 Übergang」と特色づけた。正確に言えば「移行してしまっている」と捉えた。「有」の規定は、それ自体で「無」を意味するから、「有」は「無」に移行してしまっている。その移行の全体は「生成」という規定を意味し、「有」と「無」の論理規定はそれ自体で「生成」という規定に移行してしまっている。そしてそのことは、定まった内容をもつ有すなわち「定有」という規定に、移行してしまっている。「有論」の諸規定はそのすべてが、そのままで次の規定へと移行してしまっている。その「移行」の各部分においては、相互に他を映し、かつ「有論」の全体を宿す、という構造がある。

このことは、実は『大論理学』の全体についても言えることである。それは第三部「概念論」で明白になる。「概念論」においては、すべての規定が「透明」（durchsichtig）という表示を得るからである。概念論のすべての論理規定が「透明」であって、そこに最終的な論理形態である「絶対理念」が映ってている。どの部分も全体を映すから、部分は全体に等しいという集合論的な体系性格を帯びることになる（「概念論」に出てくるこの「透明性」という事態については、筆者の論考が二年まえに„*Hegel-Studien*"に掲載されたので、詳細はそこに譲ることにしたい(4)。

西田においても、その第一作『善の研究』は一種の「体系」性格をもち、一九三〇年の論集『一般者の自覚的体系』や、西田哲学の完成形態を示す一九三五年からの『哲学論文集』シリーズも、その第一巻は「哲学体系への企図」という副題を持っている。しかしながら「体系」の意味を厳密に理解するとき、つまりどの部分も全体を映し、他の部分と有機的に連関し、部分が全体に等しいというような構造だとすると(その限りで、ヘーゲル論理学は華厳の「重々無尽」の論理を連想させる(5))、それは西田の「無の自覚的限定」の論理においてどう実現しているのかが、「ヘーゲル論理学」の側から問い返されるであろう。

もちろん、ここで「なぜ体系なのか?」という、体系性そのものへの根本的な問いも生じる。シェリングや西谷に見られるような「無底」という次元が、そこに浮上する。しかしその問いは次節で取り上げることにして、ここでは保留しておこう。

3　西田の立場から見たヘーゲルとの切り結び点

西田はこの小論考「私の立場から見たヘーゲルの弁証法」を、昭和一二年(一九三七年)の論集『続思索と体験』に再録した際に、文末に「注」を付した。そこには、こう書かれている。「併し私が此にノエシス的限定とか自覚的限定といふのは、単に対象的なものに反するだけの抽象的意義のものでないとしても、この論文の背景をなすものは、尚「無の自覚的限定」時代の考として、今日から見て、不完全な抽象的な考たるに過ぎない」(「旧版」十二、八四頁、「新版」七、二七八頁)。

「無の自覚的限定」の考えのどこが、そして何が、「不完全な抽象的な考」だと言うのだろうか。西田自身によるこの反問への答えは、西田が『無の自覚的限定』の二年後に出した論集『哲学の根本問題　続編』（昭和九年、一九三四年）の「序」に、明確に記されている。すなわちそれまでは「自己から世界を見るといふ立場が主となつてゐたと思ふ。従つて客観的限定といふものが不十分であつた」（「旧版」七、二〇三頁、「新版」六、一六四頁）と。

フッサール現象学の術語「ノエシス」「ノエマ」を援用した「無の自覚的限定」は、フッサール的ないし超越論的な「自我」を起点とする。それに対して、西田の場合はこの自我を滅した「無我」という意味での「無」を起点とするから、フッサール現象学とは異なった次元に立つものだった。しかし後期の西田からすれば、それはなおもフッサールの用語に制約された個人的自覚の立場だった。自己から世界を見るという立場だった。「私の立場から見たヘーゲルの弁証法」を執筆した二年後に、すでに西田において大きな転回を含んだ新たな思索次元が開かれていた。その新たな考えの典型的な定式は、我々の自己というものが、現実の世界が現実の世界自身を限定することから考へられるということである」。つまり個人的自覚ではなくて、世界が世界自身を自覚するという思索次元である。それは西田が「コペルニクス的転回の転回」とも名づけた（「論理と数理」、「旧版」十一、六九頁、「新版」十、五六頁）、思惟の視座の根本的転回だった。だからその見方が開けた以降の、後期西田の論文からは、「ノエシス・ノエマ」という鍵語は消える。

ここで翻って、日常の常識的な自我的思考、ないし「主観―客観」という図式での施工からすれば、「世界が自覚する」とはどういう論理なのかが、問いとなるだろう。「世界が世界自身を限定する」というような見方は、果たして、且つどのようにして、論理思考として成り立つのだろうか。西田の論文集の副題に含意されている「弁証法的世界」は、答えではなくて、そのまま問いとなる。それまでの西田の弁証法理解は「自己自身に於て矛盾するもの」の展開プロセスということだった。その場合の「自己自身に於て矛盾するもの」は個人的自己だった。その主体が、いま「弁証法的世界」となる。そうであれば、同じく「自覚」といっても、個人的自覚ではなくて、「世界が自覚する」といった表現とならなければならない。実際この表現は、実際に西田自身が用いている(「自覚について」、「旧版」十、五五九頁、「新版」九、五二八頁)。

実はそれに類する表現は、西田が自己批判したヘーゲル論文の中に、すでに出されていた。すなわち「事実が事実自身を限定する」(「旧版」十二、七七頁、「新版」七、二七一頁)と。それは西田の自己批判の中で述べた「客観的限定」のことでもある。西田は自らの自己批判によって、それまでの「無の自覚的限定」の立場を全面的に否定したのではなく、そこですでに眼差しに入れられていた「客観的限定」ないし「事実の自己限定」が、不十分だったと批判したのである。個人的自己の自覚はどこまでも深められるべきものだった。ただ、その自覚の深まりにおいて、なお百尺竿上の一跳とも言うべき転回を必要としていたのである。

西田自身がこの事実そのものの自己限定ないし「客観的限定」を、どう論理的に展開したかについては、それ以降の西田の論文「現実の世界の論理構造」(昭和九年、一九三四年)、「弁証法的一般者としての世界」(同上)、「世界の自己同一と連続」(昭和一〇年、一九三五年)、などを見る必要がある。ただ、目下の問題連関では、西田とヘーゲルの対峙はどうなったかが問題なので、その点をなおも確認しておこう。

西田は上記の「注」で、「私の今日の考が多くのものをヘーゲルから教へられ、又何人よりもヘーゲルに最も近いと考へる」と述べる。(「旧版」十二、八四頁、「新版」七、二七七頁)。西田哲学にとってのヘーゲル哲学の意味は、この西田自身の表白そのものが最も雄弁に物語る。その場合、西田はヘーゲルに依存するのではなくて、「ヘーゲルに対して多くの云ふべきものを有つて居るのである」とも付け加える。その「云ふべきもの」とは何か。先に、西田の弁証法とヘーゲル弁証法の切り結び点は、「自覚が論理を裏づけるか、論理が自覚を基礎づけるか」、に集約されることを見た。その集約点を目下の問題連関に即して言い換えるなら、「ヘーゲルの過程的弁証法に対して、私は一が多、多が一といふ如き場所的弁証法を考へるのである」(「旧版」同上、「新版」七、二七八頁)となる。

西田はヘーゲルの弁証法を「過程的弁証法」と性格づけ、自らの弁証法を「場所的弁証法」と名づけた。ヘーゲル哲学と西田哲学との切り結び点は、いま弁証法の性格という場面では、「場所的弁証法」か「過程的弁証法か」という表現となる。この表現は、結論であるよりは出発点である。

「自覚」とは、あくまで今、ここ、この現在において、成立する体験であるから、「一歩一歩絶対の無に接する所がなければならない」(「旧版」同上、「新版」七、二七七頁)。弁証法の一歩一歩がその都度に絶対の無に接する「場所」となる。それに対して論理的なものは、自己実現へ向かうという根本傾向を宿し、目的論的な思考を形成する。その目的に向かうプロセスは、過程的である。しかしすでに見たように、そのヘーゲル論理学の「過程」は「論理的なもの」の一歩一歩に全体が映る「重々無尽」の論理でもあった。ヘーゲルは、そのことを「場所的」と評しても異議を唱えないだろう。「自覚が先か、論理が先か」、あるいは「場所的弁証法か過程的弁証法か」、という西田とヘーゲルの切り結び点は、安易な結論を許さない。

私見を一語加えるなら、西田のヘーゲル論考でいわば直観として語られるにとどまった「事実が事実を限定する」という事柄は、論理の問題であると同時に、現象学の課題でもある。歴史世界の現象をその自覚的限定に向けて現象学的に考察する課題は、「西田以後・ヘーゲル以後」の一つの展開方向として、なおも課題にとどまっている。

注

（1）田辺哲学の「時期区分」を綿密に見るのであれば、田辺がカント主義的な傾向を示すのは、一九一九年に西田によって京都帝国大学文学部に専任講師として招かれて以後と言ってよいであろう。そこに至る伏線は、新カント学派に関する田辺の初期の諸論文である。しかしそのことを念頭においた上でも、初期田辺の主な関心は数理哲学・科学哲学だったということは、押さえておく必要がある。田辺の文学博士学位が田辺の『数理哲学研究』に対して授与されたということが、このことを何よりも雄弁に語っている。

初期の田辺についての研究は、田辺研究の全体を通じて希少であるが、エピローグを執筆している時点でフランス語論文が現れた。Morten E. Jelby,《Transcendance et matière chez le premier Tanabe Hajime: de l'expérience pure à la corporéité》, in: *Philosophie*, numéro 162, juin, Paris 2024, pp. 89-112, である。一九三〇年を分水嶺とする初期田辺の新カント学派との取り組み、とりわけ「超越」を焦点とする田辺の「意識」の問題の論究を、綿密に追跡し、杉村靖彦や田口茂など日本の有力な研究者の田辺論にも目を配り、ハイデッガーやレヴィナスといった現代現象学へも幅広く言及する好論文である。ただし、Morten 氏が記す le premier Tanabe（「初期田辺」あるいは「本来の田辺」）は、少し表現を変えたほうが良いように思われた。なぜなら一九三〇年にずっと先立って、一九一〇年代からの田辺は数理哲学・科学哲学を主な関心領域として、その関心は田辺において後期に至っても消えた訳ではなく、思索の底流をなすからである。

発展史的な意味での「初期田辺」に関しては、研究論文は希少であるが、それでも『西田哲学会年報』第一九号（二〇二二年、一〇七—一二三頁）に掲載の、優れた論文が管見に入っている。山本舜の論文「初期田辺の〈直観と反省〉の数理哲学」である。なお、田辺の論文「自然科学の両側面」（『田辺元全集』第五巻、一四一—一九二頁）は、その英訳が森里武によって発表されているので、特記しておきたい（Takeshi MORISATO, "Two Aspects of Education in Natural Science", in: Ibid. *Tanabe Hajime and the Kyoto School. Self World and Knowledge*, London/New York, 2022, pp. 147-183.）。

（2）田辺元「ヘーゲルの絶對觀念論」、『田辺元全集』第三巻、岩波書店、一二三頁。

（3）以下の叙述は二〇二四年七月二七日の、「西田哲学会第22回年次大会」で、オンライン形式による「パネル」で発表した内容の再録である。但し「注」は、今回の上梓に際して付加した。このパネルでは、私の他にSteve Lofts 氏と Sova P. K. Cerda 氏がそれぞれ英語での発表をおこなった。私の発表は日本語でなされ、この二氏との相互質疑は英語を交えてなされた。

（4） Ryosuke Ohashi, Die Logik des Absoluten und die Logik des Leeren - oder die Duchsichtigkeit bei Hegel und das *soku* bei Nishitani, in: *Hegel-Studien*, Bd. 56, 2022, pp. 117-131.

（5） 「重々無尽」の語の典型的な個所は、『華厳五教章』の「義理分斉」(3)「諸法相即自在門」で出てくる。鎌田茂雄の読み下しを引用しておこう。「然るに此の自の一切は復《ま》た自ら相い即入して重々無尽無尽なるが故なり」。鎌田茂雄著『華厳五教章』、「仏典講座28」、大蔵出版、昭和五四年、二八四頁。重々無尽の「体系的」論理において、ヘーゲルの論理学が――西田哲学の「無の自覚的限定」の論理以上に――仏教的論理に近似もしくは相似するという事態は、よく考えてみる必要がある。

あとがき　鎮魂曲《レクイエム》の想を兼ねて

本書は二〇一二／一三年の冬学期にケルン大学哲学部で、そして二〇一四年の夏学期にテュービンゲン大学の哲学部で、それぞれおこなった客員講義の日本語ヴァージョンを、原型としている。ただし第5章「デカルト・スピノザ・ライプニッツの「自然」」だけは、筆者が奉職する日独文化研究所で、西川伸一評議員と高山佳奈子理事と私の三人がオンライン・リレー講義「役員講義シリーズ」を企画した際に、二〇二二年二月九日に私の番が回ってきておこなったオンライン講義である。またエピローグ「ヘーゲル哲学と西田哲学の切り結び点」は、本年（二〇二四年）七月二八日に立教大学で開催された「西田哲学会年次大会」でのパネル（S・ロフツ教授とS・P・K・セルダ氏との共同）発表の内容の再録である。エピローグを除いた全体の日本語ヴァージョンを、日独文化研究所で二〇二一年一月から翌年三月まで、オンラインで講義した。その全体の活字化が本書である。ただし講義では省略していた「注」を、上梓に際しては少し詳細に付した。本書と並行して、そのドイツ語版がアルバー社（Karl Alber Verlag）から同時出版となるが、上記「エピローグ」の小論考は含めず、代わりにこの「エピローグ」の注（4）に挙げたドイツ語論文を、ドイツ語版のエピローグとした。ドイツと日本の読者層のちがいを顧慮したためである。

ドイツでの客員講義の期間は、筆者が日本の諸大学（滋賀医科大学、京都工芸繊維大学、大阪大学、龍谷大学）での勤務を終えたあとの、二〇一〇年春から二〇一六年春までの六年間だった。ドイツ語圏（ドイツ、オーストリア、スイス）

の諸大学と諸研究所に、客員教授として招聘されていた時期である。研究教育と論文執筆に没頭することができた、充実した時期でもあった。この時期の講義・演習題目は、本書のプロローグの注（2）（本書一六頁）に挙げた。

筆者を招待してくれた友人たちは、故・クラウディア・ビックマン教授（ケルン大学）、ゲオルク・シュテンガー教授（ウイーン大学）、ロルフ・エルバーフェルト教授（ヒルデスハイム大学）、ニルス・ヴァイトマン博士（テュービンゲン大学国際間文化研究所所長）の四人だった。

シュテンガー教授による招聘の折りには、ウイーンの大学関係者と街と建築と芸術文化とに一学期のあいだ親しむことが出来て、貴重な知的財産となった。エルバーフェルト教授の招聘はわれわれ二人の長年にわたる種々の共同研究を集中的に再開させるものとなった。拙著『〈切れ〉の構造』は氏の独訳で目下二刷りとなり、氏との共訳、世阿弥の『花鏡』独訳も、昨年、一冊の本として結実した。ヴァイトマン博士の招聘は種々の共同研究の始まりとなり、昨年一一月には筆者が所属する日独文化研究所の主催の「仏教とキリスト教の〈自然〉概念」が、仏教伝道協会の支援を得て、ヴァイトマン氏の「国際・間文化哲学研究センター」（ＣＩＩＳ）を開催場所の一つとして、成功裡におこなわれた。本書のテュービンゲン大学客員講義で、特に「京都学派」という視点を正面に加えたのは、ヴァイトマン氏の要請によってである。

ビックマン教授は痛恨のことながら悪性腫瘍のために、二〇一七年の四月に逝去なされた。彼女は最初、二〇〇九年秋にケルン大学で創設された、野心的で潤沢な「モルフォーマタ講座」に、筆者を初代フェローの一人として斡旋してくれた。そのおかげで筆者は、自分の研究プロジェクトと所内での研究発表だけに取り組む充実した一年を、過ごすことができた。上記の「講義・演習題目」リストで、二〇一〇年夏学期から二〇一一年年夏学期までの客員講義・演習題目が皆無の理由は、研究に専心していたためである。その研究の最初の結果は、二〇一八年に出た『共生のパトス――コンパシオーン（悲）の現象学』（こぶし書房〔ドイツ語ヴァージョンは *Phänomenologie der Compassion. Pathos des Mitseins mit den Anderen*, Alber Verlag, 2018〕）という形となった。上記「モルフォーマタ講座」に招かれて二年後の二〇一二／一三年夏学期には、ケルン大学で彼女の休暇学期中の「代行教授」をも勤め、半年のあいだケルン大学哲学科講座での教室会議にも出席する一員となった。いま、彼女への謝辞を現世で伝えることはできなくなったが、時を超えた精神空間で何らかの仕方で伝わることを、願っている。

本書は、「ドイツ観念論」と「京都学派」という二つの山系を一緒に考察するという試みである。テーマの広さとの相剋が作業に立ちはだかるので、見落としや間違いも多々あることを恐れる。識者のご叱正をお願いしたい。二つの思想山脈の「ファセット」として、六つのテーマ（「歴史」「自然」「芸術」「法」「知」「宗教」）を、登高のコースとしたが、京都学派に関しては「もっと体系的な解説を」という要求が予想されるかもしれない。その場合は、筆者の二〇年前の編著、『京都学派の思想――種々の像と思想のポテンシャル』（人文書院、二〇〇四年）を、参照していただければ幸甚である。ドイツ観念論だけに絞った叙述を希望する読者には、上記の書の二年後に出した編著『ドイツ観念論を学ぶ人のために』（世界思想社、二〇〇六年）を挙げて、本書の不足の弁明としたい。ドイツ語を母国語とする読者には、筆者の編集解説でアルバー社から出版された京都学派アンソロジー、*Die Philosophie der Kyôto-Schule. Texte und Einführung.* Die dritte der erweiterten Auflage, Freiburg i. Br., 2014 があるので、それを挙げておきたい。

本書は欧米の先端動向を追う一部の動向からすれば、「古めかしいテーマの蒸し返し」と評されるかもしれない。筆者としては、評価はすべて他に委ねたい。ただ一つの逸話だけ記しておくなら、上記のドイツの二大学でこの客員講義をおこなったとき、興味を示す聴講者は甚だ多かった。テュービンゲン大学での講義の折りなどは、第一回講義の開始直前に助手さんが飛んできて、「聴講者が廊下や階段まで溢れて教室に入りきれません」とのことだった。それで急遽、教室変更ということになり、大学の小講堂が提供されて、聴講者の長い列がぞろぞろとテュービンゲンの大学街の大通りを横切り、小講堂へ移動した。「肝心の講義への反応はどうだったのだ」と尋ねられそうだが、出席回数の確認とレポートの評点で単位を発行する作業が厖大で困った、ということだけ記すことにしよう。

＊　＊　＊

この「講義」が「書物」となるためには、なお三つの機縁が不可欠だった。このうち一つでも欠けていたら、本書が生まれることはなかっただろう。最初の機縁は、当初はごく平凡な目立たない事柄だった。筆者が所長を務めている日独文化研究所の、事務局非常勤職員で学位論文を執筆中の、京都大学のオーバードクター、樽田勇樹君が、何を思ってか、筆者がゼミや講義を研究所でおこなうべきだと、実に何度も慫慂・推奨を繰り返したのである。そのたびに私としては、「大橋の非時代的な（unzeitgemäß）考察など、誰も興味を示さないよ」と相手にせずに（実際、そう思っていたので）、聞き流していた。ところがもう忘れただろうと思う頃に、また彼は同じ慫慂・推奨を繰り返すのだ。その根気が一種の洗脳のように作用したらしく、筆者も少しずつその気になり、試みに二〇二二年の一月から翌年三月まで、上述のように聴講無料のオンライン講義形式で、毎月一回、合計一四回、本講義を日本語に直して放送することになった。七〇名ほどが登録して下さった。

二つ目の機縁は、ドイツ語版の原稿にチェックを入れていただいたルーマニアの哲学研究者・エヴェリーヌ・チオフレク博士の存在だ。彼女は筆者が龍谷大学に奉職していた二〇〇八年に半年ほど留学生として渡日し、それ以来ずっと現象学と間文化哲学をめぐる研究の仲間となった。上記のドイツ滞在期間に筆者がおこなったかなり多数のドイツ語での講演発表稿にも、彼女は言語上のチェックをしてくれていた。彼女はいまルーマニアのシビウにあるルツィアン・ブラガ大学（Lucian-Blaga Universität）で教えていて、超多忙である。しかし本講義のことを話したら、「ドイツ語のチェックをしてあげる」とのこと。筆者の場合、ドイツ語は母国語ではないので、活字化する場合のドイツ語文は完全を期し難い。それで、彼女の丹念なチェックは不可欠だった。加えて叙述の細部に加えられる彼女の種々のコメントは、今回も常に大事な作用を及ぼした。

そして三つ目の機縁は、毎回の講義時間に先立って当座の言語チェックをしてくれていた、若い博士課程の女性研究者の存在だ。その人はもうこの世にはいない。上記のビックマン教授逝去の半年後のことだった。日独文化研究所で「オンライン所長講義」を始めるにあたって、テュービンゲンとケルンでの講義を選んだのは、実は彼女が毎回かならず言語チェックしてくれたこの講義を、彼女への鎮魂曲《レクイエム》にしようと思い立ったからである。

この女性研究者は、筆者が二〇一一年の夏にイェーナ大学でクラウス・フィーヴヴェーク教授と共同でおこなった二日間の集中ゼミで、筆者が気づかないまま参加していたひとりだった。一年後、彼女は私がヒルデスハイム大学で客員教授をしていた二〇一二年の夏学期に、イェーナからヒルデスハイムに転学してきた。博士論文を私のところに提出したいと希望したようだが、客員教授には学位論文指導権はないから、彼女の申し出は制度の上で無理だった。しかし彼女はヒルデスハイムに留まって、筆者の講義やゼミに参加してくれた。博士論文の予定テーマは「キェルケゴール」で、彼女がヒルデスハイム大学でおこなったキェルケゴールについてのデビュー発表は、すぐに専門の哲学雑誌に掲載されたほどの優秀な出来栄えだった。彼女は上記のチオフレク博士と交互に、筆者の上記ドイツ滞在期間中にかなり多数にわたる講演原稿の言語チェックをしてくれた。そしてテュービンゲン大学とケルン大学での私の正演習（Hauptseminar）には、ヒルデスハイムから遠隔地であるにもかかわらず、毎回参加してくれた。彼女が来てからの、その後の四年以上にもわたる私の各地での客員教授期間は、彼女との頻繁な交流・対話の日々となった。

しかし筆者の二〇一六年の帰国のあと、若干の出来事が進行した。委細は略すとして、帰国してほぼ半年後、再びヨーロッパ出張の折りに、コペンハーゲンの「キェルケゴール研究所」に滞在していた彼女と再会したとき、彼女は会話の中で不意に「絶望」を口にして涙を流した。その直前にキェルケゴールの胸像の横で彼女が微笑みながら立ったときは、彼女の華奢な顔立ちがキェルケゴールの胸像の顔立ちと驚くほど似ていたので、私は彼女の「絶望」がキェルケゴールの言う絶望の意味だろうかと、愚かな早合点をした。キェルケゴールは『死への病』の中で、「安寧と調和と喜びの、うら若い女性の心さえも、やはり絶望なのだ」と書いているからだ。私の頓珍漢な哲学的慰めを、彼女は黙って聞いていた。

数カ月後に彼女は精神錯乱を発症し、精神科の病院に入院した。数カ月後に回復して退院し、私の再度のドイツ出張の折りに会ったときは、彼女は「内側から力が湧いて新生したのよ」と、高揚した気分で語った。しかし、さらにしばらく経って彼女の懇望でスカイプ会話をしたとき、今度はひどくやつれていた。それが予兆だったことに、私は痛恨ながらまたしても気づかなかった。スカイプ会話の数週間後、二〇一七年九月二二日、彼女の命の幕が降りた。周囲の友人たちが私に送ってくれた急報でそのことを知ったときの衝撃は、現在も私の心底に何度も蘇ってくる。

鎮魂曲《レクイエム》とは、死者の魂に永遠の「安らぎ」（レクイエース）あれかしと生者の側から手向ける、いわば「往相回向」である。それと同時に、回向を受けた死者の魂の声を受け取る、いわば「還相回向」でもある。死者の魂の声などあり得ようかと笑う人もいるかもしれないが、敢えて反論はしない。ただ、物質としての死体は消滅しても「死者」は現在的だということを――アウグスティヌス流に言えば「記憶」のなかで過去が現前するということを――誰でもまたとえば「墓参」の折りなどに感じるだろう。その感覚は、墓参者の側だけでは成立しない。他者がそこに現在的だ。もしその他者の魂が錯乱の黒い靄《もや》に包まれていたなら、どうすればよいか。『大乗起信論』では、「無明」の闇は忽然念起するものだと言う。その無明が「薫習」（薫りが周囲に乗り移ること）によって真如清浄の空を覆い、妄境界を現出させるという。しかしまた、真如の空の「薫習」が無明を滅するとも、述べている。もし本当の鎮魂があり得るとすれば、そういう真如薫習のことだろう。キェルケゴール研究者の澄んだ声と明眸が、脳裏あるいは墓前で蘇るとき、私は死者にそのような薫習が到来し得ることを確信する。

なお、この「鎮魂曲《レクイエム》」の想は上記のクラウディア・ビックマン教授にも捧げたい。彼女の専門はまさしく、カントとドイツ観念論を中心とする「観念論」だったからであり、加えて彼女は日本の京都学派の思想に、いつも敬意を表明していたからである。周囲の誰にも言わないままに自分の死期をはっきり知っていた彼女だから、私のレクイエムも安らかに受け止めるだろう。

＊　＊　＊

本書と並行するドイツ語版の出版にも言及するなら、今回もKarl Alber Verlag社から出ることとなった。同社からはこれまでも本書と関連する拙著『感性論としての「精神現象学」――ヘーゲルと〈悲〉の現象論』（*Die „Phänomenologie des Geistes“ als Sinneslehre. Hegel und die Idee der Phänomenoetik der Compassion*）（二〇〇九年）、『京都学派の哲学』（*Die Philosophie der Kyôto-Schule. Texte und Einführung*）（第二版、二〇一四年）、『共生のパトス――コンパシオーン（悲）の現象学』（*Phänomenologie der Compassion. Pathos des Mitseins mit den Anderen*）（二〇一八年）、『〈哲学の

道〉を歩く』(*Der Philosopheweg in Kyoto*)(二〇一九年)、などが上梓となった。

そして日本語版の本書は、ミネルヴァ書房の堀川健太郎氏と空井怜氏にお世話になった。極めて入念な誤字チェックや術語統一、そして全体構成の点検をして頂き、著者としては感謝に堪えない。ミネルヴァ書房とはご縁がたいへん長く、これまで拙編著『叢書ドイツ観念論との対話』、第一巻『総説・ドイツ観念論と現代』、拙著評伝『西田幾多郎』、共編著『西田哲学——新資料と研究の手引き』などで、お世話になった。しかし編集者としての堀川氏および空井氏とは初めてのご縁となったので、ミネルヴァ書房とのご縁の深まりを嬉しく思う次第である。

二〇二四年九月

大橋良介

《著者紹介》

大橋良介（おおはし・りょうすけ）

1944年　京都市に生まれる。

1969年　京都大学文学部卒業。

1974年　ミュンヘン大学哲学部で学位（Dr. phil.）取得。

1983年　ヴュルツブルク大学で哲学教授資格（Dr. phil. habil.）取得。

1990年　西ドイツ大統領よりジーボルト賞受賞。

1996年　フンボルト財団総長よりフンボルト・メダル受賞。

京都工芸繊維大学工芸学部教授，大阪大学大学院文学研究科教授，龍谷大学文学部教授，ケルン大学 Morphomata 講座初代フェロー，ウイーン大学，ヒルデスハイム大学，テュービンゲン大学，等の客員教授を経て，
現　在　公益財団法人日独文化研究所所長（2014年より）。

著　書　『放下・瞬間・場所――シェリングとハイデッガー』（創文社，1980年，Fink Verlag, 1975）。

『ヘーゲル論理学と時間性』（創文社，1983年，Alber Verlag, 1984）。

『「切れ」の構造』（中公叢書，1986年，DuMont Buchverlag, 1994）。

『西田哲学の世界』（筑摩書房，1995年）。

Japan im interkulturellen Dialog（Judicium Verlag, 1999）.

『感性の精神現象学』（創文社，2009年，Alber Verlag，2009）。

Naturästhetik interkulturell（Verlag der Bauhaus-Universität, 2011）.

『西田幾多郎』（ミネルヴァ書房，2013年）。

Schnittpunkte II: Deutsch-Japanische Denkwege（Traugott Bautz Verlag, 2014）.

『共生のパトス――コンパシオーン（悲）の現象学』（こぶし書房，2018年）。

Phänomenologie der Compassion（Karl Alber Verlag, 2018）.

『〈芸道〉の生成』（講談社選書メチエ，2021年）他，20点余。

ドイツ観念論と京都学派の哲学
――ケルン大学・テュービンゲン大学講義録――

2025年4月30日　初版第1刷発行　〈検印省略〉

定価はカバーに
表示しています

著　者　大　橋　良　介
発行者　杉　田　啓　三
印刷者　江　戸　孝　典

発行所　株式会社　ミネルヴァ書房
607-8494 京都市山科区日ノ岡堤谷町1
電話代表（075）581-5191
振替口座 01020-0-8076

共同印刷工業・新生製本

ISBN978-4-623-09808-8
Printed in Japan

索　引

（＊は人名）

あ　行

か　行

さ　行

た　行

な　行

は　行

ま　行

や　行

ら・わ行

欧　文